PUZZLE TOSKÁ

Yeko

®PUZZLE TOSKÁ
©Yeko

ISBN libro en papel con solapas: 978-84-685-9071-4
Impreso y publicado en España, julio de 2025.
Páginas: 295
Impreso en España
Editado por Bubok Publishing S.L.
Dirección: ©Sandra Milena Silva ©Jair Díaz Barbosa

A los que me amaron con manos abiertas,
como quien cuida un nido o recoge lluvia en silencio.
A quienes fueron raíz en mi desorden,
refugio en mis días sin nombre,
y me sostuvieron con la fuerza suave del amor
que no se grita.

Y a ella...
esa brisa antigua que aún habita entre mis costillas.
Donde floreció el fuego y la memoria,
allí donde sus rizos —un pequeño universo de oro
y desorden—
me envolvieron de una dicha casi irreal.
Esta historia es, sin saberlo, toda suya.

Contenido

Para quien decida entrar...

Hay en estas páginas un intento torpe, pero sincero, de entender lo que se rompe, lo que queda y lo que regresa con la forma de mirada, canción, gato o ciudad.

Este libro no responde, pero pregunta. Y en esas preguntas late la esperanza de que quien lea encuentre algo propio entre las líneas. Porque todos, de algún modo, amamos a destiempo, perdimos demasiado pronto o fuimos felices sin saberlo.

Las páginas no son una declaración: son una ofrenda. Una forma de decir: "Esto fui, esto sentí, esto quise guardar".

Si algo de lo que lees aquí se parece a tu vida, no es coincidencia. Es que, tal vez, hay sentimientos que no le pertenecen a nadie... y, al mismo tiempo, nos atraviesan a todos.

Y aunque fue escrito para no olvidar, hay una mirada —una sola— que lo sostiene todo desde el silencio.

Tal vez, al final, esta historia también le pertenezca un poco.

Capítulo 1 -
Lo que no sabemos que sabemos

Dicen que el aleteo de una mariposa puede alterar el curso de un continente. Que algo tan leve como un suspiro, una duda o un recuerdo pueden desencadenar un desastre.

Yo no escuché alas. Pero la sentí a ella.

Un segundo antes del caos, su imagen me atravesó como un rayo sin ruido. Uno de sus rizos flotaba en el aire, como si el tiempo se hubiera detenido justo para permitir ese gesto. Como si el viento supiera lo que pasaría. No estaba allí, pero su presencia era tan real como el asfalto que pronto me abrazaría.

Y entonces, sin aviso, el mundo cambió de tono.

¡Bum!

El estallido rompió la tarde: un grito seco y cortado, un estruendo que resonó en el aire como un latigazo seguido de voces indistintas. La gente se arremolinó alrededor de un cuerpo tendido en el suelo. Alguien decía algo. Otros sacaban el móvil. Las voces se superponían: preguntas, susurros, órdenes entrecortadas. Un hombre se inclinó intentando ayudar.

—¿Estás bien? —Una voz retumbaba, pero no podía ubicarla.

—¡Llámalo! ¡Que alguien lo llame! —Otra voz, más lejana.

Alrededor, las voces se agolpaban como un eco distante. "¡Llama a una ambulancia!". "¡No se puede mover!". Era verdad. No podía moverme. El dolor me encadenó al suelo. Quería hablar, pero no me salía la voz. Todo a mi alrededor empezó a volverse irreal, como si la vida misma se convirtiera en una película borrosa y mal editada. Y entonces, lentamente, los fragmentos empezaron a unirse.

Caminaba por la ciudad sin rumbo. Madrid seguía su curso habitual: los semáforos latían como un corazón herido en su rutina inquebrantable que nadie osaba romper: rojo, verde, ámbar; coches cruzando a toda velocidad, turistas sacando fotos sin alma, gente apretando el paso como si el tiempo les mordiera los talones, las palomas entre los restos de comida abandonados en las aceras. Y yo, flotando entre todo eso, como un espectador de mi propia vida. Mi mente era un páramo, un desierto seco donde los pensamientos apenas resonaban.

Fue entonces cuando sucedió. Un segundo. Un instante de impacto. La bicicleta apareció de la nada: un destello que rompió la monotonía, un acto mínimo pero suficiente para alterar el orden de las cosas. No vi al ciclista. Solo sentí el impacto. Fue un golpe seco, preciso, en el costado. Mi cuerpo se tambaleó y, en ese segundo eterno, el mundo se apagó y encendió al mismo tiempo. Giré en el aire como una marioneta sin hilos, y la gravedad me empujó hacia el pavimento, que me recibió con un abrazo brutal. Mis manos no alcanzaron a amortiguar la caída; mi cabeza golpeó contra el borde de la acera con un estruendo sordo, justo en el lado derecho, allí donde probablemente se guardan los recuerdos. Y ahí, en ese punto exacto, sentí que algo dentro de mí se rompía, como una cuerda tensada hasta el límite que finalmente se quiebra.

Lo que parecía un accidente menor se convirtió en una grieta abierta en la realidad, un espectáculo inquietante. Alrededor, las voces continuaban como ecos lejanos. "¿Estás bien? ¿Puedes oírme?". Pero todo era una neblina densa, un eco lejano de voces que no podía responder. Mi cabeza estaba helada. La sangre corría por mi sien, cálida y espesa, formando un charco. El mundo se desdibujaba, y en medio de esa entropía, los recuerdos comenzaron a pasar ante mí como un desfile desordenado. Voces, susurros, tardes eternas y noches sin dormir. ¿Estaba soñando? ¿Estaba despierto? ¿Era esto un efecto secundario de los ansiolíticos? —Era la primera vez que tomaba esa fórmula— ¿Qué es lo real cuando la mente empieza a perderse entre los hilos del pasado?

Sentía la sangre abandonar mi cabeza, el dolor latía segundo a segundo, pero lo que realmente palpitaba era el miedo. Un miedo atroz, visceral. Había pasado tanto tiempo pidiendo olvidar, deseando que los recuerdos se disolvieran como tinta en el agua. Olvidar para no sentir. Olvidar para no recordar. Para no cargar con la nostalgia de lo que perdí. Pero en ese momento, lo único que deseaba era aferrarme a cada imagen, a cada voz, a cada risa que alguna vez me sostuvo cuando el mundo se desmoronaba.

No quería que se borraran los días en los que fui feliz, ni los momentos en los que creí ser amado. Porque, ¿qué somos, si no nuestros recuerdos? ¿Qué queda de uno cuando la memoria empieza a desmoronarse como un castillo de arena bajo la lluvia? Y, sin embargo, ¿qué pasa cuando la memoria es justo lo que duele? Lo que más me aterraba no era la sangre; era esa sensación de vacío. La sensación de que mi mente se estaba apagando.

Y, en medio de esa confusión, los recuerdos comenzaron a surgir. Imágenes inconexas, voces, rostros, fragmentos dispersos, imágenes sueltas, días que creía enterrados, aquella tarde soleada de risas lejanas y olor a café en una casa vacía, retazos de momentos que no sabía si eran recuerdos o delirios. Todo lo que había deseado olvidar ahora regresaba con una intensidad devastadora, porque en ese momento, mientras el cuerpo yace en el suelo y el corazón late desbocado, comprende que lo único que teme más que recordar es olvidar.

Mi corazón latía con una intensidad furiosa, como si cada golpe pudiera arrancar un pedazo más de mi memoria, como quien siente que está perdiendo algo irrecuperable. ¿Y si al despertar ya no recordaba quién era? ¿Y si los recuerdos que me dieron forma se esfumaban en el vacío blanco del olvido? Cerré los ojos. El mundo se apagó y entonces mi mente comenzó a retroceder, no por accidente, sino porque era lo que necesitaba. Fue como si mi vida misma se hubiera detenido en ese instante y todo lo que había vivido viniera a mí de golpe.

Mi nacimiento. La luz de un hospital, la primera vez que respiré. La forma en que la luz se filtraba por la ventana, el murmullo lejano de voces desconocidas, la suavidad de las manos de mi madre abrazándome, cálidas y temblorosas, el primer contacto con el mundo y el ruido de las máquinas. Y de ahí, mi vida comenzó a desplegarse ante mí, como un libro que había dejado de leer por miedo a lo que encontraría. Cada momento, cada rostro, cada susurro de una conversación olvidada, las primeras palabras que pronuncié, mis primeros pasos, mi primer miedo. Esos recuerdos que al principio parecían pequeños y sin importancia se presentaron con una claridad que me dejó sin aliento.

No podía dejar de recordar. Desde los juegos de niño en el parque, la risa de mis amigos, las tardes de verano que nunca parecieron suficientes, hasta los momentos oscuros que creía haber dejado atrás. Mi vida, con todos sus matices, se desplegaba ante mí.

Cuando abrí los ojos, el techo blanco del hospital me devolvió a la realidad. Un médico hablaba, pero sus palabras llegaban a mí distorsionadas; estaba aún confundido.

—El golpe no fue grave, pero lo suficientemente fuerte como para haberte dejado inconsciente —me dijo.

Me explicó que durante unos días podría tener mareos, lagunas, e incluso perder algunos recuerdos. Que, de haber sido un poco más fuerte, el impacto habría podido afectarme de formas irreversibles. Y yo lo escuchaba, pero mis pensamientos estaban en otro lugar.

Mareos. Lagunas. Pérdida de memoria. Las palabras se estrellaban contra mí una y otra vez. Me dieron el alta poco después.

Al llegar a casa, el silencio pesaba como un fantasma sentado sobre mi pecho. Nadie me esperaba. Tomé las pastillas de las diez de la noche junto con una ensalada y un vaso de leche tibia, y me dejé caer en la cama. Cerré los ojos, pero no encontré descanso. Solo rostros que iban y venían, como si alguien hubiera encendido un proyector en mi mente y olvidado apagarlo.

Al día siguiente, desperté con un miedo indescriptible. Mi memoria había sido mi refugio y, a la vez, mi peor castigo. El accidente no fue un simple golpe en la cabeza. Fue el momento en que decidí recordar, decidí mirar mi vida de frente, sin filtros, sin olvidar nada. Empezando desde el principio. Desde el día en que nací.

O tal vez no.

Tal vez todo empezó mucho antes. O mucho después.

Porque ahora que lo pienso, hay algo que siempre vuelve.

Una imagen.

Una foto.

No sé por qué la recuerdo con tanta nitidez. Fue ella quien la subió —Violeta—, la había subido un domingo cualquiera: un paisaje sin nombre, envuelto en una luz incierta, como de amanecer o atardecer, cuando el cielo duda si dormirse o despertar. Al fondo, un árbol solitario, grande y viejo, con ramas alzadas como si pidieran perdón o bendijeran el aire. A sus pies, un césped salvaje, descuidado a propósito, como si domarlo fuera una traición. El cielo, teñido en tonos violáceos y azules suaves, parecía murmurar una despedida.

No era una imagen para ver, era una imagen que se sentía, como si el alma la reconociera antes que los ojos.

La vi sin pensar. Pero algo en ella me detuvo. Era solo una foto en una red social, perdida entre cientos, y, sin embargo, algo me atravesó. Sentí que ese sitio me hablaba. Como si ya hubiera estado ahí, como si mi memoria —o mi alma— hubiese guardado ese paisaje desde mucho antes.

¿Y si todo empezó en ese instante silencioso frente a la pantalla? ¿Y si fue ahí cuando algo dentro de mí se activó?

A veces pienso que no fue el accidente lo que me obligó a recordar, sino esa imagen. Ese rincón de mundo que Violeta fotografió sin saber que estaba abriéndome una puerta. Una grieta. Una llamada.

Desde entonces, todo cambió. O empezó a cambiar. Y ahora, como quien retrocede en una cinta borrosa para encontrar el fotograma exacto, necesito volver.

A mí.

A mis primeros recuerdos.

A Murcia.

A esa tarde de 1984.

Porque a veces, lo que nos salva no es la memoria, sino la imagen que no supimos olvidar.

Capítulo 2 -
El deseo como falta

Hay recuerdos que uno guarda sin saber por qué, y otros que se presentan sin pedir permiso. La noche en que mi madre susurró "Todo estará bien, mi Yeko", supe que algo dentro de mí se había roto, pero también que algo nuevo estaba por empezar. Quizá por eso, cuando pienso en mis orígenes, no me basta con decir que nací en un lugar. Porque el verdadero inicio no siempre coincide con una fecha en el calendario.

Murcia, 20 de junio de 1984. El aire tenía esa tibieza amable que anuncia el solsticio de verano. Ese calor seco que no abrasa, sino que acaricia, tan propio de la Manga del Mar Menor, ese que se te mete en la piel y se queda ahí, como una memoria que no se borra. Eran las once de la mañana cuando mi madre empezó a sentir las primeras contracciones, mientras mi padre, ajeno a lo que se avecinaba, seguía su rutina matinal: un trote suave por el malecón, un rato de charla con algún amigo y un granizado para combatir el calor. Pero aquel miércoles su paseo terminó antes de lo habitual.

Recibió la llamada: su hijo estaba a punto de nacer.

Condujo con prisa hasta la clínica San Carlos. Y a las tres menos cuarto de la tarde, nací yo. Era un niño de piel clara, ojos todavía de color indefinido y un llanto áspero, de esos que anuncian que uno ha llegado al mundo y no hay vuelta atrás. Ese primer aliento, ese primer gemido, es también la primera renuncia: la de respirar por cuenta propia. A veces me pregunto si nacemos realmente nuevos, o si venimos ya cargados con algo que olvidamos en el camino. No lo sabría entonces, claro. Eso lo pensaría mucho después, cuando empezara a cuestionar si lo que somos lo traemos dentro, o lo vamos aprendiendo a golpe de vivencias.

Los primeros años, como a todos, me resultan brumosos.

Uno de los primeros recuerdos que conservo no está teñido por el sol murciano, sino por la luz delicada de un verano en Moscú. Aquel verano suave, de cielos interminables y tardes lentas, donde me sentaba con mis padres a armar rompecabezas, como si estuviéramos intentando encajar también nuestras propias piezas. Mamá reía mientras horneaba galletas, y yo la miraba con la certeza absoluta de que no existía nadie más cálido en el mundo. Mi madre era de esas mujeres irrepetibles, de las que te hacen pensar que el universo se desbordó un poco al darles ternura, era una de esas mujeres únicas. Fue por entonces, o quizá antes, cuando sentí por primera vez ese vínculo que la psicología llama complejo de Edipo. Pero no fue un amor turbulento; fue algo natural, profundo. Por suerte, pronto entendí que no hacía falta competir con mi padre por su amor: bastaba con ser su hijo. Con estar.

Así fue mi infancia temprana: entre dos mundos, cruzando fronteras sin darme cuenta. A veces no sé si aquel cielo que recuerdo era ruso o español, si el eco que me llamaba venía del Mediterráneo o de algún parque moscovita. Porque hay recuerdos que no tienen país, solo emociones.

Con rapidez llegó el colegio, el uniforme, la mochila cargada de libros y lápices. Aprendí a leer, a escribir, a sumar. Y conocí a los maestros, a quienes primero rechacé, pero después aprendí a valorar. Hice mis primeras amistades verdaderas: Gennadi, Tima y Luighy, tres chavales nobles, curiosos, futboleros hasta la médula.

Fue durante uno de esos partidos cuando conocí a Alissa. Era preciosa: de ojos grandes, pelo castaño claro y una piel suave como las tardes de primavera. Vivía a unas casas de la mía y fue la primera persona que me hizo entender, de golpe, que no todo en la vida se puede tener. Yo, ingenuo, creí que bastaban las ganas, la ternura, unas galletas caseras y el corazón en la mano. Pero bastó un "eres feo" para derrumbarme. No solo me rechazó; me despertó. Me mostró, sin suavidad, que el mundo no siempre devuelve lo que uno entrega.

Ese día me derrumbé. El pecho me latía distinto, como si algo se hubiera roto adentro. Sentí miedo, vergüenza, dolor. Lloré como nunca: primero en silencio, luego entre los brazos de mi madre. Me escucharon los dos, con esa paciencia que tienen los padres cuando algo importante se nos quiebra. Y mientras hablaba entre lágrimas, entendí que había cambiado. Porque a veces basta una sola frase para marcarte para siempre.

Ese fue el comienzo. De todo. De la conciencia del deseo, del amor no correspondido, de esa herida que nos abre la vida cuando empezamos a comprender que no todo lo que queremos nos será dado. Ese día comprendí que el deseo nace de la falta, y que esa falta, lejos de ser un castigo, podía ser guía.

Dormí entre sus brazos, jurando que no volvería a abrir mi corazón. Pero en el fondo, sabía que no era verdad. Antes de quedarme dormido, escuché a mi madre susurrar:

—Todo estará bien, mi Yeko. Todo estará bien.

Y aunque nunca volvimos a hablar de ese día, ambos supimos que se quedó con nosotros, como una grieta suave que no se cierra del todo.

El año pasó. Alissa se volvió un recuerdo. Su frase, un eco que fue perdiendo filo. Pero no desapareció. Lo guardé, como guardamos las primeras cicatrices. Poco después, dejamos Rusia. Dejé atrás mis calles, mis amigos, mis primeras penas. No lloré. A veces no hace falta. A veces basta con mirar atrás, muchos años después, y entender que ahí empezó todo.

Capítulo 3 -
Donde quema el sol y arde el pecho

No lo supe entonces, pero el rumbo ya estaba trazado: la infancia quedaba atrás. Lo siguiente fue Murcia, con su sol nuevo y su idioma que aún no era del todo mío.

El horizonte cambió de color. El gris se volvió más cálido, y las calles que pisábamos ya no pronunciaban nuestros nombres en ruso. Llegamos a Murcia, ese lugar que siempre me había fascinado sin saber exactamente por qué. Íbamos solo por unos meses —eso dijeron—, pero los meses se estiraron sin pedir permiso y terminaron por convertirse en años.

En ese nuevo paisaje de acentos distintos y rutinas ajenas, fui dejando atrás trozos de infancia como quien pierde monedas por el camino sin darse cuenta. Y así, Yeko —ese apodo que usaban mamá y los que me conocían de verdad— fue creciendo. Primero en silencio, luego con rabia. Se volvió adolescente. Contradictorio. Cansado de entender y de no ser entendido. Como si cuestionar todo fuera una forma de no derrumbarse. Como si arder por dentro fuese mejor que apagarse sin ruido.

Es extraño crecer: no eliges cuándo empiezas, ni sabes exactamente cuándo dejas de hacerlo. A veces es el silencio de una mudanza, otras veces una mirada que ya no reconoce al niño que fuiste. Y de pronto eres otro, sin darte cuenta del momento exacto en que te convertiste en ese otro. Y mientras el sol quemaba distinto allí, yo me fui quemando por dentro también, en otras formas, más lentas. Más profundas.

Fui un adolescente distinto, eso no lo podía negar, marcado por dos mundos que se cruzaban en mi sangre de maneras que no siempre entendía. Por un lado, llevaba las raíces rusas de mi padre, profundas y frías como la tierra donde nació; por otro, las huellas de una herencia distinta y vibrante que venía de mi madre y me conectaba a algo más cálido y cercano. Esa mezcla en mi sangre también se reflejaba en cómo me veía. Aunque me consideraban un joven apuesto, era inevitable no notar que mis rasgos me distanciaban de los demás.

Mi cuerpo parecía haberse quedado entre dos mundos, como si no pudiera decidir entre una herencia y otra. Tenía la piel blanca como la nieve, que por suerte, al tomar el sol no se enrojecía, sino que se bronceaba, y el cabello, curiosamente ondulado en los costados, me hacía sentir más cercano a mamá, como si estuviera reflejada en algún rincón de mí.

Esos pequeños detalles me hacían sentir un adolescente extraño, pero, al mismo tiempo, era como si mi cuerpo hablara de lo que era, de lo que venía, y de lo que de alguna forma pertenecía a esa tierra. No era un europeo puro, pero tampoco me sentía fuera de lugar. Era murciano, sí. No solo porque nací allí, sino porque en sus calles y en su gente encontré un lugar que me permitía ser todo lo que era, sin pedir que fuera menos de lo que había sido.

Papá tenía amigos que me conocían antes de que yo pudiera recordar sus nombres; mamá también había dejado su huella en esa ciudad, y los hijos de esos amigos, sin saberlo, se convirtieron en mi familia. No era necesario pedir permiso para encajar. El calor humano que se respiraba en cada rincón hizo que, sin saber cómo, los límites entre lo que era "mío" y lo que era "nuevo" no se notaran. Aceleré mi integración al ritmo de la vida murciana, que se movía entre las charlas en los chiringuitos, el bullicio de las calles y las tardes eternas de verano.

Rápidamente hice amigos y formé conexiones que parecían tan naturales como respirar. Cada tarde salía con el balón a la calle, y en un abrir y cerrar de ojos, ya estábamos jugando con los chavales del barrio. Íbamos de un lado a otro, y el tiempo se nos escapaba entre risas, regateos y goles improvisados. Murcia era mi casa, no porque el destino lo hubiera decidido así, sino porque allí encontré mi espacio.

En casa, papá y mamá también tenían su ritmo. Vivían una rutina llena de amor y de esfuerzo. Papá trabajaba en el negocio familiar, una fábrica de coches que había heredado de mi abuelo. Con manos llenas de historia y con una entrega incansable, viajaba constantemente por toda España, cerraba tratos, buscaba nuevas oportunidades y mantenía el negocio vivo con pasión. Veía cómo volvía tarde, a veces cansado, pero siempre de buen humor. Lo suyo no era solo trabajo: era dedicación.

Mientras tanto, mamá llevaba las riendas del hogar con una dedicación infinita. Además, se encargaba del supermercado que era de papá, un negocio que operaba en Murcia desde antes de que yo naciera. Entre las tareas de la casa y la administración del supermercado, mamá mantenía todo en equilibrio, sin dar tregua, como si todo fuera parte de un mismo latido, constante y firme.

Y yo, en medio de todo esto, me fui haciendo un hueco en la ciudad. Mi primer trabajo, como no podía ser de otra manera, llegó en verano. Siempre me había gustado la natación, así que no fue sorpresa que, en cuanto surgió la oportunidad, me convirtiera en socorrista de la piscina local. Aunque, si soy sincero, no hacía mucho más que disfrutar del agua, vigilar a los bañistas y mantener el puesto. Pero, a mis ojos, ese fue mi primer paso hacia el mundo real.

Era un adolescente diferente, sí, pero era muy querido en Murcia. A veces, basta con ser uno mismo para encontrar el lugar donde uno encaja. No fue sorpresa que los años pasaran deprisa. Esa vida maravillosa entre amigos, juegos y veranos interminables, que por momentos parecían detenerse, se vio interrumpida por nuestro regreso a Moscú.

La despedida no me hizo ninguna gracia, y aunque intenté aceptarla, no puedo negar que lo único que deseaba era quedarme allí para siempre. Pero los planes de papá eran otros. Sus negocios y compromisos requerían nuestro regreso.

Cuando regresé a Moscú, tenía ya 18 años, un año decisivo, el último de la escuela. Mientras retomaba mis estudios, algo dentro de mí seguía pegado a aquellos días en Murcia.

La vida en la ciudad de siempre me parecía tan distante, como si todo lo vivido en el sur fuera parte de otro mundo, uno en el que mi corazón aún habitaba.

Sin duda, de todas las cosas que me dolieron dejar atrás, la más profunda fue el amor que dejé allí: mi primera chica, Raquel.

La conocí en el colegio, claro, ese sitio que pasó de ser un castigo diario a casi un paraíso, cuando encontré una razón para ir más allá de las clases. Su cabello siempre estaba un poco ondulado, atrapando la luz dorada del sol. Su piel suave y blanca guardaba el secreto de una juventud intacta, mientras sus ojos claros y brillantes como el mar Mediterráneo en calma destilaban una mezcla de inocencia y anhelo profundo.

Delgada y frágil, su figura parecía flotar entre la realidad y el sueño. Era una chica hermosa cuya belleza no solo se veía, sino que se sentía, como un latido dulce y efímero que siempre quedó grabado en mi memoria. En ella encontré no solo la dulzura y la intensidad de un primer amor, sino también una conexión profunda, algo que nunca había experimentado.

Raquel fue el momento donde lo sublime y lo terrenal se mezclaron, mi despertar al poder del otro sobre mi cuerpo, que ya no era solo mío, sino un territorio compartido y explorado. Por un lado, estaban los instantes breves y poderosos —la mirada, el roce, el latido acelerado— que parecían eternos en su intensidad. Pero, al mismo tiempo, esos momentos contenían la semilla de lo eterno: el amor que se recuerda, la huella que queda en la memoria y la conciencia de que nada es igual después de que la inocencia se deshace como un velo y, con ella, llega la apertura al mundo como hombre.

El sol dejó de quemar mi piel.

Pero Raquel seguía ardiendo en mi pecho.

De vuelta en Moscú, las cosas cambiaron. Tuve una nueva novia, Hande, pero no fue lo mismo. Más que una pareja, se convirtió en mi mejor amiga. Éramos dos almas cercanas, compartiendo más risas y confidencias que momentos de pasión.

Ella, más que nadie, entendía mis silencios, mis recuerdos y mis raíces divididas entre dos mundos.

Pero, aunque me sentía afortunado de tenerla a mi lado, el eco de aquel primer amor nunca se fue por completo, no mientras estuve con ella. A veces me preguntaba si alguna vez podría encontrar algo que se sintiera tan verdadero como lo que compartí con Raquel. Pero, como siempre, la vida seguía su curso, y aunque mi cuerpo estaba en Moscú, mi mente y mi corazón todavía viajaban a aquellas tardes bajo el sol murciano.

Terminó el año escolar. Era el final de un ciclo, pero también el principio de algo nuevo. El tiempo en Moscú había sido un capítulo, pero el libro no estaba cerrado. Había algo en mí que seguía buscando un lugar donde poder comenzar de nuevo, un lugar donde sentirme realmente yo.

Y fue entonces cuando, casi sin pensarlo, les propuse a mis amigos la idea de mudarnos a España. Les hablé de Cataluña, de sus cielos despejados y su fútbol, pero lo que realmente quería era estar de nuevo en el sur, donde todo parecía más simple, más cálido. Había algo en ese lugar que me atraía, algo que conectaba con mi pasión por el fútbol, algo que sentía que necesitaba para seguir adelante.

La idea de una escuela de fútbol entre el mar y el sol era el tipo de oportunidad que no podía dejar pasar: era la oportunidad de reinventarme. Fue así como convencí a Gennadi, Tima y hasta a Luighy —que era el más impredecible de todos, siempre dispuesto a seguir la corriente si el plan sonaba lo bastante loco—. Lo cierto es que no sabíamos exactamente qué esperar. No sabíamos si realmente encajaríamos ni si lograríamos algo en ese lugar tan lejano.

Así que, con la ilusión de quienes aún creen que el futuro es un lienzo en blanco, nos embarcamos en la aventura. Cataluña nos esperaba, y con ella, la posibilidad de empezar de nuevo. De dar el siguiente paso en una historia que estaba lejos de terminar.

Capítulo 4 -
La prisión del yo ideal

Nunca aprendí a vivir sin medir. Cada paso, cada palabra, cada relación parecía requerir una fórmula, un cálculo, un control.

Siempre fui un joven perfeccionista, quizá por imitación o por herencia de mi padre, un hombre cuya vida se construyó con la precisión de un reloj suizo. Sabía cuándo apretar, cuándo ceder, cuándo callar. Un hombre de negocios, de silencios calculados y pasos firmes, que me enseñó a no dar un solo movimiento sin saber exactamente hacia dónde conducía. Sin embargo, a diferencia de él, que navegaba entre la lógica y la emoción con la tranquilidad de quien lleva años negociando con tormentas, yo nunca logré equilibrar el dominio de lo racional con lo visceral, que me hacía debatir entre dos fuegos: el deseo de controlarlo todo y el desbordamiento emocional que ese mismo deseo generaba.

Organizar mi vida se volvió un acto de precisión. Me construí horarios como murallas, horas de estudio milimétricamente distribuidas, espacios sociales dosificados; incluso mis pensamientos y metas estaban planificados con la exactitud de un arquitecto, como si incluso el deseo pudiese alinearse al calendario. Mi vida, al menos en apariencia, funcionaba como un sistema cerrado: preciso, ordenado, brillante. Cada hora tenía su lugar. Cada decisión, su propósito.

Durante un tiempo, todo funcionó como debía. Nada quedaba al azar. Nada debía salirse del guion. Y, si algo se desviaba, había mecanismos para corregirlo y reencauzar la marcha. Fue esa claridad estructurada la que terminó por convencer a todos —a mi padre, a mis amigos y, sorprendentemente, a los padres de mis amigos— de seguirme hacia el sur, a Cataluña, en busca de ese sueño que tanto habíamos pronunciado en voz baja: el fútbol.

Vieron en mí no solo al joven con ambición, sino al guía, al que tenía el plan, al que ofrecía certezas.

El perfeccionismo no me salvó. Me disfrazó de fuerte, de eficiente, de admirable, mientras por dentro se desmoronaban partes que no me permitía mirar. Mi cerebro, tan hábil para planear, también había aprendido a castigar. Cada decisión era una balanza infinita, cada acción, una simulación de consecuencias.

Vivía atrapado en mi propia mente, en una red que yo mismo tejía con hilos de lógica, pero también de angustia. No era solo cuestión de carácter. Mi corteza prefrontal trabajaba horas extra, mi sistema de recompensa me empujaba a metas inalcanzables, y mi amígdala encendía todas las alarmas si algo no salía exactamente como debía. Y entonces, el cuerpo comenzó a gritar: insomnio, ansiedad, una fatiga que no se iba con descanso; un desbalance del que surgía un tipo de caos que no hacía ruido, pero que dejaba una presión constante en el pecho, una tensión que no se iba ni al dormir. Una incomodidad profunda que cargaba desde la infancia.

Filosóficamente, era aún más oscuro: perseguía un ideal imposible, intentando darle sentido al mundo a través del control, negando que el caos es también parte de la vida. Fui arquitecto de una cárcel con puertas invisibles que me impedía darme cuenta de que intentaba dominar algo que no se podía dominar. Sin quererlo, me convertí en el monstruo que Nietzsche describe, aquel que, en su lucha constante contra lo que lo rodea, termina por convertirse en el propio monstruo. El monstruo que perseguía el control absoluto, que se regía por una lógica inflexible, que se alejaba cada vez más de lo humano, de lo visceral, de lo impredecible.

Fui el mismo monstruo que intentaba evitar y entonces me vi atrapado en un ciclo; el intento de perfección me hacía más rígido, más tenso, menos capaz de adaptarme a lo inesperado. Entonces, la sabiduría estoica empezó a resonar de manera extraña en mi mente: *"No nos perturbamos por los acontecimientos, sino por los juicios que hacemos sobre ellos."* Pero, ¿qué pasa cuando los juicios son sobre ti mismo? Cuando te conviertes en el juez más severo de tu vida, calculando cada paso, cada emoción, cada respiro.

La paz que prometen los estoicos no parecía posible para alguien como yo, que vivía atado a la necesidad de que todo estuviera en su lugar. Porque, al final, lo que no entendía es que el control absoluto no trae paz, sino una tensión constante y una guerra con el presente que mi mente tuvo que soportar con grandes dosis de ansiedad, insatisfacción, miedo a fallar y temor. Y así, la paradoja se revela: *"mientras más buscamos alcanzar la perfección, más nos alejamos de la esencia de lo que significa estar vivos"*.

Ahora todo esto parece claro, pero en ese entonces no veía la trampa. Seguía sin cuestionar, convencido de que en el control residía la paz, cuando, en realidad, era en la rendición donde podría haberla encontrado.

Mi nivel de detalle, mi claridad de objetivos y mi habilidad para prever escenarios llevaron a Gennadi, Tima y Luighy a confiarme algo inmenso: a perseguir un sueño compartido bajo el escudo de uno de los mejores clubes de fútbol del momento: *La Masia*, la famosa academia de fútbol del FC Barcelona. Pero, como suele ocurrir, la emoción no venía sola. Mi padre, fiel a su estilo, puso una condición, una de esas que te hacen replantearte si realmente estás tan convencido de tu decisión.

Fue claro: mientras perseguía mis sueños en el campo de fútbol, debía cursar una carrera universitaria. Él, siempre pragmático, habría preferido que eligiera el sendero de la economía, un camino más seguro y rentable. *"Los números nunca te fallan"*, decía con esa voz solemne de quien había leído más informes financieros que libros de aventuras.

En ese momento, ¿qué iba a decirle? La verdad es que no me estaba pidiendo nada descabellado. Sus condiciones no arruinaban mis planes, así que acepté sin darle muchas vueltas.

Le dije que así lo haríamos, que en cuanto llegara a Barcelona me apuntaría a lo que hiciera falta. El único problema era que aún no tenía ni idea de qué carrera elegir. Podía seguir su consejo y tirarme de cabeza a la economía o, quién sabe, darle una oportunidad a esa fascinación por los motores, ese universo que tantas veces me había atraído en mis visitas a la fábrica. Había algo cautivador en ver cómo un conjunto de piezas dispersas terminaban ensamblándose en una máquina funcional, casi como un rompecabezas que cobraba vida.

Recuerdo a Grigori, gran amigo de papá y jefe de electromecánica, arrodillado en el suelo del garaje central, con las manos negras llenas de grasa, mostrándome cómo una simple bujía podía hacer la diferencia entre un motor dormido y uno rugiendo como una bestia. *"Todo se trata de conexión"*, decía. *"De entender cómo cada pieza encuentra su lugar, cómo cada engranaje encaja y se comunica con el siguiente."*

Finalmente llegamos a Barcelona, los cuatro, arrastrando maletas y expectativas con los ojos bien abiertos, devorando cada detalle del paisaje. Cataluña nos recibió con ese clima templado propio de febrero, como una caricia suave después del frío cortante de Moscú. Y allí estaba, frente a nosotros, la ciudad donde todo parecía posible.

Barcelona era un crisol de voces y acentos, un torbellino de gente venida de todas partes. En cada esquina se respiraba el bullicio de quienes buscaban algo; claramente, no éramos los únicos que llegábamos con los nervios a flor de piel. Tan pronto cruzamos la puerta del piso que papá había conseguido para nosotros, sentí que el corazón me latía en la garganta. Desde la terraza, se podía ver el Mediterráneo extendiéndose frente a la Barceloneta, un espejo azul inmenso y seductor. Las olas rompían como si también celebraran nuestra llegada, y el aire salado me llenaba los pulmones de vida.

Los primeros días queríamos conocerlo todo, caminar cada calle, probar cada sabor, perder el aliento en cada rincón.

Pero, después de una semana de embriaguez urbana, llegó el momento de ponernos al lío. De lunes a viernes, los entrenamientos eran un reloj de arena implacable. Cada sesión era un desafío y cada dieta una promesa de sacrificio. Pero los fines de semana nos pertenecían. Gennadi, Tima y Luighy parecían estar tan ansiosos como yo por vivirlo todo al máximo. Sin embargo, la primavera llegó con su manto de polen, y para los dos rusos fue una pesadilla. Se les apagó el brillo, bajaron el rendimiento y se marchitaron como flores fuera de estación. En abril, decidieron volver a Moscú, dejando atrás el mar, el sol y las noches interminables de Barcelona.

Quedé solo con Luighy, el loco, el insaciable, el que siempre tenía una botella lista para celebrar cualquier cosa. Yo, en cambio, me sentía en el centro del universo. Barcelona era un mundo por descubrir, un paraíso de promesas, un lugar donde todo podía ocurrir. Y yo estaba listo para perderme allí.

Pasó medio año y debía cumplirle a papá, tuve que tomar una decisión. Sin decírselo a nadie, me matriculé en Ingeniería Electromecánica de la Universidad Autónoma de Barcelona. No sabía si estaba a punto de construir el futuro que siempre había deseado o si acababa de cavar mi propia tumba, pero pensaba sin dudarlo que estaba haciendo lo correcto. Después de todo, mientras mi padre me hablaba de inversiones y acciones, yo pensaba en llaves inglesas, carburadores y el sonido perfecto de un motor bien calibrado.

Aquel verano viajé a Moscú. Recuerdo el momento exacto en que mostré el comprobante de matrícula a mi padre. Fue como lanzar una piedra en un lago en calma. El aire se puso denso, cargado de una tensión que no necesitaba palabras. Mamá estaba allí. No dijo nada, pero nos miró con esa expresión suya entre cómplice y sabia, soltando una risilla suave que apenas se oyó, pero que yo alcancé a notar. Me guiñó un ojo mientras le tomaba la mano a papá, como intentando calmarle el alma.

Porque eso era ella: su polo a tierra, su refugio. La única capaz de bajarle los humos con una mirada, la única ante la que papá jamás alzó la voz. Era su debilidad. Su amor. La mujer a la que admiraba profundamente y con la que —aunque nunca lo dijera— sabía que no podría vivir.

Se conocieron por casualidad, en uno de esos eventos sobre café al que papá asistió por compromiso y del que ella seguramente hizo una fiesta sin quererlo. Desde ese día no volvieron a soltarse. Eran tan distintos que costaba entender cómo funcionaban. Él, todo orden y horarios; ella, puro caos encantador. Él, distante, metódico, reservado; ella, luz, desparpajo y carcajada fácil. Y, sin embargo, se enamoraron como en las historias de antes, de esas que huelen a papel y tinta, a cartas escondidas en cajones, a sacrificios reales y a luchas compartidas. Un amor a la antigua, de los que ya casi no se ven. De los que muchos anhelamos, pero pocos conseguimos sostener. Esos amores que te llevan a pensar que el amor, tal como lo entendieron nuestros ancestros, ya no existe. O, si existe, es casi invisible, mítico, habitando los rincones donde ya nadie mira.

Es el tiempo donde la libertad ha sido confundida con la huida constante, y el deseo se convierte en consumo. El amor ya no se construye, sino que se descarga, se prueba y se desecha, impidiéndonos quedarnos. Sartre decía que estamos condenados a ser libres, pero quizá también estamos condenados a no saber qué hacer con esa libertad, sobre todo cuando implica elegir a otro y renunciar al resto.

El amor de antes —el que veía en casa— no era perfecto, pero era profundamente humano. Estaba lleno de silencios que decían más que las palabras, de gestos cotidianos que construían algo duradero. No era un estado idealizado, sino una elección diaria. Una lucha compartida. Una fe. No solo momentos, conexiones breves, adrenalina y brillo que se desvanece en cuanto conoces la parte más real, porque cuesta mirar al otro como un misterio que se desvela con el tiempo. Adictos a las certezas inmediatas, garantías, respuestas. Y, si no las hay, corremos.

Pero aun así el corazón de todos busca o sigue anhelando ese amor lento, honesto, casi imposible, uno que no tema al silencio, ni a la vejez, ni a los días en los que amar es simplemente quedarse, uno que no necesite ser perfecto para ser verdadero. A veces, solo a veces, por el peso de nuestros propios errores, por las heridas mal cerradas y los miedos heredados, terminamos alejándonos de ese amor antes de siquiera tocarlo. Lo saboteamos sin darnos cuenta. Lo perdemos sin haberlo vivido. Y entonces, pasamos la vida echándolo de menos como si el alma recordara algo que nunca llegó a tener.

En ese momento, sentado frente a ellos, Ana María y Viktor, no tenía tanta claridad. Solo sentía el estómago hecho un nudo. Había soltado la frase "Voy a estudiar mecánica" y el silencio que vino después fue más elocuente que cualquier respuesta. Papá bajó la mirada mientras mamá me observaba con ternura, como si supiera que aquello era más importante de lo que parecía, pero para él, aquello era un error, un desvío innecesario, un camino de manos sucias —como si algunos negocios no lo fueran—.

Para mí era un acto de amor. Amor por las cosas que duermen en el abandono y que, con paciencia y conocimiento, pueden volver a latir. Transformar lo roto en arte. Lo inservible en fuerza. ¿Acaso no era eso mismo lo que él buscaba en sus números y gráficos? ¿Un orden dentro del caos? ¿Una belleza oculta bajo la apariencia del desorden?

Papá no necesitaba gritar para incomodarme; bastaba con ese silencio largo como un pasillo oscuro para hacerme sentir que había traicionado algo sagrado. En ese momento no lo supe, y él tampoco, pero esa decisión, esa simple elección, iba a ser el principio de algo doloroso. Porque a veces, cuando uno elige lo que ama, también elige lo que va a perder. Y ese verano, sin darme cuenta, empecé a perderlo a él.

Regresé a Barcelona con el maletín cargado de decisiones que aún dolían. Tenía que seguir con el deporte, pero sobre todo tenía que empezar mis estudios universitarios. Lo sentía como una batalla.

No solo debía demostrarle a papá que podía hacerlo, sino también al mundo, que esa elección —tan mía, tan cuestionada— era válida. Que no me había equivocado, que yo sabía lo que hacía y, sobre todo, que todo lo tenía controlado, pues en el camino incluso podría aportar, transformar y elevar la empresa familiar hacia un lugar más alto.

Con el tiempo, que a la final no convence pero suaviza, papá lo terminó aceptando, aunque sin entusiasmo. Lo suyo fue más bien un tipo de resignación que solo llega cuando la realidad se impone y uno entiende que amar también es ceder. No sé si alguna vez llegó a sentirse orgulloso, pero sí sé que dejó de oponerse. —Y en él, eso ya era un gesto inmenso—. Fue más bien una especie de tregua. Lo sabíamos todos —incluso mamá—, que me defendía con el corazón y no con la razón, con ese amor visceral que solo tienen las madres. Fue ella quien sembró en mí la seguridad cuando más la necesitaba. Mi heroína discreta. La voz que me decía que sí, que yo podía, aunque no se lo dijera a nadie más.

Y entonces llegó el primer día de universidad. Crucé la puerta y me encontré con decenas de jóvenes como yo. Rostros nuevos, inquietos, llenos de planes, todos cargando ilusiones que aún no sabían que iban a romperse. Nos creíamos valientes, sabios incluso. Pensábamos que conocíamos el mundo porque habíamos leído libros, visto películas o discutido sobre política en alguna sobremesa. Pero la verdad es que no sabíamos nada. —Nada de lo que de verdad importa—.

La ingenuidad colectiva se respiraba en los pasillos, ese adjetivo trágico, ese espejismo compartido en el que todos creemos saber hacia dónde vamos. Cada uno con sus ideas del éxito, del amor y de la vida sin saber que lo real no se parece en nada a lo que nos contaron. Vivíamos en un estado de promesa, de posibilidad infinita. Y eso, aunque hermoso, también fue peligroso. Porque lo posible no duele hasta que se vuelve imposible.

Y entonces el golpe es seco, brutal, como si despertaras de golpe en medio de una tormenta que tú mismo llamaste verano.

Mirándolo ahora, éramos críos. Niñatos vestidos de adultos intentando jugar a construir futuros, sin saber que el tiempo es una fuerza indomable, que nada sale como lo planeas, y que para sobrevivir no basta con tener talento o ganas, hace falta coraje. Y dolor. Y una extraña forma de fe que no tiene nombre. Eso ya lo sabía papá, no desde el juicio ni desde la arrogancia, sino desde la experiencia de quien ya había visto cómo el mundo se encoge cuando uno se estrella por primera vez.

Tal vez por eso no me lo dijo, porque entendía que algunas verdades, si se pronuncian antes de tiempo, se desperdician. Que hay dolores que solo tienen sentido cuando se sienten en carne propia, no cuando se escuchan como advertencia. Su silencio no fue indiferencia, sino un acto de respeto y de amor áspero. Puede que, en el fondo, supiera que yo necesitaba equivocarme, desilusionarme, romperme, para reconstruirme desde otro lugar.

Tal vez terminó por aceptar mi decisión porque comprendió que había batallas que debía librar, heridas que me tocaría abrir, y que él —aunque quisiera— no podía evitarme. Por eso, en vez de interponerse, retrocedió con la dignidad de quien ama lo suficiente como para no entorpecer el camino, aun sabiendo que dolerá. Y lo dejó en manos de la vida. Como si dijera, sin palabras: *"Está bien. Que sea la vida quien te lo enseñe. Yo ya lo aprendí"*.

Desde el primer semestre lo supe —No iba a ser fácil—. Una asignatura tras otra, números, fórmulas, lecturas densas, teorías abstractas, todo llegó de golpe, sin pausa, como una tormenta inesperada que arrasa con todo antes de que uno pueda abrir el paraguas; era como si me hubiesen lanzado al fondo del mar con la orden de aprender a nadar mientras me hundía. No era que se me dieran mal los números, el problema fue creer que bastaba con gustarme algo para que la vida se ordenara en consecuencia.

Mi ingenuidad me jugó la peor de las trampas: me hizo pensar que con disciplina bastaba, que con esfuerzo todo era posible. Y no lo era. Ni remotamente. No supe anticipar la velocidad con la que la realidad se me vendría encima.

No planifiqué, no contemplé, no supe. Y cuando quise reaccionar, ya estaba sumido en una rutina que me sobrepasaba: entrenamientos por la mañana, clases durante el día, trabajos por la noche y, en medio de todo, una sensación creciente de ahogo.

Los días empezaron a comerse mis horas. Entre los entrenamientos y las clases quería hacerlo bien, —de verdad quería—, pero el cuerpo no respondía, y la mente se me dispersaba como si tuviese miles de hilos sueltos y ninguno alcanzara a tejer algo coherente. El tiempo no me alcanzaba para estudiar, para entrenar, para cumplir con los partidos, para comer tranquilo. Para vivir, en realidad.

Empecé a organizar mal mis días, a apagar fuegos en lugar de prevenirlos. Y aun así insistía, porque decir "no puedo" me parecía una rendición anticipada, y fallarle a papá, mamá y a mí mismo era algo que no podía permitirme. Dejé de dormir, de pensar, estudiaba sin entender y entrenaba sin energía. Vivía como si mi cuerpo fuera una carcasa vacía que iba de un lugar a otro por pura inercia y el tiempo, ese recurso tan escaso, se volvió un enemigo imposible de vencer.

El primer año lo llevé con una mezcla de terquedad, fe y valentía, pero al llegar al tercer semestre todo se rompió. Mi cuerpo dejó de responder y lo peor: mi rendimiento en el club se desplomó. El fútbol —ese lugar donde siempre me sentí vivo— empezó a volverse otro campo de batalla que perdía a diario. Me atrasaba en las materias. Faltaba a clases porque me quedaba dormido. Me sentaba en el aula como un espectador que no logra seguir el argumento de una obra extraña.

La carrera, aquella que en un principio me había parecido desafiante, incluso noble, empezó a parecerme ajena, casi hostil; comenzó a disolverse ante mí como un sueño que desaparece apenas uno intenta recordarlo. Me sentía cada vez más pequeño, más torpe, más lejos de todo lo que alguna vez imaginé para mí.

No quería saber nada más. Iba por compromiso, por culpa, por esa voz interna que me repetía que estaba fallando. Me negaba a aceptar que el plan no había funcionado; me aterraba la idea de haberme equivocado, de haber apostado mal, y aun así me aferré durante tres semestres más, forzando una maquinaria que ya no quería girar.

El cuerpo sabía lo que mi mente no aceptaba.

Y cuando el alma se cansa, empieza a callarse.

A veces, el derrumbe llega sin estruendo.

Me aferré porque rendirse dolía más que insistir, porque aceptar que me había equivocado me destrozaba, y asumir que todo mi plan —el sueño, el esfuerzo, la apuesta— había fallado, me rompía el alma. Hasta que un día, simplemente decidí dejarlo.

No fue una decisión gloriosa, ni valiente. Fue callada y vergonzosa. Fue la confirmación amarga de que había perdido. Me había equivocado, y no hay dolor más agudo que el de descubrir que uno no solo eligió mal, sino que insistió en el error por miedo a aceptar la derrota.

En ese gesto simple y silencioso, confesé al mundo —y a mí mismo— que había perdido. Comencé entonces a entender que la perfección no es virtud, sino prisión. Que el control absoluto es incompatible con la paz. Y que el precio de vivir sin margen de error es perder la posibilidad de simplemente vivir.

El fracaso en la carrera no fue solo un tropiezo académico. Fue, más bien, la grieta por la que empezó a colarse una verdad incómoda: "no sabía quién era cuando no estaba cumpliendo expectativas". Me sentía vacío, como un plano sin estructura, como una herramienta sin propósito. Lo mismo me ocurrió en el club de fútbol. Mi rendimiento bajó, pero lo que realmente me quebró no fue el error técnico ni las derrotas, sino la idea de que ya no merecía estar allí.

Como si todo lo que alguna vez hice bien hubiese sido una farsa. Y fue allí donde nació el síndrome del impostor: en la negación de mí mismo como posibilidad real. Como si el yo auténtico fuera un intruso en mi propio cuerpo, una máscara mal pegada. Mi conciencia se volvió juez y verdugo, y cada intento de avanzar fue boicoteado por una voz interna que me decía: "Estás engañando a todos. No perteneces aquí."

Kierkegaard decía que la angustia es el vértigo de la libertad. Y lo entendí; fracasar me hizo libre de esa imagen idealizada que me había construido, pero también me enfrentó al vacío de no saber qué hacer con esa libertad. Si ya no era el estudiante modelo, ni el jugador con potencial, ¿quién era yo entonces?

Mi cuerpo empezó a cambiar de formas que eran invisibles para el resto, pero que yo sentía como una vibración constante bajo la piel. No era algo que se pudiera explicar con exactitud, pero era real. Era como si me habitara alguien que no era yo. Caminaba diferente, más encorvado, más lento, como si algo me pesara en la espalda. Me costaba levantar la cabeza, como si el suelo fuera el único lugar donde aún tenía sentido mirar. Y no era solo físico, era algo más profundo. Iba al espejo y el reflejo me devolvía una cara conocida pero sin vida, mis ojos ya no brillaban. La sonrisa era apenas una curva forzada, vacía. Me decía a mí mismo que estaba feo, ya no sabía cómo volver a ser yo. Lo que antes me gustaba de mí se volvió sospechoso y dejé de confiar.

En el momento en que salía al campo de fútbol, me sentía expuesto, observado, pero no admirado. Sentía que todos sabían lo que yo intentaba ocultar: que estaba vacío por dentro, que ya no era el mismo. Mis piernas dudaban antes de cada jugada, mi mente me saboteaba antes del primer pase. Me repetía que me iban a descubrir, que se darían cuenta de que todo lo que había logrado era un error, un accidente, una mentira bien contada.

Dejé de disfrutar de todo. Hasta de las cosas pequeñas que antes me daban sentido.

Había una niebla entre el mundo y yo, una distancia, una incomodidad permanente que me hacía estar siempre tenso, siempre en guardia. Fingía estar bien, reír y que seguía intentando, pero por dentro solo había ruido, un murmullo constante que decía: "No sirves para esto. Nunca serviste. Estás engañando a todos."

Y lo peor es que empecé a creerlo.

Todo lo que alguna vez amé empezó a dolerme. Cada recuerdo feliz se convirtió en una prueba de que había tenido algo que ya no sabía cómo recuperar. Me convertí en el guardián de una versión mía que ya no podía sostener. Y así, cada día era una especie de teatro emocional donde el telón nunca caía. No había descanso. Ni alivio. Ni pausa. Perdí la capacidad de reconocerme. Y con eso, perdí también las ganas. Las ganas de insistir, de competir, de mostrarme. Me aislé, incluso de los que más me querían, porque sentía que si me miraban de cerca, si realmente me miraban, se darían cuenta de que no merecía estar donde estaba. Sentí miedo. Pero no de caer, sentí miedo de que todo lo que era hubiese desaparecido y que todos pudieran notarlo.

Fue entonces cuando la vida —como si quisiera compensar todo lo que me había quitado— me mostró dos formas de amor que no conocía. Dos formas sinceras, desinteresadas, leales. Dos versiones del amor que no piden nada a cambio. Que no dependen del deseo, ni del deber, ni del pasado. Una de esas formas fue Luighy.

Capítulo 5 -
Sobre el amor que libera

Luighy fue, y sigue siendo en mi memoria, un hermano sin sangre. El pirado, el que siempre estaba ahí, incluso cuando yo ya no estaba para mí mismo. Vivíamos juntos, claramente, pero esto iba mucho más allá de compartir un espacio: compartíamos la existencia. Nos tocó habitarnos en uno de los momentos más frágiles de mi vida, y fue él quien me sostuvo sin que yo se lo pidiera. Sin condiciones, sin pretensiones, sin esperar nada.

—*Eso, ahora lo entiendo, es amor.*—

Era un ser distinto a mí en casi todo. A veces parecía que ni siquiera fuera ruso: tenía una calidez inusual, una alegría desbordante, una forma de moverse por el mundo que desafiaba cualquier lógica racional. Le importaba poco el futuro y nada el pasado. Vivía el presente como si fuese lo único real, como si el ahora fuera suficiente para existir. Y quizás lo era, para él.

Era un excelente futbolista, de esos que parecen tener el balón cosido al pie, pero eso era apenas un detalle frente a lo verdaderamente admirable: su capacidad de ser humano. Su forma de escuchar, su manera de empatizar. Tenía el don de vivir las historias de los demás como si fueran propias, sin robar protagonismo, sin invadir, sin juzgar.

Aun así, tenía su propia historia. Creció con sus abuelos, y aunque sus padres no estuvieron del todo presentes, nunca habló de ellos con rencor. Aprendió que a veces basta con saber que alguien existe. Y quizás por eso le sobraba amor. Tenía tanto que se le caía de los bolsillos. Y yo, roto como estaba, fui uno de los que recibió ese amor sin pedirlo. No había celos, no había competencia por el deporte o por la vida. Solo un deseo genuino de que yo no me dejara caer. Me admiraba, lo sé. Me lo decía de vez en cuando, medio en broma, medio en serio, con una ternura torpe que nunca olvidaré.

Y cuando yo, con la voz temblando o entre los efectos del vodka, le confesaba que no podía más, él no me dejaba hundirme. Jamás me dio la razón en mi derrota. Me contradecía con hechos, con actos. Me sacaba del hueco, me devolvía, me rescataba.

Hubo días en que me cargó —literalmente— hasta el entrenamiento. Días en que me preparó la comida, en que se sentó a escucharme repetir por quinta vez la misma historia de fracaso. Días en que su alegría era la única razón por la que yo me levantaba de la cama. Fue por él que no abandoné el deporte tres años antes. Fue por él que no renuncié al club cuando sentía que el síndrome del impostor me había devorado entero.

Luighy nunca dejó que me perdiera del todo. Y eso, hoy lo entiendo, fue un acto de amor tan puro como cualquier historia romántica que haya vivido. Él no necesitaba salvarme. No era su deber. Pero lo hizo. Me dio fe cuando yo ya no creía ni en mí. Me abrazó con risas, con palabras, con su presencia. Nunca me dejó solo. Y eso, eso no se olvida.

No debería olvidarse jamás.

Pero no solo fue eso, sino que me enseñó, o más bien me presentó la segunda forma de amar que llegó sin hacer ruido, sin etiquetas, sin la urgencia de un "para siempre", pero no por eso menos verdadera.

Fue a través de él que conocí a Alessia. A veces pienso que fue la vida, en un raro acto de piedad, la que me la puso delante. No para que la amara como se ama a quien uno elige, sino para que aprendiera que también existe el amor que simplemente sucede.

Alessia era mi excompañera de universidad. Compartíamos algunas materias sobre ética profesional, y aunque nuestras vidas se cruzaban entre clases y trabajos, no fue sino hasta ese periodo —ese en el que me sentía más perdido— cuando realmente empezamos a vernos. Entre citas de Aristóteles y trabajos en equipo jamás había escuchado su risa, u observado su forma de leer ni su manera de pensar en voz baja, pero luego empecé a notarla. No sé en qué momento preciso dejó de ser solo una compañera. Fue algo suave, como si alguien bajara lentamente el volumen del mundo para que yo pudiera escucharla a ella.

Empezó con una conversación de camino a casa, una tarde sin prisa, en la que descubrí algo en ella, una forma de estar en el mundo que me resultaba serena, casi etérea. Fue allí, en lo simple, donde nació algo que nunca supimos nombrar. Nunca tuvimos una relación formal. Lo nuestro no ocupaba lugar en redes sociales, ni en etiquetas. Pero existía. Y existía con una fuerza silenciosa, cálida, casi sagrada.

Era un refugio.

Conoció a Luighy alguna de las veces que fue al piso a trabajar conmigo y, como si él hubiera captado la frecuencia exacta de lo que empezaba a nacer entre nosotros, no dejó de invitarla a nuestros planes de fin de semana como si supiera que yo necesitaba —aunque no lo dijera— una presencia femenina que no me juzgara, que no me salvara, pero que tampoco me dejara solo. La integró con naturalidad y yo, en el fondo, agradecía su insistencia porque Alessia traía una calma que no era mía, pero que me prestaba cada vez que la tenía cerca. Su presencia era como ese tipo de música que no distrae, pero acompaña. No exigía, no juzgaba, no intentaba curarme, y quizás por eso me sanaba.

Compartimos películas, paseos sin rumbo, silencios sin incomodidad, pero también cierta nostalgia, esa que aparece cuando sabes que algo te hace bien pero no sabes si se quedará. Alessia fue esa segunda forma de amor que no vino a cambiar mi vida, sino a recordarme que aún era capaz de sentir algo noble y limpio sin necesidad de prometer nada. Y tal vez por eso, por no tener forma ni nombre, su recuerdo se volvió tan profundo.

No fue una historia de amor; fue una historia de alma a alma.

No fue un amor convencional, ni un amor de película, pero Alessia sí que parecía una mujer sacada de una. Nació en Italia, en la Toscana, en medio de viñedos, colinas suaves y atardeceres de postal. Creció entre aromas de albahaca y tardes junto al mar, hasta que decidió que estudiaría Medicina en Barcelona, donde nuestros caminos se cruzaron, como si la vida nos hubiese estado empujando en esa dirección sin que lo supiéramos.

Su acento era encantador, melódico, de esos que te arrullan, aunque estén diciendo cualquier cosa. Su energía, en cambio, era abrumadora y vital. Ocupaba el espacio como si siempre hubiera pertenecido a él. Su cabello, entre castaño claro y rubio, caía como una cascada dorada cuando se lo soltaba, y había algo casi hipnótico en ese gesto, como si el mundo se detuviera un segundo para admirarla.

Era casi tan alta como yo y, aunque su belleza era evidente, lo que más me desarmaba era su inteligencia. No solo su mente privilegiada para la ciencia, sino esa otra inteligencia más rara: la de entender. La de escuchar de verdad. Hablar con ella era hablar conmigo mismo, solo que desde fuera, con más calma, con más ternura.

Apasionada por el mar, por los libros y por la buena comida —sobre todo la italiana—, me enseñó a cocinar pastas, pizza y lasaña con una paciencia que pocas veces había visto en alguien. Cuando podíamos, buceábamos. Cuando no, nos escapábamos a cualquier isla que nos llamara, sin más planes que vivir lo nuestro, eso que no tenía nombre, pero era nuestro.

Conocí a sus padres un verano en Venecia y ella conoció a los míos casi sin querer, una tarde cualquiera que se convirtió en memoria. Todo fue natural, suave, sin promesas, pero con presencia. Sin futuro asegurado, pero con un presente tan vivo que dolía de bonito.

Y, sin embargo, el destino —ese caprichoso escritor que a veces borra lo que uno quiere subrayar— decidió que ella no sería la mujer con quien compartiría mi vida. Su profesión la llevó por otros rumbos. Y yo, que sabía lo mucho que había luchado por ese sueño, me alegré por ella. Me alegré de corazón, aunque eso significara no volverla a ver, al menos no de la misma manera.

Nos despedimos sin lágrimas físicas. Pero las había en el aire, en los gestos, en esa forma en la que uno se queda mirando al otro un segundo más, solo para memorizar. Nos dijimos adiós con un beso profundo, como si el alma también se despidiera, y con una sonrisa que decía más que mil palabras. Despedimos lo nuestro con honor. Con la frente en alto. Como quienes reconocen que no sería para siempre, pero agradecen que, durante un tiempo, lo haya sido. Nos despedimos, pero me dejó tatuada en la memoria la frase suya, dicha con ese acento dulce:

—*Ti amo… Tu sei la mia vita. Sempre con te, nel cuore.*—

A partir de nuestra despedida tranquila, sin dramas y sin reproches, mi vida empezó a adquirir una forma nueva, como si, sin saberlo, me hubiera estado preparando para comprender que el amor no siempre tiene que doler para ser real. Alessia me amó como enseñaba Fromm: con libertad, con respeto, sin la urgencia de poseer ni el temor a perder. Su amor no fue una prisión disfrazada de promesas, sino un espacio donde pude ser yo mismo sin necesidad de esconder mis sombras. Estaba ahí, firme y serena, como quien sabe que el otro no le pertenece, pero lo acompaña mientras el camino lo permita.

Sí, la extrañé. Pero no con nostalgia amarga, sino con la gratitud de haber compartido un amor sin fracturas. Porque si hubo algo que aprendí de ella fue que el amor verdadero no retiene, sino sostiene y suelta.

Yo también la amé, claro. Pero con la conciencia, desde el inicio, de que lo nuestro era finito. Que su mundo era más amplio que el mío, más abierto, más incierto, y que un día echaría a volar. Y, sin embargo, lejos de causarme angustia, esa idea me llenaba de ternura. Porque lo efímero, cuando se vive con plenitud, no necesita eternidad.

No nos quedó nada pendiente, no hubo deudas, ni palabras no dichas; cada momento con Alessia fue justo lo que debía ser.

Por ello, cuando se fue, me sorprendí sintiéndome en paz, feliz incluso de verla cumplir sus sueños, recorrer ciudades con nombres que nunca sabré pronunciar, llenarse de historias que ya no incluían mi nombre. Y, en lugar de quebrarme, su ausencia me volvió más liviano.

Después de ella, volví al fútbol. Pero ya no como una forma de exigirme más, sino como una manera de reconciliarme conmigo. Dormía mejor, entrenaba con más fluidez, me importaba menos decepcionar a los demás, y más estar en paz conmigo mismo. Luighy, con su despreocupación contagiosa, terminó de empujarme hacia esa nueva forma de vivir: sin cálculo, sin el peso innecesario del futuro. Empecé a sentirme joven de verdad y a vivir sin tanta estrategia y tanto miedo. Y fue entonces cuando, casi sin buscarlo, los momentos más memorables de mi juventud comenzaron a llegar. Y aunque Alessia no estaba, en cierto modo seguía acompañándome.

Ella no fue el amor de mi vida.

Fue el amor que me enseñó a vivir.

Capítulo 6 -
El dios que se ahogó en su reflejo

Rondaba los veinticinco años y, por primera vez en mucho tiempo, sentía que mi vida marchaba con ligereza. Cuando les conté a mis padres que había abandonado la carrera de Electromecánica, la reacción fue inmediata; a mamá le dolió en silencio, pero no por ella, sino porque sabía que no había sido fácil para mí; papá, más explícito, me retiró parte de su apoyo económico. Seguía teniendo casa y comida, pero si quería salir, darme un gusto, explorar algo más allá del mínimo, tenía que ganármelo yo. Y eso, lejos de ser un problema, fue un impulso.

El club nos trasladó a un equipo profesional y cada partido jugado se traducía en un ingreso. Así, sin buscarlo, mi vida como futbolista empezó a tomar forma propia. Me bastaba con eso, me sentía útil, fuerte y decidido. Junto a Luighy, compartíamos una disciplina extraña en medio del desenfreno; madrugábamos, entrenábamos con hambre, pasábamos horas perfeccionando toques, carreras y jugadas. El balón era una extensión de nosotros. El sudor se mezclaba con una felicidad que no necesitaba explicación. Nuestro círculo creció, pronto éramos cinco o seis jóvenes recorriendo Cataluña, llenos de ilusión y soberbia, creyéndonos invencibles, casi dioses, como si el mundo fuera nuestro y como si la vida fuera una fiesta que se nos debía por el simple hecho de ser jóvenes y tener talento.

Los fines de semana sin partidos eran celebraciones, alquilábamos catamaranes y navegábamos el Mediterráneo como si fuéramos corsarios del placer; nos lanzábamos al mar con la ligereza de quienes no temen a nada. Invitábamos a las chicas más guapas, bebíamos buenos cócteles, bailábamos hasta el amanecer. Todo era juego, deseo, juventud. Vivíamos como papá habría descrito con un gesto de desprecio: "una vida sin rumbo, un desperdicio". Pero para mí, en ese instante, era la gloria. Hacía lo que amaba y lo amaba sin culpa.

Vivía en presente absoluto, sin relojes, sin previsiones. Y en esa desmesura, me sentía el mejor.

Los meses sucedían como estaciones invisibles. Entrenamientos, fiestas, risas, juegos, tonteos con chicas, y una que otra relación fugaz que nacía y moría en el calor de una madrugada cualquiera. Todo lo que alguna vez aprendí sobre planificar y tener un "futuro estable" se volvió difuso. Yo vivía con una convicción casi mística de que el momento era eterno. Una felicidad ligera, despreocupada, casi ingenua. Y entonces, estaba siendo parte de un ciclo tan antiguo como la humanidad: el del goce sin medida que precede a la caída.

—No sabíamos que los dioses, cuando quieren castigarte, primero te conceden todo lo que deseas—

El cerebro, que en su sabiduría química no está hecho para sostener la euforia indefinidamente, se adapta, se acostumbra, busca equilibrio. Pero lo que al principio es deslumbrante termina por convertirse en costumbre. Y cuando la felicidad se convierte en paisaje, la atención se adormece. Los sentidos se embotan. Uno deja de ver las señales. No es debilidad, es biología, es química, es una ilusión de estabilidad que se va desdibujando a cada paso.

Las grandes corrientes del pensamiento, desde la física hasta la filosofía, lo han dicho siempre: todo sistema tiende al desorden. La entropía no es solo una ley de la materia, es también una ley del alma. Cuando todo parece estable, cuando la cima se alcanza y no hay nuevos desafíos, el caos comienza a abrirse paso. Silencioso e implacable. Y así como Friedrich Nietzsche decía que cuando el hombre cree haber conquistado la cima, el nihilismo comienza a filtrarse como una sombra silenciosa. Cuando ya no hay más que desear, aparece el vértigo. Y es entonces cuando el vacío comienza a hacer preguntas incómodas.

Y así fue para mí.

Mientras creía que todo estaba en su lugar, el universo —externo e interno— ya había empezado a moverse. Lentamente, como un temblor que nadie siente al principio, la vida comenzó a desordenarse. Yo no lo sabía aún, pero la vida —sabia, salvaje, exacta— ya estaba preparando su siguiente lección.

El fútbol profesional nos había abierto las puertas a una vida que, para unos chicos como nosotros, rozaba lo irreal. De un momento a otro, teníamos en las manos una suma de dinero que no solo bastaba para vivir cómodamente durante años, sino que nos daba la sensación de haber conquistado el mundo. Pero la juventud tiene un defecto tan sutil como peligroso: confunde la abundancia con invulnerabilidad. Éramos inexpertos y, además, arrogantes. Creíamos que el mundo nos pertenecía, que la vida era un campo de juego en el que siempre saldríamos ganadores.

No fuimos conscientes —o no quisimos serlo— de que, detrás de cada historia de éxito temprano, hay una fila larga y silenciosa de personas que solo esperan el momento de aprovecharse.

Fue en una de esas noches donde el placer y el alcohol se mezclaban con la bruma del Mediterráneo que conocimos a Raphael. Un tipo carismático, encantador, con ese tono de voz que transmite certezas, con esa seguridad que parece construida a base de verdades imposibles de refutar. Nos habló de un negocio infalible. Así lo llamó: infalible. Un proyecto que no tenía pierde, que nos permitiría multiplicar lo que habíamos ganado sin dejar de vivir como reyes. Prometía rendimientos extraordinarios, contactos exclusivos, viajes, lujos. Prometía mantenernos arriba, sin esfuerzo.

Y nosotros, ciegos por el poder y embriagados por la ilusión de que todo era eterno, no preguntamos demasiado. No analizamos. No sospechamos. Solo confiamos. Confiamos como solo confían los que aún no han sido traicionados por la vida.

Luighy y Yeko —dos chavales con el ego inflamado y el juicio atrofiado por la felicidad fácil— pusieron en sus manos todo lo que habían logrado, absolutamente todo. Nos sedujo con la fórmula más vieja del mundo: la promesa de que se puede seguir viviendo como reyes sin pagar el precio de la responsabilidad. Nos vendió un sueño, y nosotros lo compramos con los ojos cerrados. No sabíamos que lo que estábamos entregando no era solo dinero, era nuestra inocencia, el último fragmento de esa fe ciega en que las cosas siempre saldrían bien, en que el mundo nos aplaudiría por siempre. Y, aunque aún no lo sabíamos, la caída ya estaba en marcha.

Durante semanas, Raphael nos habló del negocio del futuro con una pasión que parecía sincera, casi religiosa. Nos hablaba de algo llamado Bitcoin, una moneda virtual, descentralizada, imposible de rastrear, con el potencial —según él— de sustituir al dinero tal como lo conocíamos. Y aunque nos costaba entender los detalles, nos fascinaba. Era como entrar en una película de ciencia ficción donde nosotros éramos los protagonistas, los primeros en llegar, los pioneros.

Recuerdo ese vértigo dulce de la novedad, de la emoción de ser parte de algo que parecía más grande que nosotros mismos. Raphael, con su traje impecable, su voz grave y pausada, su lenguaje lleno de términos técnicos y proyecciones astronómicas, detectó de inmediato nuestra ingenuidad. Nos miró como se mira a un blanco fácil y no perdió ni un segundo. Nos envolvió. Fue ágil, inteligente, persuasivo; fue un estafador a la altura de nuestros sueños más ingenuos. Y yo, que me había pasado la vida anticipando riesgos, calculando pasos, elaborando estrategias hasta para enamorar, no lo vi venir. No porque no pudiera, sino porque no quise ver. Porque a veces, el placer de creer en algo es más fuerte que la prudencia.

No preguntamos, no investigamos, no comparamos, solo confiamos. Invertimos cada euro que habíamos ganado con el sudor de años de entrenamientos y partidos. Lo apostamos todo al espejismo. Raphael se convirtió en nuestra brújula, nuestra promesa, nuestro pase directo al futuro. Y entonces, simplemente, desapareció, sin rastro, sin advertencia, sin culpa. Nos quedamos solos. Dos niños ricos sin dinero, sin plan y sin respuestas.-

Lo que vino después fue un colapso silencioso.

Psicológicamente, una estafa como esa te desmantela por dentro. No solo pierdes el dinero, pierdes el relato que te habías contado sobre ti mismo, pierdes la imagen de joven exitoso, astuto, indestructible. Sientes vergüenza, rabia, incredulidad. Y, más que nada, una soledad brutal. Porque nadie puede entrar contigo al lugar donde vive la culpa. Biológicamente, el cuerpo reacciona como si hubiera sufrido un trauma real. El cortisol, la hormona del estrés, se dispara; el sueño se rompe, la memoria se fragmenta y comienza un bucle de pensamientos obsesivos: ¿Cómo no lo vi? ¿Cómo fui tan estúpido? ¿Y ahora qué hago?

Creímos que ser felices era vivir en un estado de exaltación constante, como si la plenitud fuera un vértigo sin pausas. Nadie nos enseñó que el verdadero placer no hace ruido, que no grita ni deslumbra, que se parece más a una tarde tranquila que a una noche desbordada. Vivíamos en la superficie del instante, coleccionando emociones como si fuesen trofeos, creyendo que cuantas más tuviéramos, más completos seríamos. Pero no sabíamos que la acumulación no construye sentido, solo lo disfraza. Y así nos encontramos en un mundo donde todo era veloz, desechable, inmediato. Las relaciones, las promesas, incluso nuestras propias metas: todo se evaporaba con la misma rapidez con la que aparecía.

Raphael fue la imagen perfecta de esos tiempos. Nos ofreció un sueño empaquetado, reluciente y sin esfuerzo. Un vendedor de espejismos. Y nosotros, sedientos de más, caímos. No porque fuéramos tontos, sino porque el deseo tiene esa forma traicionera de convencernos de que esta vez sí será diferente. Éramos dos jóvenes que, sin darnos cuenta, habían empezado a construir su identidad en torno a lo que tenían y no a lo que eran. Por eso, cuando lo perdimos todo, no fue solo el dinero lo que desapareció: fue también una parte de nosotros. La parte que se creía invulnerable, la que pensaba que podía comprar la plenitud. Era claro que no entendíamos el sistema. Solo queríamos ganarle. Y el sistema, disfrazado de hombre con sonrisa perfecta, nos enseñó que no se le gana si no se le conoce.

Luighy y yo estábamos perdidos en un agujero negro, sin mapa ni salida, ahogados por la rabia, la impotencia y una tristeza tan pesada que parecía aplastarnos el alma. No sabíamos si callar para no mostrar nuestra derrota o gritar para exorcizar ese fuego que nos quemaba por dentro. Decidimos denunciar, pero fue un gesto inútil, una burla más del destino. Raphael desapareció sin dejar rastro, como una sombra que nunca existió, dejando tras de sí un vacío aún más profundo que el dinero que nos arrebató. Quizá ni siquiera existió, o su nombre era solo un disfraz más.

Entonces, la caída fue aplastante. Luighy escapó en un torbellino de excesos. Se hundió en mujeres, fiestas y dinero, intentando enterrar el fracaso bajo capas de placer vacío. Yo, en cambio, me desplomé desde dentro. La confianza que Alessia había logrado sembrar en mí fue devorada por un monstruo voraz. El síndrome del impostor se agarró a mi pecho y no soltó. No me reconocía. Mirarme al espejo se convirtió en un tormento diario.

El cuerpo dejó de ser un aliado. Dormía mal, a ratos, con sobresaltos. Me despertaba sudando, con el corazón acelerado, como si hubiese corrido maratones en sueños. La comida me sabía a nada: masticaba sin hambre, tragaba sin ganas. Bajé de peso, perdí fuerza, y cada entrenamiento era una tortura muda. Los músculos dolían sin razón. Las piernas, que antes volaban en la cancha, ahora pesaban como si llevaran piedras atadas. Me sentía habitado por el cansancio, uno denso, pegajoso, que no se quitaba con descanso ni con voluntad. Mi cuerpo también me estaba diciendo que ya no podía más.

Allí estaba ese reflejo roto, una imagen que no era mía: un ser extraño, grotesco, deformado. Me sentía como el insecto de

Kafka, atrapado en una cárcel de carne y hueso, condenado a vivir en un cuerpo que había dejado de ser mío. Era un prisionero de mi propia mente, aislado, invisible para el mundo y para mí mismo. No había luz, solo un abismo oscuro donde se ahogaban mis sueños y esperanzas. Mis días eran un calvario y un vacío insondable que devoraba todo vestigio de voluntad.

Ya no podía entrenar, no podía jugar; mi rendimiento cayó hasta niveles tan bajos que ni siquiera merecía un lugar en el equipo. La cancha, que antes era mi reino, ahora era un campo de batalla donde me enfrentaba a un enemigo invencible: mi propia desesperación.

La decepción hacia mí mismo era insoportable. ¿Cómo había llegado a ser ese hombre quebrado, esa sombra vacía que apenas respiraba? El reflejo del espejo no me devolvía un ser humano, sino un monstruo de derrota y vacío. Mis pensamientos eran un cuchillo que me desgarraba sin piedad. La imagen de aquel insecto kafkiano no era solo una metáfora, era mi realidad: atrapado en un cuerpo extraño, incapaz de salir, condenado a vivir un infierno silencioso. No había salvación, solo el silencio abrumador de mi caída.

Así, día tras día, me deshacía. Sin fuerza, sin ánimo, sin esperanza. Un hombre roto, condenado a vagar por su propia oscuridad, sin compasión, sin perdón, sin futuro.

Lo que precedió no fue fácil. Empezar de nuevo, pero esta vez desde un lugar en ruinas. Con el alma hecha trizas, el corazón sin fe y el bolsillo tan vacío como mis certezas. No tenía nada. Solo aquel apartamento que seguía pagando mi padre y la comida que, por fortuna, nunca faltó. Pero lo demás se había esfumado. La vida de lujo que antes había tenido —con su ruido, sus fiestas, sus fotos perfectas— desapareció tan rápido como esas cosas que uno cree valiosas solo porque brillan. Y, sin embargo, para mí, aquello fue una derrota. No una derrota superficial, no. Fue una de esas que te arañan desde dentro. Una que te deja mirando al techo a las tres de la mañana preguntándote: ¿Y ahora qué?

Como si la realidad me estuviera diciendo, con una voz cruel y certera: lo que te definía no era más que humo.

Y entonces comenzaron las verdaderas preguntas. No esas que uno se hace por curiosidad o por moda, sino las otras, las incómodas, las que solo aparecen cuando el suelo se hunde y ya no hay nada que sostenga.

Es extraño cómo los seres humanos solo nos enfrentamos a lo esencial cuando todo se desmorona. Como si necesitáramos el derrumbe para mirar hacia dentro. Como si la angustia fuera la única puerta honesta a la verdad. Y no la verdad absoluta, no —esa no existe—, sino la nuestra. Aquella que emerge cuando ya no queda nada más, cuando no hay máscaras, ni testigos, ni expectativas que sostener.

Fue ahí, en medio de ese colapso silencioso, donde me di cuenta de lo absurdo de muchas cosas que antes defendía con uñas y dientes. Me di cuenta de que vivimos buscando sentido en lo que tenemos, en lo que hacemos, en lo que proyectamos.

Pero cuando todo eso se cae, uno queda solo con el vértigo. Con el vacío. Y es en ese vacío donde aparece la pregunta más dura: ¿quién soy cuando todo se ha ido?

La caída es un espejo. Uno que no todos se atreven a mirar. Pero yo no tenía otra opción. El reflejo estaba ahí: yo, en ese cuerpo cansado, con los ojos apagados, arrastrando los pies en entrenamientos que ya no tenían sentido. La fuerza que antes me impulsaba se había ido.

Me pidieron tomar vacaciones, un eufemismo amable para decirme que se me notaba. Que no estaba. Que algo en mí se había roto y que, por mucho que intentara disimularlo, el mundo ya se estaba dando cuenta.

Yo lo sabía. Y ahora, todos también lo sabían. Lo que nadie entendía —y tal vez ni yo mismo— era que mi batalla no era contra el cansancio físico. Era contra el vacío, contra ese absurdo al que se refería Camus, cuando decía que lo más honesto que puede hacer un hombre es enfrentar el sinsentido y aun así elegir no rendirse. Pero yo estaba al borde. Porque cuando uno lo ha perdido todo, no es la pobreza lo que duele, sino el eco de lo que alguna vez fuiste, de lo que creíste eterno y resultó ser humo. Y ese eco me perseguía. Me hablaba bajito, como un recuerdo cruel, en cada rincón de ese apartamento heredado, en cada plato servido con cariño, en cada silencio lleno de preguntas sin responder.

Capítulo 7 -
En el invierno también hay abrigo

El único lugar al que podía ir en ese momento era mi casa. No había otra opción. Porque hay algo profundamente instintivo —más allá de lo racional, más allá de cualquier orgullo— que nos empuja hacia la madre cuando sentimos que la vida nos está aplastando.

Es biológico. Desde antes de nacer, el primer refugio es ella. El latido de su corazón, el calor del vientre, la voz que calma incluso antes de ser comprendida. Ese vínculo primario, esencial, permanece latente toda la vida y, cuando el mundo se vuelve hostil, cuando sentimos que ya no podemos con el peso del fracaso, el cuerpo —como un animal herido— recuerda a dónde regresar. Pero no es solo el cuerpo. Es también la psique, porque psicológicamente, la madre representa el lugar donde no necesitamos demostrar nada para ser amados. Donde podemos rompernos sin miedo a ser juzgados. Donde aún existe una forma de ternura que no pide explicaciones, que no necesita razones.

Y, por si fuera poco, está lo social, lo cultural. Esa idea profundamente enraizada en nosotros de que "volver a casa" es sinónimo de volver a uno mismo. La familia como última frontera cuando todo lo demás ha colapsado. Volver a mamá, no solo como persona, sino como símbolo. Como origen. Como raíz. Así que, con la vergüenza atravesándome el pecho, hice las maletas y regresé a Moscú. Acababa de comenzar el invierno. Un invierno feroz, inclemente, de esos que cortan la piel y te recuerdan que estás vivo solo porque duele. Hacía mucho que no sentía un frío así. No solo en el cuerpo, sino en el alma.

En cuanto llegué, mamá me estaba esperando en el aeropuerto. Me reconoció desde lejos, como siempre. Como si jamás hubieran pasado los años. Como si su mirada aún pudiera leer mi alma sin necesidad de palabras. Se acercó, me abrazó con esa fuerza contenida que solo tienen las madres y, sin pensarlo mucho, me preguntó:

—¿Qué te pasó?

No lo gritó. No lo exigió. Fue una pregunta suave, casi como un susurro. Pero caló hondo. Supo verlo. En mis ojos, en la forma en que caminaba, en mi cuerpo, más delgado por la ansiedad y el insomnio. No quería contárselo, no quería que supiera cuán hondo había caído. Pero terminé haciéndolo. Porque su abrazo me aflojó por dentro, y porque a veces uno solo puede llorar cuando sabe que no lo van a soltar.

Me temblaba la voz mientras le decía la verdad. Que lo había perdido todo, que era un fracaso, que había abandonado la universidad, que todo el dinero que había juntado ya no existía y que todo lo que creía mío se había ido. Que ni siquiera me quedaba el club, porque me habían dado de baja. No sé cómo contuve las lágrimas. Hablé con rabia, con tristeza, con una amargura sorda. Como quien confiesa su derrota no por buscar lástima, sino porque ya no le queda más por esconder.

Ella me miró. No con lástima, no con juicio. Sino con ese amor sereno que sobrevive a cualquier decepción, me acarició el rostro como cuando era niño y, con la calma que solo tienen las mujeres que ya han visto muchas tormentas, me dijo:

—Pero estás aquí. Estás en casa. Y aquí te amamos. Ya veremos qué hacer. No desesperes.

Y entonces entendí que a veces no es la solución lo que uno necesita primero, sino el cobijo; es saber que aún hay un lugar donde el dolor no tiene que justificarse. Donde puedes dejar de fingir que eres fuerte. Donde simplemente puedes caer.

Fueron unas vacaciones largas.

No pude contarle nada a papá. No aún, no era capaz. Así que, entre mamá y yo, lo convertimos en un secreto. Un pacto silencioso sellado con miradas, con abrazos y con esa forma suya de cuidarme sin hacer demasiadas preguntas. Ella lo entendió todo sin necesidad de decírselo directamente, y supo guardar el secreto con una delicadeza, como si lo protegiera, no solo por mí, sino por respeto a mi dolor. Con una prudencia que me conmovía y con una fidelidad silenciosa que me recordó por qué siempre confié en ella como en nadie más.

Durante tres meses estuve allí, callado, roto, oculto entre las paredes del hogar donde alguna vez fui niño. Para papá, fingimos.

Le dije que no jugaría esa temporada, que necesitaba un respiro, que el invierno era duro y me venía bien alejarme un poco. Y él lo creyó, porque yo jamás le había mentido y porque, a veces, los padres creen lo que necesitan creer para proteger su paz. Fueron semanas difíciles, cargadas de desesperación, de vergüenza y de una decepción muda que me perseguía incluso en sueños. Pero, en medio de todo, tener a mamá, papá y Mishu cerca lo hacía menos difícil. Su presencia, su rutina, su amor sin condiciones me sostenía. Como si por un rato el mundo se hubiese detenido solo para dejarme respirar.

En las mañanas dormía hasta tarde, como cuando era pequeño. Me despertaba sin prisa, con el silencio del invierno colándose por las ventanas. Luego salía a correr un poco o a hacer algo de ejercicio, no tanto por disciplina, sino por no perder del todo el control. Y en las tardes, cuando el sol lograba vencer apenas al frío, acompañaba a papá a la fábrica.

Al principio me perdía entre los talleres, entre las pinturas, los engranajes, los olores a metal y disolvente. Me gustaba quedarme ahí, en un rincón, sin que nadie me pidiera explicaciones. Escuchaba a los obreros, observaba el ir y venir de las máquinas, y por unos minutos dejaba de pensar. Pero con el tiempo, papá empezó a incluirme en cosas más serias. Juntas directivas, decisiones financieras, problemas administrativos. No decía mucho, solo escuchaba. Pero su forma de hacerlo, de incluirme sin presionarme, fue una manera sutil de decirme: aún puedes servir para algo, hijo.

Aún tienes un lugar en este mundo.

No lo sabía entonces, pero ese invierno me salvó. No porque me curara. Sino porque me permitió no hundirme del todo. Porque me envolvió en un silencio amable, en una rutina simple, en el amor de dos personas que, a pesar de no saberlo todo, me seguían mirando como si todavía valiera la pena. Pero no solo estaban allí mamá, papá y Mishu mi gato; también estaba Aleksei, hijo del único hermano varón de mi padre.

Era casi como un hermano para mí. Después de todo, papá también lo formó. Un hombre tan parecido a él que, a veces, me confundía escuchar sus pasos por la casa o verlo con los brazos cruzados frente al ventanal del despacho. No solo compartían la sangre, también compartían la rectitud, la mirada crítica, la disciplina férrea y esa ternura silenciosa que mi padre solo mostraba con los suyos. Alex, como le decía yo, había sido criado bajo el mismo rigor, pero también bajo la misma entrega absoluta. A pesar de todo, o quizás por todo lo que vivió.

Porque el dolor más hondo es el que no puede narrarse sin temblar.

Su historia no fue fácil. No era como la mía, marcada por decepciones recientes, errores propios o tropiezos emocionales. La suya era una tragedia que llevaba cosida al alma desde los doce años. Algo que nadie, absolutamente nadie, debería experimentar jamás.

Todo ocurrió el 1 de julio de 1988. Ese día, sus padres embarcaron en el vuelo 3519 de Aeroflot, un Ilyushin Il-62M con destino a Leningrado, partiendo desde Krasnoyarsk. La aeronave despegó con normalidad, pero a poco de alzar vuelo, uno de los motores comenzó a incendiarse. Las llamas se extendieron rápidamente por el ala derecha y, aunque intentaron un aterrizaje de emergencia, fue imposible. La cabina se llenó de humo tóxico en segundos, el fuego lamía los compartimentos con una ferocidad inhumana, y las máscaras de oxígeno fueron poco más que una burla.

Cuentan que el avión impactó contra el suelo envuelto en llamas, partiéndose en tres secciones. Murieron 70 personas, entre ellas su madre y su padre —mis tíos—. Probablemente no tuvieron tiempo de gritar, porque la piel se fundió con los asientos. Dicen que lo último que vieron los pilotos fue el infierno. Y yo no sé si eso es peor que no ver nada.

Mi primo quedó huérfano de golpe. Doce años, doce malditos años. Con la mirada fija en la puerta esperando que sus padres regresaran de un viaje que nunca terminó. El gobierno tapó la tragedia como se hacía entonces: con telegramas fríos, sin respuestas, sin cuerpos. Hubo ceremonias simbólicas. Urnas vacías, una tumba sin nombres. Desde entonces, Alex fue pasando de casa en casa: primero con la tía Katheryna, una mujer encantadora; luego con la tía Markova, un poco más reservada; y finalmente, mi padre —su tío Viktor— lo acogió. Y no solo le dio un techo, le dio un propósito, un camino, una familia. Lo formó a su imagen: recto, fuerte, brillante. Tal vez el hijo que hubiese querido tener si no hubiera sido yo.

Terminó convirtiéndose en la columna vertebral del negocio familiar: el ejecutivo de finanzas, el asesor legal, el hombre de confianza. Y como si eso no fuera suficiente, también impartía clases en la Universidad Estatal de Moscú, donde era decano y profesor de derecho económico, especializado en economías de transición y legislación internacional. Su nombre figuraba en congresos, en publicaciones académicas. En casa, su autoridad era natural; solo papá, de vez en cuando, la cuestionaba. Yo jamás. Pero detrás de ese rostro severo y esa mente prodigiosa, sé que había un niño roto. Lo notaba en cómo miraba los aviones en el cielo. En cómo esquivaba cada noticia sobre accidentes. En cómo cada primero de julio desaparecía en silencio.

No hablaba de su tragedia, pero la llevaba encima como un tatuaje invisible. Sin embargo, siempre fue un hombre feliz. O, al menos, un hombre satisfecho. Nunca lo escuché quejarse de nada. Era justo, trabajador, discreto, amaba lo que hacía; eso se le notaba en los ojos, en la forma en que hablaba de leyes, de economía, de sistemas y de personas. Lo suyo no era solo una vocación; era una entrega plena. Se levantaba cada mañana con el alma lista para hacer lo que mejor sabía hacer: construir desde la pérdida, edificar desde la ceniza.

Yo lo observaba, siempre desde cierta distancia, como quien mira una cumbre imposible de escalar. En Aleksei veía al hombre que intenté ser, pero que no pude. Veía lo que uno puede llegar a ser cuando, a pesar del dolor, se mántiene firme. Lo admiraba en silencio, pero nunca se lo dije —como tantas cosas que me callé en la vida—. Pero lo sentía profundamente y, en cierto modo, me dolía admirarlo. Me dolía porque me enfrentaba a mí mismo. A veces me preguntaba cómo lo hacía. Cómo podía mantener esa templanza, esa lucidez, ese equilibrio. Pensaba en todo lo que había perdido, en lo que jamás le fue devuelto, y aun así era capaz de entregarse a los demás, de amar su trabajo, de reír en la mesa con mamá, de dar consejos con esa voz grave y serena que parecía saber siempre qué decir.

Sé que me amaba. Nunca me lo dijo con palabras grandes ni gestos exagerados, pero estaba en los detalles: en cómo me dejaba el té justo como me gustaba, en cómo me preguntaba por el fútbol, en cómo una vez, sin que yo se lo pidiera, me prestó un libro subrayado en las páginas que sabía que me tocarían. Él era así: silencioso en su afecto, pero inmenso. Ahora, viéndolo en retrospectiva, pienso que si le hubiese confiado mi derrota, él me habría apoyado de una forma que ni yo mismo hubiese podido imaginar. Porque él sabía de ruinas, de fracasos, de volver a empezar sin nada. Y, sin embargo, no le conté. No pude, tal vez por vergüenza, por orgullo o porque, sin querer, lo hice ajeno a mi vida. Como uno hace ajenos a los que más ama, por miedo a que vean nuestras heridas abiertas. Lo mantuve lejos sin darme cuenta. Y me pesa. Porque en ese tiempo oscuro, habría sido un faro. Y yo decidí naufragar solo.

Así fue como en esas vacaciones improvisadas pude conocerlo mejor. No como al hombre serio de la mesa de juntas, ni como al académico brillante que todos respetaban, sino como a Alex, simplemente. Como al ser humano detrás del título, el sobrino que la vida transformó en pilar, el hombre que la tragedia no logró destruir del todo. Es cierto que su trabajo y sus ocupaciones no le dejaban demasiado tiempo libre, pero, aun así, en algún momento —quizá movido por el deseo de compartir algo conmigo, o quizá solo por darme un espacio— propuso que organizáramos un torneo interno de fútbol dentro de la empresa.

Al principio lo tomé como una distracción más, como una de esas cosas que se hacen para pasar el tiempo, para matar la monotonía. Pero terminó siendo mucho más que eso. Ese torneo nos unió como familia. Me permitió sentirme útil otra vez. Volví a correr detrás de un balón, no como profesional, sino como niño. Volví a reír, a dar órdenes tácticas sin importancia, a abrazar a los empleados como si fuéramos parte del mismo equipo fuera y dentro del campo. Volví a respirar. Y él se reía de verme tan involucrado. Hacía bromas sarcásticas con su estilo seco y elegante, pero yo sabía que por dentro estaba orgulloso. Lo noté. Lo sentí.

Y fue ahí, en medio de pelotas, camisetas numeradas y tardes de invierno que empezaban a ser menos crueles, donde me di cuenta de algo que hasta entonces no había querido aceptar: Alex fue el hermano que nunca tuve. Y quizás, solo quizás, por eso la vida no me dio hermanos de sangre, porque para qué, si ya estaba él.

Aleksei no solo me tendió la mano sin pedir explicaciones. Me dio espacio, sin exigencias. Me dio un hogar, sin condiciones y, sobre todo, me dio un lugar. Ese lugar que había perdido dentro de mí mismo.

Capítulo 8 -
Herencias que no se llevan los muertos
(Vuelo 3519- 11M)

La pérdida de mis tíos no solo dejó una huella en Alex. También dejó una grieta imposible de cerrar en el corazón de mi padre. Una grieta que, con los años, aprendí a ver y que disimulaba bien con esa coraza de empresario firme. Había momentos —muy breves, casi invisibles— en los que el dolor le cruzaba la mirada como un relámpago. Y ahí estaba, intacto, aún sangrando. Mi padre no hablaba del accidente. No hacía falta, su silencio decía más que cualquier palabra. Y cuando alguien, por descuido o por ignorancia, mencionaba la tragedia del vuelo 3519, él bajaba la cabeza, se le tensaba el rostro y respondía con un "mejor no hablemos de eso" que se clavaba como una sentencia.

Yo era pequeño cuando ocurrió. Apenas recuerdo ese día. Su hermano, su único hermano varón, murió junto a su esposa en ese avión. Iban a visitar a unos amigos, nada extraordinario. Nunca llegaron: una cadena de errores técnicos, mal clima, una falla catastrófica. Un impacto brutal cerca de la pista, cuerpos irreconocibles, cenizas, gritos, confusión. Y mi padre... yo creo que una parte de él también murió ese día.

Nunca lo dijo, pero yo lo vi. Lo vi en su forma de mirar por la ventana en invierno, en su costumbre de tomar un vodka solo en silencio, sin brindar, sin compañía, mirando al fondo del vaso como si allí estuviese atrapado algo que nunca iba a volver. Lo vi en su forma de tratar a Alex: con un respeto que no era paternalismo, sino un compromiso sagrado. Como si cuidar de él fuera un deber moral, un pacto no escrito con un muerto al que amó más que a nadie.

Una vez —solo una vez— lo escuché hablar de eso. Fue una madrugada en que el insomnio nos encontró juntos en la cocina, solos. Me ofreció un té, y luego de un largo silencio, me dijo con voz muy baja: "Yo lo amaba, hijo. A tu tío… yo lo amaba". No supe qué decir. Era la primera vez que mi padre se mostraba tan humano frente a mí. Lo último que le dije fue una tontería. Una estupidez, ni siquiera un "te quiero". Y luego solo quedó el vacío.

Perder a un hermano, dicen, es como perder una parte de tu infancia, de tu identidad. Mi padre cargó con eso siempre. Y aunque era fuerte, incansable, a mí me bastaba verlo cuando alguien decía el nombre de su hermano para saber que dentro de él habitaba un duelo inacabado. No lo superó nunca. Solo lo convirtió en un espacio de silencio. A veces pienso que ese dolor fue lo que lo hizo tan disciplinado, tan duro consigo mismo y con los demás. Y también creo que por eso formó a Alex como lo formó. Lo hizo su reflejo, su segunda oportunidad. Y lo amó como solo se ama a alguien que representa todo lo que perdiste.

Yo también, y solo ahora, con los años, entiendo la magnitud del vacío que mi padre ha tenido que cargar desde entonces. Una ausencia que, aunque no hable, se cuela en cada cosa que hace, en cada decisión, en cada madrugada en la que sigue sin dormir.

La otra cara del dolor… fueron mis abuelos.

Y es que no hay forma humana, ni palabra precisa, ni ciencia exacta que logre explicar con justicia lo que significa perder un hijo. No es solo una muerte, es una extirpación del alma. Es como si el corazón se partiera en dos, pero siguiera latiendo, obligando a quien sobrevive a respirar con un dolor crudo, punzante, diario y constante.

Yo lo vi en ellos. Lo viví con ellos. Lo absorbí sin entenderlo del todo hasta mucho tiempo después. Mi abuelo Nikolái, un hombre hecho de silencio y firmeza, se volvió más callado aún desde el accidente. Su voz, que antes retumbaba con fuerza en las reuniones familiares, se fue apagando hasta volverse casi un susurro. Sus pasos se hicieron más lentos, su espalda más encorvada, su mirada más lejana. Empezó a hablar solo por las noches, decía mi abuela. A veces con Vladlén, a veces con Dios, otras con la nada. Lo escuchaba caminar por la casa con ese andar nervioso de quien ya no encuentra lugar ni tiempo donde vivir. Como si su cuerpo siguiera allí, pero su espíritu se hubiese quedado congelado en aquella mañana de julio de 1988.

Y mi abuela Galina. Ella sí que no soltó el nombre de su hijo jamás. No lo encerró en la tumba. Lo mantuvo vivo en cada palabra, en cada historia, en cada recuerdo. Lo nombraba con dulzura, con nostalgia, con un dolor tan hondo que a veces parecía que estaba hablando a través de una herida abierta. Yo la vi muchas veces sentarse frente a la ventana con su bufanda gris —la que Vladlén le regaló una Navidad—, mirarla, apretarla, acariciarla como si le hablara. Y cada primero de julio, sin falta, ponía una vela blanca frente a su retrato. Nadie decía nada. Nadie interrumpía. Todos sabíamos lo que significaba ese pequeño acto: resistir sin resignarse.

Es curioso cómo el cuerpo también llora, aunque no se derramen lágrimas. Lo aprendí observándolos a ellos. Mi abuelo envejeció de golpe: en meses su cabello se volvió blanco como la nieve y su piel, delgada como papel. Se volvió más frágil, vulnerable, enfermo sin diagnóstico. Y es que cuando el alma se rompe, el cuerpo le sigue; el sistema inmunológico se cae y las defensas bajan. El corazón se vuelve un órgano traicionado.

Psicológicamente, la culpa los devoraba. Aunque no lo dijeran. Se les veía en los ojos, cuando murmuraba que ojalá él no hubiera subido a ese avión. En los silencios de mi abuelo cuando evitaba mirar la carta oficial con los detalles del accidente. El dolor psicológico de perder un hijo es un campo de minas: se pisa la culpa, se pisa la negación, se pisa el deseo imposible de retroceder el tiempo, de cambiarlo todo. La memoria se convierte en castigo, los sueños, en tortura. Porque ahí están, los "¿y si…?", los "tendría que…", los "nunca más".

Socialmente, lo llevaron con dignidad. Como si el luto no fuera solo personal, sino también una postura frente al mundo. No buscaron consuelo en la lástima ajena. No quisieron lágrimas de cortesía ni frases hechas. Pero yo sé que la ausencia pesaba en cada comida, en cada cumpleaños sin su voz, en cada Navidad en que el hueco de la silla vacía se hacía inmenso. Vladlén no fue solo un hijo, fue su primogénito, su orgullo y esperanza. El reflejo de un tiempo en que la vida aún prometía algo.

Perderlo fue como perder el pasado, el presente y el futuro en un solo golpe. Fue como si todo se hubiera roto y ellos, en vez de reconstruir, aprendieran a vivir entre los escombros. Y, aun así, jamás dejaron de amar. Ni al resto, ni a mí, ni siquiera a la vida misma, aunque fuera en silencio. Esa es la parte que más me desarma de todo esto: que, aun rotos, eligieron seguir siendo amor para los que quedábamos.

Hoy, cada vez que cierro los ojos y pienso en ellos, los veo así: a Galina frente a la vela, susurrando algo que solo Vladlén podía oír, y a Nikolái, en su sillón, mirando la foto con la mandíbula apretada, como conteniendo un grito que nunca pudo salir.

Y cuando crees que el destino ya te ha arrebatado todo, a veces vuelve... con las manos manchadas de más.

Por si fuera poco, el dolor no se detuvo allí.

Años más tarde, cuando creíamos que las heridas viejas ya no podían sangrar más, llegó otra tragedia. Una de esas que no avisa, que no respeta edades ni intenciones. El 11 de marzo de 2004, mis abuelos, esos dos pilares indestructibles de nuestra historia, perdieron la vida en los atentados terroristas de Madrid. Cómo olvidarlo si justamente ese día iban a visitarme. Habían aterrizado temprano en Barajas, como a las seis y media de la mañana. Papá me había escrito un día antes: "Tus abuelos están muy emocionados de verte, no los hagas esperar mucho". Lo recuerdo con nitidez porque la noche anterior no dormí bien. Estaba inquieto, ansioso, feliz de volver a abrazarlos. El plan era sencillo: ellos tomarían el tren desde la estación de Atocha rumbo a Cataluña, donde yo vivía por entonces. Allí los encontraría por la tarde, los vería, los abrazaría y les contaría todo lo que no había podido decirles por teléfono.

Pero ese abrazo nunca llegó.

A las 07:37 a.m. estalló la primera bomba. Luego otra. Y otra. Y otra más. Fue un infierno sin nombre. Una sinfonía maldita de dolor, fuego y gritos humanos. Once explosiones simultáneas en cuatro trenes distintos que recorrían la línea C-2 de Cercanías, justo en hora punta. Uno de los focos más mortales: el tren que salía de Alcalá de Henares con dirección a Atocha. El mismo en el que iban mis abuelos.

Recuerdo el instante exacto en que lo supe.

Estaba desayunando, con el móvil en la mano, cuando apareció el primer titular en la televisión: "Explosiones múltiples en trenes de Cercanías. Se teme un atentado." Mi sangre se heló. Marqué el teléfono de mi abuelo. Apagado. El de mi abuela. Nada. Silencio. Un silencio lleno de plomo. Las horas siguientes fueron una pesadilla que no termina jamás. Llamadas a hospitales, listas de heridos, la incertidumbre torturándome con la esperanza de que quizás se habían salvado. Que se habían equivocado de tren. Que el destino hubiese tenido piedad.

Pero no.

Los cuerpos fueron identificados al día siguiente. Murieron juntos, en el mismo vagón. Probablemente sin tiempo para despedirse. O tal vez sí. Quizá, solo quizá, alcanzaron a tomarse de la mano, como lo hacían siempre al caminar. No sé qué me duele más: que hayan muerto sin que yo estuviera, o que hayan muerto viniendo a verme. Yo les pedí que vinieran. Fui el motivo de ese viaje. Y aunque sé, en el fondo, que no fue culpa mía, nunca pude librarme de esa punzada de culpa, de ese eco que cada 11 de marzo me repite lo mismo: "Si no me hubieran venido a ver…"

Para papá, la pérdida fue un golpe que lo dejó sin rostro por semanas. Quienes han perdido a sus padres lo saben: no solo se va el cuerpo de quienes te criaron, se va también una parte de tu historia, tu origen, tu norte. El mapa emocional que nos orienta desde que nacemos desaparece. Pierdes esa mirada que te reconocía antes que tú a ti mismo. Pierdes el lugar al que siempre podías volver. Y yo los sigo recordando todos los días. Pero cada 11 de marzo, el recuerdo se vuelve carne viva.

A Galina, la mujer que me enseñó a escuchar al mundo con el corazón. A Nikolái, el hombre que me enseñó a caminar derecho, sin importar el viento. Los vi construir amor donde solo había ruinas. Los vi criar a sus nietos con ternura y carácter. Los vi levantarse una y otra vez, aun con los pies rotos del dolor. Seres de amor, de fe, de entrega, de dignidad. De esos que, cuando se van, dejan el mundo un poco más frío. No pasa un día sin que agradezca haberlos tenido. Desde que nací, fueron faros, raíces, abrigo. Y hoy, incluso en su ausencia, lo siguen siendo.

Porque el amor verdadero —el que es incondicional y cotidiano— no muere. Solo cambia de forma. Y en mi caso, vive en el aroma de un café por la mañana, en las palabras que repito sin saber que eran suyas, en esa vela blanca que enciendo cada año frente a una foto enmarcada.

En esos días me di cuenta de algo que hasta entonces solo había sospechado en los bordes del corazón: también es posible amar con el alma rota. Lo entendí al mirar hacia atrás, al dejar que el tiempo me hablara sin prisa. No fue una revelación repentina, sino un murmullo lento, casi imperceptible, que fue creciendo dentro de mí mientras caminaba por la casa, mientras escuchaba risas que parecían venir de otra época, mientras me sentaba a ver cómo el sol acariciaba la mesa donde alguna vez comimos todos juntos.

Por primera vez, me permití mirar con pausa, con ternura. Vi a mis padres, ya cansados, cargando heridas que nunca nombraron pero que no les impidieron cuidar, dar, sostener. Vi a mis abuelos, que con sus manos torpes por los años seguían buscando el hombro del otro al caminar. Vi a mis tíos, esos que casi nunca hablaban de sí mismos, pero que sabían aparecer justo cuando uno más los necesitaba. Y vi a mi primo, ese hermano que no vino del vientre, pero sí del alma, y que tantas veces me salvó sin saberlo.

Fue entonces cuando entendí que venimos de una historia llena de pérdidas, de duelos sin resolver, de nombres que ya no están… pero también de una belleza que resiste. Una belleza discreta, sin adornos, hecha de gestos cotidianos: un café servido con cariño, una llamada a destiempo, una risa que brota en medio del silencio.

Y sentí orgullo. No de ese que se exhibe, sino del que se lleva adentro, como un fuego suave. Orgullo de pertenecer a una familia que no necesitó ser perfecta para ser hogar. Una familia que supo amar incluso cuando le dolía el alma. Que aprendió a seguir adelante sin olvidar, sin endurecerse, sin dejar de cuidar.

Quizá, pensé, no era el sur el lugar al que pertenecía. Tal vez siempre fue la fría Rusia. En esos abrazos que siguen dando calor, en estas historias que siguen latiendo. Mostrando que no hay dolor más digno que el de quien sigue amando… aunque esté hecho pedazos.

Y, por un momento pequeño, pero eterno, me sentí en paz y entendí que la paz no siempre llega por ausencia de dolor, sino por presencia de amor. Incluso si ese amor ya no tiene cuerpo, aún tiene voz, memoria y forma en quien lo recuerda.

Capítulo 9 -
El taller invisible

Escapar de mi derrota me ayudó, por un tiempo, a olvidarla. Como si alejarme de su sombra me diera tregua, como si caminar lo suficientemente lejos bastara para que el dolor se desdibujara. Pero en el fondo sabía que en algún momento tendría que hacerle frente.

El ser humano, en su fragilidad más profunda, a menudo prefiere mirar hacia otro lado; somos expertos en construir distracciones, en llenar el vacío con movimiento, con ruido, con ocupaciones que disimulen lo que arde dentro. Hacemos listas, planes, maletas, y creemos que al cambiar de lugar también cambiamos de heridas, pero no es así. Lo sé ahora. Sin embargo, en ese entonces, necesitaba creerlo.

Los días que no iba a la fábrica los pasaba con mi prima Annie, la hija de mi tía Markova. Annie, mi bella prima, compañera de ruta y de conversaciones infinitas, con quien recorrí la mayor parte de Rusia. Éramos jóvenes, inquietos, con ilusiones que aún no sabían de cansancio. Rusia era inmensa, y nosotros, viajeros incansables, la atravesamos de punta a punta como si el país nos perteneciera solo a nosotros.

Tenía dos perros pequeños —Sussy y Tuty— que eran como una extensión de sí misma: intensos, mimados, algo insoportables pero imposibles de no querer. Cada tarde los paseábamos por algún parque, hablando de la vida, de los sueños, del amor, o simplemente dejándonos llevar por el frío de Moscú hasta encontrar refugio en algún café con buena calefacción o alguna librería donde perdernos entre las páginas de otra historia que no fuera la nuestra.

Pero Moscú no era solo Annie. También estaba mi tía Katheryna. Filántropa por naturaleza, con una energía arrolladora que desbordaba cualquier expectativa. Sus hijos, más ocupados en sus propios mundos, no se preocupaban demasiado por los temas familiares, así que desde el primer momento ella me adoptó como a uno más. Y yo, que venía buscando un lugar donde quedarme quieto sin quedarme atrapado, acepté con gusto. Éramos un equipo flipante, y yo le seguía en todo, incluso en sus ideas más descabelladas. Recuerdo que por ese entonces me llevó a Grecia. Quince días entre montañas y mar, con la familia de su esposo, que era de allá.

Fue un paréntesis dentro del paréntesis, otro intento más —quizás el más bello— de retrasar el encuentro con mi propio abismo.

Aquel abril en Grecia fue memorable. Durante todo el viaje jamás pensé en lo que me dañaba, fue como aquellos días en Cataluña, donde todo se reducía al instante: el sol en la piel, el olor del mar, la risa que escapaba sin permiso. Vivía el presente, sin preguntas y sin sombras.

Mi tía Katheryna tenía ese don: el de hacer que uno se olvidara de todo lo malo. Su presencia era una especie de refugio silencioso, una calma que no pedía explicaciones. Transmitía una paz indescriptible, de esas que te llenan el corazón y los ojos de esperanza. Su esposo —un hombre elegante, de voz suave y gestos cuidados— también era un ser de luz. En cuanto llegamos a casa de su familia, nos recibieron como si fuéramos de los suyos. Nos ofrecieron pan, aceite de oliva y sal —un gesto tradicional de hospitalidad en muchas regiones griegas—, acompañado por sonrisas sinceras y abrazos cálidos, como si nos conocieran de siempre.

La primavera comenzaba a despertar, las calles se adornaban con flores silvestres, y el aire llevaba consigo esa dulzura inconfundible de los días nuevos. El mar, inmenso y azul, me recordaba por qué alguna vez me enamoré del sur.

En aquel paseo improvisado por las islas griegas, pude descansar. Descansar de verdad. Caminé por los callejones empedrados de Santorini, donde las casas blancas parecían flotar entre el cielo y el agua, y cada rincón era una postal viva. Navegué con mi tía por la costa de Milos, una isla menos turística pero de una belleza salvaje y sincera, con playas escondidas como secretos bien guardados. En Naxos probamos el queso fresco más delicioso que he comido en mi vida, y en las tabernas frente al mar compartimos platos de pescado que sabían a hogar.

Subimos hasta el antiguo templo de Apolo al atardecer, donde el sol se despedía como en cámara lenta, y por un momento, creí que todo en el mundo estaba bien; también visitamos Meteora, en tierra firme, donde los monasterios colgaban del cielo como desafiando al tiempo. Allí sentí algo que no supe nombrar: quizá gratitud, quizá una especie de fe silenciosa. Me bastó mirar a Katheryna para entender que ella también lo sentía.

Conocí a un par de personas hermosas —una chica que pintaba acuarelas frente al Egeo y un joven músico que tocaba el bouzouki como si le hablara a Dios—. A ambos les prometí volver a verlos, pero nunca lo hice. Y no me duele. Porque ese era el pacto tácito de esos días: ser felices ahora, sin ataduras, sin después.

Incluso terminé en un matrimonio griego sin haber sido invitado. La música nos atrapó desde la calle y Katheryna, sin pensarlo dos veces, me arrastró a la pista. Bailamos, brindamos, reímos. Me divertí como hacía años no lo hacía. Nadie preguntó quiénes éramos. Solo nos invitaron a vivir, como si eso bastara. Así fue ese abril: un momento efímero, lleno de luz, donde todo parecía ideal. La gente, la comida, el clima, las costumbres… hasta yo. Por unos días, me reconocí en una versión mía que casi había olvidado, la que aún creía que la dicha era posible.

Finalmente, tuvimos que volver. El regreso a Moscú fue silencioso, sabía que algo iba a cambiar. Me despedí de Grecia con un nudo en la garganta, de la luz dorada, de la calma en los días, de la sonrisa sin esfuerzo; volver implicaba mirarme otra vez en el espejo que llevaba esquivando meses, lo sabía, pero aun así, volví.

Al llegar, papá no tardó en disparar la pregunta que llevaba guardándose, quizás desde el momento en que pisé el país:

—Hijo… ¿cuándo regresas al fútbol?

No hubo juicio en su tono, pero sí una expectativa suspendida, como si sus palabras colgaran entre el pasado y lo que él aún soñaba para mí. Lo evadí con torpeza, le dije que la temporada aún no había terminado, que no tenía sentido regresar ahora, que todo el equipo estaba de vacaciones, que en cuanto empezara la nueva temporada volvería. Que Moscú me estaba sirviendo, que estaba aprendiendo de la empresa y que no era tiempo perdido.

Él no dijo mucho más. Pero su rostro, por primera vez en mucho tiempo, pareció satisfecho. No por lo que respondí, sino por lo que intuía detrás de mi respuesta. Sabía que si me quedaba, si seguía empapándome de la lógica interna de la empresa, tarde o temprano esa vida me atraparía. Y tenía razón. No sé si fue por inercia, por cansancio o simplemente por miedo, pero empecé a involucrarme.

Lo hice bien. Aprendí rápido. Activos, pasivos, flujo de caja, nómina, amortizaciones, proyecciones; empecé a entender cómo se movía esa maquinaria que tanto nos había dado como familia. Mis días comenzaron a llenarse de hojas de cálculo, reuniones, presentaciones. Incluso comencé a interesarme por nuevas tendencias del mercado automotriz, por la transición hacia modelos eléctricos, por las oportunidades de innovación en diseño, en consumo energético, en distribución.

Era como estar construyendo otra identidad, una que se parecía a la que papá siempre soñó para mí. Pero en el fondo, yo sabía que lo hacía porque necesitaba estar lejos de lo otro. De aquello que dolía más de lo que estaba dispuesto a admitir. Porque la verdad es que no quería mirar hacia atrás. No quería pensar en los partidos perdidos, ni en los entrenamientos que dejé de asistir, ni en la conversación final con el cuerpo técnico que aún resonaba como un eco sordo en mi memoria. No quería recordar las lesiones emocionales, ni la ansiedad que me envolvía cada vez que pisaba el campo y sentía que ya no era suficiente. Que ya no era yo.

Moscú me ofrecía algo que necesitaba con desesperación: una excusa. Una forma elegante de huir. Y me aferré a ella con todo. Los días comenzaron a parecerse entre sí, pero había algo reconfortante en la repetición. No dolía. Al menos no tanto.

Hasta que llegó junio.

El verano trajo consigo una luz intensa que lo atravesaba todo. Las calles comenzaron a calentarse, la nieve desapareció por completo y la ciudad empezó a oler diferente. Las ventanas se abrían de par en par, y con ellas también los silencios. Fue mamá quien, con la dulzura que la caracteriza, volvió a poner la pregunta sobre la mesa. No la formuló en voz alta, pero la llevaba en los ojos.

Y entonces entendí que ya no podía seguir esquivándola, era evidente que para ella era importante que yo también confiara en papá, que le contara la verdad que ella ya sabía.

¿Qué había pasado realmente? ¿Por qué no había regresado aún a mi vida en el fútbol español? Y me di cuenta de que no era solo miedo, no era solo agotamiento, era duelo. Estaba de luto por algo que nadie más podía ver. El fútbol no era solo una carrera. Era la forma en que había aprendido a amar, a pertenecer, a luchar. Nadie me había enseñado a reconstruirme sin él, y eso dolía. Dolía más que cualquier lesión y cualquier estafa. Así que, por primera vez, me atreví a admitirlo. Al menos, para mí mismo.

Había dejado el fútbol porque algo dentro de mí se había quebrado, porque jugar ya no era liberador, era una prisión, porque la pasión se había vuelto miedo, porque, en algún punto, dejé de reconocerme en la camiseta, en el vestuario, en los aplausos. Y no supe cómo volver después de perder incluso hasta el último céntimo que gané.

Moscú no era una fuga. Era un taller sin planos, con las ventanas empañadas y las herramientas oxidadas donde, sin darme cuenta, incluso desde el frío, estaba empezando a reconstruirme.

Capítulo 10 -
El amor herido no sabe hablar

Y entonces sucedió. Un sábado cualquiera, en la mañana, mientras nos preparábamos para salir a la casa de campo. Mishu, mi gato, daba vueltas entre las maletas como siempre, como si supiera que sin él no había viaje posible. Lo cargué con cuidado, lo puse en su silla exclusiva dentro del coche, y justo cuando cerraba la puerta, llegó la pregunta. Esa maldita pregunta que llevaba meses esquivando, temida como una herida mal cerrada:

—¿Por qué no has regresado aún a Cataluña?

Sentí un golpe seco en el pecho. Me quedé quieto, con la mano aún sobre el coche. Todo el aire del verano pareció detenerse. No podía seguir huyendo, no esta vez. Nos sentamos en el banco de madera del jardín, ese que conocía de memoria cada silencio incómodo de mi adolescencia. Mi padre me miraba con la seriedad de quien presiente un desastre, y yo sabía que ya no podía fingir más.

Tomé aire. Y se lo conté todo. Le hablé de Raphael, de la trampa, de la estafa. De cómo Luighy y yo, como dos idiotas, creímos que estábamos jugando en las grandes ligas, invirtiendo sin preguntar, sin sospechar, de cómo perdí cada maldito euro que había ganado en todos esos años de esfuerzo, de disciplina, de sacrificios. Todo, hasta lo último.

Le confesé que me sentía como un fraude. Un crío que creyó que el mundo era noble. Que mi rendimiento bajó tanto que me volví irreconocible incluso para mí, que no podía mirar a nadie a los ojos, que indirectamente me empujaron a tomarme un descanso, pero que al final fui yo el que dio el paso. Que me borré antes de que me borraran, por orgullo o por vergüenza, ya ni sé.

Le dije que no regresé porque no tenía fuerzas. Porque cada vez que pensaba en volver, me invadía el miedo, la culpa, la rabia. Que me sentía como si todo lo que había construido se hubiera disuelto en el aire. Que por dentro me sentía un niño perdido con un cuerpo de adulto, que me daba asco haber sido tan ingenuo, que me dolía todo hasta respirar y se lo dije con lágrimas, pero también con rabia. Con esa rabia que no tiene un enemigo claro, una rabia sorda que te muerde desde adentro, que te consume sin gritar, que solo te deja ese nudo en la garganta, ese temblor en la voz, esa sensación de que todo lo que fuiste... ya no está.

Ese día le conté la verdad. Sin adornos, sin justificaciones. Solo la verdad. Cruda. Dolorosa y humana.

No quería inspirar lástima, claro que no. No necesitaba compasión ni buscaba que me entendiera del todo. Pero en el fondo —y eso lo sé ahora, después de todo—, cuando nos sentimos verdaderamente desesperados y decidimos confesar nuestros errores, nuestras derrotas o nuestros secretos, lo que anhelamos, aunque no lo digamos, es algo tan simple y a la vez tan difícil: no ser juzgados. Solo eso.

Ser escuchado con ese silencio que abraza, sin el peso cruel de una sentencia, ser visto sin un veredicto, no tener que defenderte mientras sangras, porque cuando uno se atreve a confesar, cuando escarba hasta lo más oscuro de su alma para ponerlo frente a alguien, no lo hace para recibir palmadas en la espalda ni sermones, lo hace porque, en el fondo, quiere ser abrazado. No físicamente, sino de esa forma en que alguien te dice con los ojos: "Aquí estoy, aunque no entienda del todo lo que llevas dentro, aquí estoy". Pero no siempre ocurre así.

Cuando alguien te juzga, algo dentro de ti se desarma. Se parte, se rompe de un modo que no se puede reparar con tiempo ni con disculpas. El juicio no construye, sino destruye. Es como si el juicio reordenara las piezas de lo que fuiste en la mente del otro y tú ya no pudieras volver a ser quien eras para esa persona. Te transforma en su decepción, en su error, en su vergüenza. Y lo más cruel es que juzgar es fácil, es automático, es limpio para quien lo hace, aunque sea devastador para quien lo recibe.

Juzgar también es una forma de protección. Filosóficamente, es el refugio del ego: lo ajeno me amenaza, así que lo reduzco, lo etiqueto, lo condeno; éticamente, es una traición a la empatía y socialmente, es una máscara de control: si yo juzgo, tengo poder y me deslindo de la responsabilidad de sentir contigo.

Y lo que vino después… solo fue el principio del caos.

La vida no es ordenada —eso ya lo había aprendido a golpes—, pero en ese instante todo pareció venirse abajo. El amor, la comprensión, la compasión, incluso la de un padre. No olvidaré jamás esa mirada, nunca antes se la había visto, era una mezcla entre decepción y coraje. No necesitó palabras: su expresión me lo dijo todo. Explosiva, fría y definitiva. Una mirada que gritaba sin voz: "¿Cómo pudiste?".

Y entonces explotó.

No era que no me entendiera. No era que no le doliera verme así. Lo que le dolía —lo que lo destrozó— fue la decepción. Esa clase de decepción que no viene del error en sí, sino del engaño. De la traición que se siente cuando alguien a quien amas profundamente no confía en ti ni para compartir su caída. Eso fue lo que lo quebró. No le fallé por haber fracasado.

Le fallé porque le oculté el fracaso. Porque fingí, porque lo dejé afuera de mi tormenta y le hice creer que todo estaba bien, que yo estaba bien. Le mentí como si fuera un extraño, lo traté como a un espectador. Le vendí una historia que no tenía nada que ver con la realidad. Y en esa mirada lo entendí todo. No era desamor, no era rechazo; era un profundo dolor, dolor de padre, dolor de saberse excluido del sufrimiento de su hijo, dolor de darse cuenta de que, cuando más lo necesité, decidí caminar solo. Y ya era tarde.

Ese sábado por la mañana, en el jardín de casa, no hubo lugar para máscaras. Mi padre me miró. Yo también lo miré. Y ambos supimos que estábamos a punto de entrar en una zona sin retorno. Lo primero que salió de su boca fue con un tono seco, grave, cargado de una rabia contenida que apenas podía dominar.

No fue un grito, no todavía. Fue esa clase de voz que uno reconoce de inmediato: la que usa alguien que está intentando no explotar pero que, en el fondo, ya está hecho pedazos por dentro.

—¿Qué quieres que te diga, chaval? —escupió, entre dientes apretados, con los ojos ardiendo, como si no entendiera cómo habíamos llegado hasta allí.

Me quedé en silencio.

Respiraba rápido.

Él también.

El aire entre nosotros era espeso, irrespirable. Su rostro se tornó rojo, su quijada temblaba. Se levantó de la silla de golpe, sin saber bien qué hacer con las manos, con la voz, con la rabia. Y entonces, en mi estupidez arrogante, lancé la frase más torpe y provocadora que podía haber dicho:

—Di lo que quieras.

Esa fue la mecha. Y la dinamita explotó.

—¡Eres un insolente! —rugió, como si lo hubieran traicionado en lo más profundo de su alma—. ¡Un niñato malcriado que no sabe lo que tiene! ¡No tienes idea de lo que es el esfuerzo! ¡No sabes lo que me costó darte todo para que terminaras huyendo como un cobarde!

Cada palabra era un látigo. Pero no era solo ira lo que hablaba. Era el dolor porque cuando estamos heridos, decimos cosas que ni siquiera sentimos, porque cuando alguien pisa nuestra herida más profunda, no hablamos desde la razón, hablamos desde la fiera. Y una fiera herida no razona, ataca.

—¡¿Dónde quedó lo que te enseñé, lo que traté de construir contigo, eh?! —gritó—. ¡Solo eres un crío cómodo, un vago que no sabe lo que quiere! ¡Te faltan cojones para enfrentar la vida! ¡Te creíste futbolista y no eres nadie! ¡Un payaso que ni siquiera sabe qué hacer con un balón!

Y eso fue demasiado.

Y yo, arrastrado también por mi dolor, por la vergüenza y la rabia acumulada, le respondí con la misma brutalidad:

—¿Sabes qué? ¡Sigue con tu empresa de mierda! ¡No necesito nada de ti! ¡Nada! Ojalá no fueras mi padre, ojalá nunca lo hubieras sido.

Sus ojos se llenaron de algo casi inexplicable, no era solo furia, era devastación. Pero no me detuve.

—¡Eres frío, seco, incapaz de abrazar sin que se te caiga la dignidad! ¡No sé cómo mamá pudo elegir a alguien como tú! ¡Nunca me sentí hijo tuyo, siempre sentí que era un proyecto que querías moldear a tu gusto!

—¡Te di todo! —gritó—. ¡Todo lo que tengo, todo lo que soy! ¡Y me devuelves esto!

Y entonces, el silencio, un silencio aún más denso que el anterior.

Las palabras no se podían recoger. Lo dicho ya era una ruina y ahí estábamos: padre e hijo, rotos, desconocidos, cada uno con la garganta sangrando por lo que acababa de salir de su boca.

Al segundo exacto, como si el grito hubiera sido un disparo, mamá apareció en el umbral del jardín. Salió con urgencia, sin saber bien qué pasaba, pero con el corazón encogido por la certeza de que algo no iba bien. Nos miró a ambos: primero a mi padre, con los ojos desorbitados y el rostro aún encendido por la ira; luego a mí, pálido, con los labios apretados y el pecho subiendo y bajando como si me hubiera quedado sin oxígeno.

Vi en sus ojos algo que no olvidaré jamás: miedo. Un miedo seco, inmediato, visceral.

—¿¡Qué carajo hacen!? —soltó, con una mezcla de rabia y pánico—. ¿Por qué gritan así? ¿Por qué pelean?

Pero ninguno de los dos respondió. Ni él, ni yo. Nos quedamos paralizados. Habíamos cruzado una línea. Y sabíamos que no había vuelta atrás. Por un instante mínimo, una milésima de segundo apenas, los tres nos miramos y, en esa fracción de tiempo, vi la escena desde fuera, como si el alma me hubiera dejado el cuerpo solo para observar desde otro plano lo que estaba ocurriendo.

Mi madre estaba siendo testigo de algo devastador. No era solo una discusión ni solo una pelea más entre padre e hijo, estaba presenciando el colapso, el desgarro brutal de un vínculo que, hasta entonces, había sostenido una ilusión de entereza.

Lo entendió de inmediato, lo vio en la forma en que él me miraba con decepción y rabia; en la forma en que yo lo miraba con dolor, con rencor, con esa mezcla confusa de amor y desprecio que solo un hijo puede sentir por su padre cuando ha sido herido. Ella lo entendió todo sin que nadie dijera nada, porque a veces no hace falta que nos expliquen lo irreversible: se siente en el aire, se presiente en el cuerpo, se clava como una aguja en la espalda.

Y entonces, ocurrió lo más doloroso:

Vi cómo a mamá se le rompía algo por dentro, vi en sus pupilas el derrumbe lento, silencioso, de una mujer que jamás se preparó para algo así, porque una madre puede imaginar muchas desgracias, puede aprender a vivir con ausencias, con pérdidas, con sacrificios, pero nadie la entrena para el momento en que tiene que mirar a su esposo y a su hijo como enemigos. Nadie le enseña cómo no romperse cuando, de pronto, los dos amores de su vida se destrozan mutuamente. Y lo peor: cuando los dos, en el fondo, tienen razón.

No sabía a quién consolar primero. No sabía si debía gritar, llorar, intervenir o simplemente desaparecer. Y en ese silencio, que no fue ausencia sino pura tensión, yo sentí por primera vez que la habíamos puesto en una encrucijada cruel. Cualquier palabra suya podía ser malinterpretada, cualquier gesto podía romper el equilibrio frágil entre lo que aún quedaba en pie. Así que no dijo más. Se quedó ahí, de pie, mirando, cargando en su corazón el peso insoportable de no poder sanar lo que acabábamos de romper.

Y el silencio volvió, un silencio espeso, lleno de escombros invisibles, porque lo que se dice con rabia no se borra, no se deshace con disculpas, ni con abrazos; se queda ahí, suspendido entre los cuerpos, tatuado en la memoria, en los huesos, en el alma. Incluso el viento lo recuerda.

Aquella pausa brutal e incómoda duró lo suficiente como para hacerme sentir como un extraño en mi propia vida, como esas respiraciones que se entrecortan justo antes del llanto, o ese nudo que se instala en la garganta cuando sabes que todo se ha ido al carajo y que no hay vuelta atrás. No pude volver a verlos. Ni a mi padre, ni a mi madre. Me di la vuelta, tomé a Mishu del coche —mi adorado Mishu— y cerré la puerta de un portazo tan violento que mis manos temblaron.

Fue como decir basta con todo el cuerpo.

Mishu, que siempre había sido tan rebelde y escurridizo, ese día no dijo nada. Se acomodó en mi hombro con una docilidad extraña, casi humana, como si también él entendiera que ese no era un día normal, como si supiera que, cuando alguien está al borde del colapso, lo mejor que se puede hacer es simplemente estar.

Y nos fuimos.

Caminaba rápido, mi cuerpo sabía algo que mi mente aún no había terminado de aceptar. Huir no es siempre cobardía; a veces es el único reflejo de supervivencia que nos queda cuando el alma se siente amenazada. Cuando la palabra ya no puede reparar lo roto. Cuando la presencia del otro es un peso y no un refugio. Cuando uno se reconoce en el borde del abismo. Porque sí, a veces el primer instinto del que ama es correr. No por falta de amor, sino por exceso de dolor. Hay algo en el cuerpo que simplemente quiere protegerse, alejarse de la zona del impacto como lo haría un animal herido, buscando una cueva donde lamerse las heridas en silencio. Como si el corazón supiera que necesita tiempo, aire, distancia para no hacerse trizas del todo.

Ya no había más que decir. Nada podía romperse más con papá. Todo lo esencial ya estaba hecho pedazos. Las palabras se habían transformado en cuchillos, y el aire estaba tan cargado que se volvía irrespirable. Solo quedaba eso: escapar. Huir lo más lejos posible y, de algún modo, olvidarse. Las calles de Moscú eran una mezcla de semáforos intermitentes y luces de farolas que parecían no iluminar nada. Mishu seguía en mi hombro, en silencio. Me observaba con esas pupilas enormes, negras, como si llevara siglos entendiendo el dolor humano sin decir ni una palabra. Caminamos hasta la casa de Annie, y cuando abrió la puerta, bastó un solo cruce de miradas para que entendiera que me estaba hundiendo. No necesitó preguntarme nada ni tuve que justificarme. Solo me miró, y con eso bastó.

Sussy y Tutty le gruñeron a Mishu. Él respondió bufando con una furia que jamás le había visto, esponjándose como un pequeño tigre, antes de esconderse entre mi abrigo como si fuera su trinchera personal. Annie los alejó de inmediato y se quedó conmigo y con él en el salón. Entonces me abrazó, pero no fue un abrazo cualquiera, sino uno de esos que detienen el tiempo, que sostienen lo que está a punto de derrumbarse. Apoyé la cabeza en su hombro y, sin que me lo pidiera, empecé a hablar.

Le conté todo.

Le hablé de mi derrota, de lo mal que lo había pasado, de cómo papá no supo escucharme y de la pelea desgarradora que habíamos tenido. Le conté lo que él me dijo y lo que yo le dije. Cada palabra que salió de mi boca estaba empapada de rabia, de dolor y de esa tristeza que no tiene fondo. De ese amor que, al desbordarse, termina por ahogar. Annie me acarició la cara y me dijo que todo estaría bien, que las peleas fuertes son normales, que al día siguiente todo sería diferente. Pero yo sabía que no.

Hay peleas que no son solo peleas, hay discusiones que no se curan con el tiempo, porque lo que se fractura no es una idea, ni un malentendido: es el vínculo mismo, es la mirada, es el respeto, es ese hilo invisible que nos mantiene unidos incluso cuando estamos lejos. Y cuando eso se rompe, ya no queda nada.

Sentía vergüenza. No quería verlo ni quería que me viera. No tenía cara para disculparme, ni voluntad para volver a intentarlo. Era como si una parte de mí se hubiera rendido. Como si supiera, con una certeza amarga, que no se puede reconstruir una casa si ya no queda cimiento. Esa noche dormí en la habitación de huéspedes con Mishu, que se acurrucó a mi lado sin emitir un solo sonido. Solo él durmió, yo no pude pegar un ojo; daba vueltas entre las sábanas preguntándome qué haría, a dónde iría, si en algún momento podría perdonar a papá, y si él podría perdonarme a mí.

No tenía respuestas.

No tenía un plan. Solo tenía ese silencio denso y constante, esa especie de eco interior que no deja pensar con claridad. Y en ese eco solo había una certeza: estaba solo. Solo con mis pensamientos al tope. Sin una salida. Sin una señal. Sin un refugio.

La mañana siguiente desperté con la mente más clara. No descansado, no en paz, pero sí más lúcido, como si la tormenta de la noche anterior hubiese dejado al menos la certeza de que no había vuelta atrás. Era evidente que mi orgullo era más fuerte que cualquier cosa, o tal vez no era orgullo, sino una especie de dignidad rota que se aferra a lo poco que queda cuando todo lo demás se ha perdido. Me vestí en silencio. Annie dormía aún, abrazada a uno de sus perros, y yo no quise despertarla. Solo dejé una nota breve sobre la mesa de la cocina. No decía mucho. "Gracias por el salvavidas", escribí. Y era suficiente.

Desayuné apenas un poco —el pan sabía a cartón y el café a nada— y salí con Mishu en brazos rumbo a casa. Sabía que a esa hora papá ya estaría en la fábrica, así que era seguro que no me lo encontraría. No sabía si eso me tranquilizaba o me decepcionaba. Quizá ambas cosas. El silencio era más fácil de cargar cuando no había nadie alrededor para romperlo. Sabía que tenía que dejar a Mishu nuevamente y lo acepté con tristeza; desde que lo conocí supe que era un regalo que la vida me daba a medias, pues nunca tuve ni tiempo ni dinero propios para hacerme cargo de él como realmente debía.

Siempre viví entre lugares prestados, afectos inciertos y planes que no terminaban de cuajar. Con resignación —esa forma amarga de la madurez— acepté que no podía quedarme con él, aunque lo hubiese querido más que a muchas personas. Tal vez por eso dolía tanto.

Mamá me recibió como siempre con los brazos abiertos. Su abrazo fue tibio y lento, como si quisiera envolverme en algo más que afecto, comprensión, consuelo y perdón sin palabras. En realidad, creo que mi visita la tomó por sorpresa, no me esperaba, pero no hizo preguntas. No cuestionó nada. Solo me abrazó y yo a ella, como si no lo hubiéramos hecho en años.

—Vine por mis cosas —le dije—. Y te dejaré a Mishu, para que lo sigas cuidando.

Me miró con ternura, y al mismo tiempo con una tristeza que no necesitaba explicación. Desde pequeño me enseñó a honrarlos. Eso es lo que te enseñan cuando eres niño: que hay que respetarlos, amarlos, obedecerlos y que es pecado faltarles al respeto. Y eso era exactamente lo que había hecho el día anterior.

Lo sabía, lo sentía clavado en el pecho, pero lo más doloroso no era mi culpa sino su decepción. Ella sabía que me dolía, y yo sabía que a ella le dolía aún más. Sin embargo, no me lo recriminó. No me juzgó. No me condenó. Sabía que bastaba con que yo supiera que estaba mal. Y eso es algo que solo las madres saben hacer: dejar que el dolor sea suficiente castigo sin añadirle reproches.

Entré a mi habitación. Estaba intacta y silenciosa, como si nada hubiera cambiado. Tomé mi maleta con algunas mudas de ropa, dos libros, una libreta y una chaqueta. No necesitaba más. El que se va herido viaja liviano. Me despedí de Mishu, quien ya estaba un poco más rebelde, como siempre que se sentía en casa; se escurría por debajo de las sillas, se estiraba en el alféizar de la ventana, jugaba con cosas invisibles. Me agaché, lo tomé entre los brazos y lo miré largo rato. Le di un beso en la nariz húmeda, acaricié su cola —a sabiendas de que odiaba eso—, y él me miró como solo los animales saben mirar: sin juicio, sin expectativa, con esa aceptación absoluta de quien entiende que las despedidas también son amor. Luego abracé a mamá. La abracé fuerte, le besé la mejilla y le sonreí con un nudo en la garganta. Sonreí como quien quiere hacerle creer al otro que todo va a estar bien, aunque por dentro esté hecho trizas.

No dejé ningún recado para papá. Ella tampoco me lo pidió, no lo mencionó. No preguntó si volvería, solo me miró como a quien está a punto de cruzar un río muy hondo y muy frío, sabiendo que no se le puede seguir. Lo único que dijo fue:

—Llámame cuando llegues… a donde vayas.

Y eso fue todo, cerré la puerta, bajé los escalones con paso lento, y con cada paso sentía cómo algo en mí se desprendía. Una versión antigua, rota, vencida. Caminé sin saber muy bien hacia dónde, pero sabiendo que ya no podía quedarme.

Mientras caminaba, no podía evitar pensar que estaba dejando atrás a la única persona —y al único ser— que quizá me habían amado de verdad. No por mis logros ni por mis intentos de ser alguien, sino por lo que era a pesar de mis defectos y derrotas.

A ellos dos, a mamá y a Mishu, los únicos que jamás me juzgaron, que no esperaban que yo fuera otra cosa que yo mismo. Y era precisamente a ellos a quienes dejaba atrás, con lágrimas contenidas, con la garganta hecha un nudo y con el corazón desgarrado por una culpa que no tenía nombre. No sabía cuándo —o si alguna vez— el destino, la vida, o tal vez Dios, volverían a juntarnos. Sabía, eso sí, que esa despedida no era una pausa, sino el inicio de un viaje largo y quizás sin retorno. Una fuga en toda regla; no me despedí de nadie más, no era necesario. Nadie más importaba en ese momento. Nadie más dolía.

Capítulo 11 -
Mamá y Mishu: El amor que abraza y el que ronronea

Llegué al aeropuerto con el cuerpo entumecido y los pensamientos desordenados. Compré el primer billete disponible para Barcelona, que no saldría sino hasta el día siguiente. Esa noche la pasé allí, en un banco frío, rodeado de extraños que, de alguna forma, se sentían más cercanos que muchos de los que alguna vez llamé familia. Algunos dormían envueltos en mantas finas y ansiedad, otros reían nerviosos, como si empezaran un capítulo nuevo. Y estaban los que, como yo, simplemente miraban el techo.

Había algo profundamente humano en ese lugar. Nadie preguntaba, nadie juzgaba, nadie esperaba respuestas. Cada persona cargaba su propia historia, sus dolores invisibles, sus pequeñas esperanzas y grandes derrotas. Y en medio de esa multitud anónima, me descubrí pensando en el amor. Pero no en ese amor que te deja sin aliento o que prometen las películas. No. Pensaba en ese amor que nunca pide explicaciones, que no exige nada a cambio, que simplemente está.

Ese amor que muy pocos conocen de verdad.

El amor de mamá, el amor de Mishu. Era extraño, o quizás no tanto, que en medio de la tormenta lo que más doliera fuese haberme separado de ellos dos. De ese par de amores silenciosos, constantes, pequeños y perfectos.

Esa noche, mientras el sueño se negaba a visitarme y las luces del aeropuerto seguían encendidas como si el tiempo no existiera, comprendí algo con una claridad casi dolorosa: hay amores que uno no sabe nombrar hasta que los pierde de vista. Hay amores que solo brillan con toda su fuerza cuando ya no están al alcance de la mano, sino apenas del recuerdo. Y así, entre maletas rodando, voces en idiomas distintos y altavoces anunciando destinos que no me importaban, me dejé llevar por una sola certeza: esos dos amores me salvaron muchas veces sin saberlo.

A Mishu lo encontramos en pleno invierno, cuando el frío cala tan hondo que uno preferiría no salir de casa, cuando hasta el viento parece querer esconderse. Eran casi las seis de la tarde cuando mamá y yo habíamos decidido salir a hacer la compra semanal, abrigados hasta el cuello, dispuestos a enfrentarnos al mundo solo por necesidad.

Fue entonces cuando, justo antes de arrancar el coche, una criatura pequeña y temblorosa saltó sobre el capó. Nos miramos, sorprendidos, e inmediatamente salimos del coche. Y allí estaba: asustado, confundido, pero con la mirada más tierna y decidida que yo haya visto jamás.

Tenía los ojos grandes, verdes, con las pupilas dilatadas por el miedo o, tal vez, por la esperanza. Porque eso era lo que irradiaban. Nos observaba con una inteligencia y una confianza antigua, como si, de alguna forma, supiera que lo estábamos esperando.

Se acercó a mí sin dudarlo y yo, sin pensarlo, lo alcé en mis brazos. Mamá me miró y no hizo falta decir nada. Supimos, sin palabras, que ese animal ya era parte de nosotros. Que no podíamos dejarlo atrás. Era el 6 de junio de 2009, un día cualquiera para el resto del mundo, pero el inicio de una vida entera para nosotros tres. Fue esa la fecha de su cumpleaños desde entonces: ese día ese bebé gato nació en la vida y en los corazones de nosotros.

Buscamos a su dueño, por supuesto, pero nadie lo reclamó. Nadie lo buscaba, nadie lo lloraba. Tal vez alguien lo había abandonado, pero él nos encontró a nosotros. Un cruce entre un siberiano y un gato común, de pelaje pardo con el pecho blanco, como si llevara una camisa elegante. Ese pelaje largo, impecable y siempre peinado lo abrigaba en los días más helados del invierno, cuando se acurrucaba a nuestros pies o junto al radiador, pero que también lo desesperaba en los veranos murcianos, cuando el calor lo volvía irritable y buscaba con dignidad la sombra más fresca de la casa.

Y, sin embargo, ahí estaba siempre con nosotros: fiel, atento, parte de la familia.

Desde esa misma tarde le compramos su primera cama, comida, leche tibia y, por supuesto, su primer sobre de atún con salmón, que seguiría siendo su plato favorito el resto de su vida. Desde el primer momento supe que no era una mascota. Era mi hermano. Un gato precioso, juguetón, elegante y de carácter fuerte. Tenía un genio peculiar, algo muy suyo y muy parecido al de papá. Solo aceptaba caricias cuando él lo decidía, y odiaba el contacto físico salvo si quien lo ofrecía era una mujer guapa —porque siempre fue un coqueto incorregible—.

Nunca tuvo novia, por cierto, el amor no era lo suyo; lo suyo eran las peleas clandestinas. Especialmente con Titi, un gato vecino al que consideraba su eterno rival, su némesis.

Mishu fue el vigilante del vecindario, el que se sentaba cada noche en la ventana o en el muro a controlar que todo estuviera en orden. El que conocía cada rincón, cada ruido extraño, cada movimiento sospechoso. Lo amé con una intensidad que jamás imaginé posible para un animal. Pero es que él no era solo un animal. Era Mishu, mi compañero y mi testigo silencioso. El que se enfrentó un día a la hija de uno de los perros más bravos del barrio, y que a raíz de eso, nos inspiró una historia entera sobre mafias rusas y batallas clandestinas: él como agente encubierto y su enemigo, el infame YiniPho, como jefe de una red peligrosa que él, por supuesto, planeaba desmantelar.

Fue el gato que papá alguna vez confundió en el aeropuerto. Se llevó al equivocado, y tuvimos que volver desesperados a buscarlo entre maletas y viajeros. Fue el primero en embarcar en cada paseo, el primero en oler el aire nuevo de una ciudad, el último en bajarse del coche. Era un gato honorable. Un espía. Un protector. Un símbolo. Y aunque muchas veces estuve lejos, siempre preguntaba por él, todos los días. Nunca dejé de pensar en sus aventuras, en qué estaría tramando, en qué tejado se estaría subiendo ahora. Jamás lo abandoné, ni siquiera con la distancia: estaba siempre presente, en mi mente, en mi corazón.

Mishu me canalizaba. Equilibraba mis emociones. Se escondía en mis días más oscuros y salía justo cuando más lo necesitaba. Y aunque era hosco, gruñón y, a veces, decididamente grosero, se ganó el amor de todos con tan solo existir. Me hizo amar a los gatos. Me hizo amarlo como nunca amé antes a un ser sin palabras. Lo cuidé con la misma devoción con la que se cuida a un hermano. Lo salvé cuando su cuerpo empezó a fallar, cuando los cálculos en su vejiga amenazaron con llevárselo antes de tiempo; luché por él porque no concebía una vida sin su presencia.

Mamá siempre decía que las mascotas no solo nos acompañan, sino que se sincronizan con nosotros. Que su energía se entrelaza con la nuestra, que sienten lo que sentimos y, en ocasiones, absorben lo malo que nos podría haber pasado. Que nos protegen incluso si eso significa sacrificarse.

Mishu murió después de quince años a mi lado. Murió justo cuando era más vulnerable, cuando todo lo que amaba se estaba viniendo abajo. Y a veces pienso —quiero pensar— que se fue para darme una segunda oportunidad. Que cargó con parte de mi dolor, con parte de mi destino. Que, con su partida, me empujó a seguir viviendo, aunque fuese desde la ausencia. Mishu fue, es y será el gato que jamás olvidaré. Porque no fue solo un animal, fue mi hermano. Y los hermanos, aunque se vayan, nunca dejan de ser parte de uno.

Su viaje al cielo en 2024 me partió el corazón. Sentí cómo una parte de mí se apagaba con él para siempre. Pero, al mismo tiempo, su partida me hizo comprender, con una claridad que nunca antes había tenido, ese tipo de amor que sienten los gatos. Que no aman como nosotros, no necesitan demostraciones constantes ni palabras dulces. Ellos aman desde la independencia, desde la presencia silenciosa, desde la compañía exacta. Te aman cuando se acuestan junto a ti sin pedir nada, cuando se frotan contra tu pierna con discreción, cuando te observan desde la distancia, sabiendo que estás ahí. Te aman con dignidad, sin exigencias. Su amor es libre, pero profundo. Reservado, pero eterno. No es un amor escandaloso, es un amor que se queda incluso después de que ellos ya no están.

Mamá también lloró su partida. Y no fue una lágrima cualquiera. Fue el llanto de quien ha compartido años, rutinas, silencios, miradas y cuidados. El llanto de quien supo que ese gato no era solo un animal, sino un miembro de la familia, una parte del alma de la casa. Porque cuando te encariñas con un ser como ellos, cuando formas un vínculo real, genuino, constante, es imposible no lamentar su partida y sufrirla como si se tratara de tu propia sangre. Porque en muchos sentidos son sangre del corazón.

Y ahí, mientras recordaba a Mishu y cómo lo amaba, no pude evitar pensar en mamá, porque si hay un amor que puede compararse con el amor de los gatos —y superarlo, por supuesto— es el amor de una madre.

Las madres aman distinto. Aman desde antes que uno exista. Te aman antes de conocerte, antes de tocarte. Te aman cuando te caes, cuando te equivocas, cuando los decepcionas. Te aman incluso cuando tú mismo sientes que ya no mereces amor. Te cuidan con la misma paciencia con la que un faro espera a los barcos extraviados en la tormenta: sin moverse, sin apagarse, sin reproches. Así ha sido siempre, con ese amor que no exige nada a cambio, que perdona, que aguarda, que comprende incluso en el silencio. Con ese amor que no necesita gritar para hacerse sentir, porque basta una mirada suya, una taza de café caliente sobre la mesa o una llamada a la hora exacta para saber que el mundo no se ha desmoronado del todo.

El amor de una madre no se aprende, no se improvisa ni se razona. Nace con ella, como si fuera una memoria ancestral que florece en el momento exacto en que un corazón late dentro de otro cuerpo. Hay algo en ese vínculo que no pertenece al tiempo ni a la lógica. Es un amor que se entrega antes de que uno tenga nombre, que se arriesga antes de saber si valdrá la pena, que se aferra incluso cuando el mundo parece acabarse.

No es casualidad que el primer sonido que reconocemos, incluso antes de nacer, sea el de su corazón. Es nuestro primer ritmo, nuestro primer refugio, el primer hogar.

Una madre ama desde el cuerpo, desde la entrega absoluta, pero también desde el alma, desde esa fidelidad silenciosa que no se quiebra ni siquiera cuando fallamos. Ella no necesita comprender todo lo que somos para ofrecernos todo lo que tiene. Es como el sol: está, brilla y calienta incluso cuando no lo vemos. Incluso cuando no lo pedimos.

No todos los padres aman igual. Algunos lo hacen desde la estructura, desde la protección, desde el legado. El padre —cuando ama— lo hace desde un lugar que a veces parece más severo, más alto, más difícil de alcanzar. Y aunque ese amor también puede ser profundo, es más fácil que se llene de exigencias, de silencios, de esperas no siempre resueltas. El padre muchas veces representa el mundo exterior, lo que debemos conquistar; mientras que la madre, aun en medio del caos, representa la certeza del regreso, el abrigo de lo conocido, la raíz. Tal vez por eso, cuando el padre se quiebra, se rompe algo en la estructura del alma. Pero cuando la madre duele, duele el centro mismo de lo que somos.

Desde una perspectiva biológica, podría decirse que la madre nos aloja, nos nutre, nos forma. Pero eso sería reducirlo todo a una función. La verdad es que el cuerpo materno no solo gesta órganos y huesos: gesta vínculos, gesta afectos, gesta identidad. Su cuerpo es el primer país que habitamos. Y cuando salimos de él, su abrazo se convierte en territorio. Desde lo psicológico, ella es la primera mirada que nos devuelve una idea de quiénes somos, y cada caricia suya, cada gesto repetido con paciencia, moldea los surcos por donde caminará luego nuestra capacidad de amar. Y, desde lo más íntimamente filosófico, su amor es una forma de fe.

Amar a un hijo es creer en él, incluso cuando ni él mismo lo hace. Es confiar en que, aun cuando se extravíe, recordará el camino a casa. Es saber esperar, sabiendo que algunas distancias solo se recorren cuando el corazón madura.

Yo no sé muchas cosas. Pero hay una que me es irrefutable: nunca hubo mirada más limpia que la de mi madre al verme entrar por la puerta, ni abrazo que me hiciera sentir más humano que el suyo. Ella es ese faro silencioso al que siempre quise volver. El único que, aun cuando todo se rompía, me sostuvo sin decir una palabra, con los ojos húmedos y el alma abierta. Y es que cuando una madre ama, su amor no depende de las condiciones del mundo.

Es un amor que no caduca, ni se cobra, ni se exige.

Es un amor que simplemente está, que simplemente es. Y por eso, por más lejos que estemos, por más que nos alejemos para rompernos o encontrarnos, uno nunca deja de mirar atrás con la esperanza de que ella aún esté ahí esperando.

Capítulo 12 -
Antes del camino

Tan pronto aterricé en El Prat, sentí un nudo en el pecho. Aquella ciudad que años atrás me causó tanta ilusión ya no se sentía igual. Barcelona, con sus veranos radiantes y su aire mediterráneo, se sentía como un territorio hostil, tenso, cargado de memorias a medio cerrar. Era volver a aquello de lo que había huido unos meses atrás.

El verano allí solía ser encantador, los turistas hablaban entusiasmados de los lugares que visitarían: Gaudí, la Sagrada Familia, los secretos del Gòtic... Y yo, en cambio, solo pensaba en qué haría. No tenía un plan, salvo que volvería al piso en el que vivía antes y probablemente regresaría al club en busca de una nueva oportunidad.

No tenía nada, y lo sabía. A veces, cuando llegas a ese punto, cuando el fondo ya no puede ser más hondo, lo único que te queda —la única opción real— es intentar remediar lo que arruinaste y convencerte de que puedes volver a comenzar.

Antes de ir a casa, pasé por la playa. La Barceloneta brillaba bajo un sol generoso. Estaba llena de turistas, de vida, de cuerpos tendidos al sol como si nada doliera. Me senté en la arena y respiré hondo; por un momento, el olor a sal, el murmullo del mar y la brisa que mecía los pensamientos me renovaron.

Sonreí.

Por un instante, genuino y fugaz, olvidé mis problemas. Me levanté con energía. No era mucho, pero era suficiente para dar el siguiente paso. Sin embargo, al llegar al edificio donde vivía, el portero me detuvo en recepción.

—Esto es para ti —me dijo, extendiéndome un sobre.

Dentro había una carta formal, sin firma manuscrita, solo un membrete y palabras secas: una notificación con recomendaciones y reglas de salida para quienes entregan un apartamento. Así era. Mi padre había informado que ya no seguiríamos alquilando el piso. Ese mes sería el último en que podría quedarme allí. Aunque no lo esperaba, fingí que sí. Subí con rabia, con coraje y el orgullo tan alto que apenas me dejaba respirar. No iba a rebajarme, no iba a pedirle nada a papá. Vale, me había dejado sin casa para completar, pero no le daría el gusto. No le mendigaría ni una palabra. Me quebró por dentro. Lo juzgué brutalmente y decidí, en ese instante, que estaba solo. Que a partir de ese momento me olvidaría de que alguna vez tuve un padre. Porque, ¿qué clase de padre le hace algo tan cruel a su propio hijo, sabiendo que ya lo ha perdido todo?

Esa misma semana empaqué mis cosas y desocupé el lugar. No tenía del todo claro qué haría, pero sí sabía hacia dónde iría. Murcia sería mi refugio, mi lugar seguro, mi escape. Después de todo, siempre sentí que era allí donde realmente pertenecía. Tenía un piso con vista al mar, heredado de mis abuelos. No era lujoso, pero era mío. Aún no lo había perdido. Aunque estaba alquilado, en mi mente y en mi esperanza, ese sería el lugar que habitaría.

Tan pronto llegué a Murcia, respiré ese aire cálido y húmedo de La Manga del Mar Menor, denso de sal, pero también de amor, de ilusión, de alegría. Era el mismo aire que me había acompañado en aquellos maravillosos años de infancia, cuando todo parecía posible. Me sentía en casa, era sin duda el mejor lugar que podía haber elegido para comenzar de nuevo.

Los primeros días me hospedé en un hotel, mientras organizaba el regreso a ese piso que había sido de mis abuelos. Tenía unas vistas maravillosas y un silencio que hablaba de ellos. Había algo en el viento de ese balcón, en la forma en que la luz entraba por las ventanas, que me abrazaba como solo lo hacen los recuerdos verdaderamente felices.

Pronto me sumergí en el ajetreo del lugar. Tenía muchos conocidos y algunos amigos que, más que quererme, me admiraban. Nunca les conté sobre mis líos, ni de todo lo que había pasado antes de llegar allí. No era necesario ensuciar ese espacio con mi desgracia. Preferí enfocarme en lo que quería construir. Aquel chaval que antes lo planificaba todo, el que tenía cada paso calculado, volvió a tomar el control. Pero esta vez no era por ambición desmedida, sino por aprendizaje. Y es que hay cosas que solo se aprenden a golpes.

Empecé a trabajar en un chiringuito. Era el encargado de las bebidas. Preparaba cócteles, algunos tradicionales, otros inspirados en los que tomaba en mi vida anterior de fiesta y excesos, pero con un giro más sobrio, más mío. Por las mañanas madrugaba para dar clases de natación en la piscina municipal, y por las tardes me instalaba en el chiringuito de la playa, propiedad de uno de mis amigos. Por las noches, el ruido y la música de las discotecas ya no me atrapaban como antes; ahora era yo quien las administraba.

Así pasaban mis días. No tenía lujos, pero vivía bien. Vivía como cualquier otro murciano de a pie: trabajando por lo suyo, disfrutando del buen clima, del mar, de la gente que me quería y, en medio de todo, de quienes me admiraban.

Jugaba fútbol de vez en cuando, solo por diversión. Y con el tiempo, empecé a invertir el dinero que ganaba: en los chiringuitos, en discotecas, en motos acuáticas, catamaranes... todo enfocado a sacarle el mayor provecho al turismo. Me convertí, sin darme cuenta, en el chico más conocido del lugar. No había chiringuito ni discoteca que no pidiera mi asesoría o mis productos. También vendía licores traídos de los lugares más exclusivos y reconocidos: los tragos más caros, los más sofisticados, los de más clase. En cierta medida, puedo decir que me convertí en el rey de la administración turística de La Manga del Mar Menor. Organizábamos eventos, cerrábamos tratos, creábamos experiencias. Me iba bien. Demasiado bien. Y era feliz.

Se notaba.

Pasó un año entre contratos, eventos, risas, abrazos, copas bien servidas y madrugadas de trabajo. Un año en el que me sentí importante, necesario. Me gustaba lo que hacía. No solo por el reconocimiento, sino porque de algún modo estaba sanando. Los niños me adoraban en la piscina; los adultos me buscaban en los chiringuitos; mis amigos me presentaban como "el que la supo hacer". Y sí, en parte lo había hecho.

Me reconstruí, me reinventé. Tenía lo que muchos considerarían una vida plena: reconocimiento, afecto, clima perfecto, gente que me quería y a Helen, una mujer diferente, guapa, sensual e intensa. Tenía esa forma desbordada de querer que abruma y envuelve. No la amaba, no en el sentido completo del amor, pero disfrutaba su presencia, su forma desmedida de entregarse. Era de esas mujeres que lo dan todo, sin medida, sin esperar condiciones, y que, aun sabiendo que pueden salir heridas, se quedan. Me perdonaba sin rencores, me recibía sin preguntas y vivía cada momento como si fuera el último. Había algo en su amor que me hacía sentir importante, como si yo fuera su centro de gravedad. Y a veces, cuando vienes de perderlo todo, eso basta para quedarte un rato.

Pero incluso en medio de todo eso —de la felicidad cotidiana, del cuerpo de Helen, de la brisa del mar, del dinero que entraba, de la fama local—, algo dentro de mí no se dormía del todo.

El ser humano parece no estar hecho para la calma absoluta. La estabilidad, cuando se alarga demasiado, puede convertirse en una forma silenciosa de asfixia. Uno cree que la paz es el fin, pero cuando la alcanza, empieza a preguntarse qué sigue, qué falta, qué hay más allá. Quizás es porque la vida nos ha enseñado a avanzar desde la carencia y no desde la plenitud. Porque la incertidumbre, por más angustiante que sea, tiene ese extraño sabor a posibilidad.

Y yo lo sabía. Sabía que aquello no era eterno. Que el verano, como todo en la vida, se acaba. Que los turistas volverían a sus países, que las fiestas cesarían, que la arena sería barrida por el viento de octubre. Que las luces de las discotecas se apagarían más temprano y que la ciudad entera entraría en un letargo.

Yo sabía que estaba hecho para algo más. No porque lo que tenía no valiera, sino porque mi alma era inquieta. Porque había una voz interna que no se conformaba con lo que ya tenía.

Disfrutaba cada instante de esa etapa, me lo permitía, me reía, me entregaba… pero también, de vez en cuando, en medio de la euforia o del silencio de la noche, me preguntaba: ¿y después de esto, qué? Esa pregunta flotaba, como flotan las verdaderas dudas: sin urgencia, pero sin desaparecer nunca.

Para la siguiente primavera recibí la visita de mi tía Katheryna y su esposo. Pasarían unos días en Murcia antes de continuar su viaje por el Camino de Santiago. Cuando la vi llegar, sentí una alegría inmensa, como si la vida me devolviera una parte que había perdido. Aunque estaba bien en Murcia, aunque era querido, siempre reconforta ver un rostro verdaderamente familiar. Y el de mi tía, tan entrañable, tan cálido, era un pedazo de hogar que venía a buscarme.

Mi madre me había visitado meses atrás, una visita corta, casi administrativa; quería asegurarse de que estuviera bien. En ese entonces no tuve el valor de contarle que papá prácticamente me había echado del apartamento en Catalunya. No quise sumarle más tristeza, ni ponerle peso a un corazón que ya cargaba demasiado. Aquel encuentro con mamá me reconfortó, pero la llegada de mi tía me emocionó profundamente. Había en ella una belleza difícil de explicar, una mezcla de elegancia, bondad y fuerza que siempre me había inspirado.

Pasamos la primera noche hablando de todo un poco, entre vinos suaves y vodka helado, con música de fondo y la brisa nocturna entrando por el balcón. Me atreví a contarle todo: desde las estafas hasta el dolor, desde el silencio con papá hasta el desalojo, desde la rabia hasta la decisión de empezar de cero. Le hablé sin filtros, sin defensas, y ella escuchó con esa atención que no pide explicaciones, con ese amor que no interrumpe ni juzga.

Al final, con esa calma suya tan certera, me propuso algo que en principio me sonó extraño:

—¿Por qué no te vienes con nosotros? Camina un tramo del Camino. Tómalo como un descanso —me dijo.

Descanso lo llamaba, pero en el fondo sabía que me estaba regalando una oportunidad: la de detenerme de verdad, la de mirar desde otro lugar. Tal vez —solo tal vez— el Camino me permitiría reflexionar, reordenar los pedazos, abrir la mirada a una nueva perspectiva.

No prometía respuestas, claro.

Pero tal vez, en el acto mismo de caminar, de alejarme, de respirar otros aires, podría reconciliarme con lo que no entendía… o al menos empezar a hacerlo.

Capítulo 13 -
El camino de Santiago: Entre risas, lluvia y redención

Al día siguiente desperté decidido. El sol se filtraba por la persiana y la brisa salada de La Manga todavía llenaba la habitación; en medio de esa quietud, supe con claridad lo que debía hacer y acepté.

Le dije a mi tía Katheryna que sí, que caminaría con ellos el Camino de Santiago. No tenía idea de lo que me esperaba, pero en el fondo sentía que necesitaba recorrer algo más que kilómetros. Necesitaba caminarme por dentro.

Esa tarde la pasamos planificando. Revisamos mapas, rutas, albergues, y aunque todo era logístico, yo ya empezaba a sentir que aquello era más grande que cualquier itinerario. Me pregunté qué estaba buscando realmente. ¿Una señal? ¿Un descanso? ¿Una respuesta? ¿O simplemente quería perderme para tener una excusa para encontrarme?

El Camino de Santiago no es solo una ruta dibujada sobre la tierra. Es, quizás, el camino más antiguo de Occidente hacia el interior del ser. Una peregrinación con más de mil años de historia, nacida del rumor de que los restos del apóstol Santiago el Mayor descansaban en la lejana Galicia, y alimentada por generaciones de caminantes que, por fe, dolor, redención o curiosidad, se echaron a andar desde distintos puntos del mundo hacia una misma dirección: Santiago de Compostela.

La ruta más famosa y transitada es el Camino Francés, que comienza en Saint-Jean-Pied-de-Port, al pie de los Pirineos franceses. De ahí, los peregrinos cruzan montañas, valles, bosques, aldeas, ciudades y desiertos emocionales hasta llegar a la catedral donde, según la tradición, yace el apóstol. Unos 800 kilómetros. Treinta a cuarenta días de caminata. Pero nadie camina igual. Nadie termina igual.

Los caminos son muchos. Está el Camino del Norte, pegado al mar Cantábrico, más silencioso y agreste. El Camino Portugués, que viene desde Lisboa y atraviesa viñedos y campos. El Camino Primitivo, el más antiguo y difícil, como un reflejo de las almas que lo eligen. Y otros más: la Vía de la Plata, el Inglés, el Sanabrés… todos convergen hacia el mismo punto, como si cada ruta fuera una forma distinta de hacerse la misma pregunta.

Me conmovía pensar en eso.

En miles de personas caminando desde distintos lugares, cruzándose, saludándose con un "¡Buen camino!" y luego separándose otra vez. Porque el Camino es así: un lugar donde los extraños te ofrecen agua, te cuentan su vida entera en una noche y luego desaparecen sin necesidad de quedarse. Como si el verdadero milagro fuera esa libertad de compartir sin retener, de dar sin pedir nada a cambio.

La vieira, la concha del peregrino, simboliza ese espíritu. En la Edad Media, los que llegaban a Compostela recogían una de esas conchas en las costas gallegas como prueba de haber completado la peregrinación. Hoy se lleva desde el inicio, colgada en la mochila, como bandera y recordatorio de que cada paso tiene un sentido, aunque aún no lo veas.

Hay historias que circulan entre los peregrinos como leyendas. El francés que perdió a su hijo y camina cada año con su foto en el pecho. La mujer coreana que vino sola sin hablar español porque soñó con este lugar. El sacerdote que un día dejó de creer, caminó en silencio durante treinta días y, al llegar a la catedral, lloró por horas. Historias que parecen inventadas, pero que en el Camino se sienten más reales que cualquier otra cosa, porque la dimensión espiritual del Camino no se enseña, se vive.

No se trata solo de religión, es algo más vasto, un lugar donde la fe no se impone, pero se respira. Donde la gente se reencuentra con algo sagrado, aunque no sepa cómo nombrarlo. Algunos lo llaman Dios, otros, destino. Yo todavía no sabía cómo llamarlo, pero intuía que me estaba esperando.

Hay un fenómeno alucinante: cuando la vida se calma, cuando por fin hay paz, muchos seres humanos se incomodan. Sentimos que debemos buscar algo más, movernos, romper la estabilidad. Como si la quietud fuera sinónimo de estancamiento. A veces confundimos la serenidad con el tedio, y por eso huimos.

Yo había encontrado cierta paz en Murcia, pero también sabía que esa felicidad era provisional. Que estaba hecha de arena y de olas, de verano y de turistas, y que, al final, algo más profundo me llamaba. Como si la calma solo fuera el susurro antes del verdadero camino.

Tal vez por eso acepté sin dudar. Porque sabía que el Camino no era solo una ruta medieval entre montañas. Era el escenario ideal para pelearme conmigo mismo, perdonarme, llorar lo que nunca me permití, y vaciarme para poder llenarme de nuevo. No había confesado nada de esto, pero en lo más íntimo, deseaba con todo mi ser que ese viaje me ayudara a reconciliarme con la imagen de mi padre.

No con él, necesariamente, sino con la parte de mí que se había endurecido desde aquel día.

Así fue como empecé a prepararme. Con lo justo: un par de zapatos firmes, una mochila con lo necesario y una voluntad que empezaba a nacer. Me despedí del mar como quien se despide de una casa de verano. Me abracé con Helen, le dije que volvería pronto, sin fecha, sin promesas. Y entonces partimos.

Mi tía Katheryna, su esposo y yo. Tres cuerpos, tres historias distintas, un mismo destino. Cada uno con su carga, visible o invisible. Cada uno con su fe, rota o entera. Y por primera vez en mucho tiempo, sentí que no huía; sentí que caminaba hacia algo. O tal vez hacia mí. Porque el Camino, en el fondo, no lleva a Compostela; lleva a un lugar aún más lejano: el reencuentro con lo que somos cuando no nos mira nadie. Y yo estaba listo, o al menos eso creía, para empezar a descubrirlo paso a paso.

Comenzamos en Saint-Jean-Pied-de-Port, el pequeño y encantador pueblo francés al pie de los Pirineos. Era como si el mundo nos recordara que lo más importante no es el destino, sino el inicio. Ese primer día fue uno de los más duros físicamente, pero también de los más emocionantes. Los peregrinos llegaban desde distintos lugares del planeta: japoneses con sus bastones, brasileños cantando con sus mochilas, alemanes organizados como si estuvieran en una expedición militar, y nosotros... medio desvelados, medio emocionados, pero con el corazón encendido.

Apenas comenzamos la subida a Roncesvalles, mi tía Katheryna gritó:

—¡Esto no es un camino, es una tortura medieval!

Su esposo, con cara de soldado romano, le contestó con una sonrisa:

—Calla, mujer, que el espíritu se forja en la cuesta.

Todos nos reímos, incluso una señora coreana que no entendía el idioma, pero intuía el drama universal de una buena subida.

Roncesvalles, en territorio español, era un lugar místico. Allí pasamos la noche en un albergue antiguo donde los peregrinos compartíamos historias como si fuéramos viejos amigos. Un chico irlandés nos contó que caminaba porque había perdido a su madre y quería encontrar un propósito. Una japonesa confesó que había dejado su trabajo tras una crisis existencial y caminaba para encontrarse. Y yo, aunque no lo decía abiertamente, caminaba para reconciliarme con la vida.

Pamplona llegó como una bendición. Era una ciudad viva, taurina y sabrosa. Allí nos detuvimos a probar pinchos y reírnos de nuestras ampollas.

Un peregrino de Sevilla, que caminaba en sandalias por penitencia, gritaba cada dos pasos: "¡Esta es mi cruz, y estas son mis huellas de Cristo!". Su drama era tan exagerado que terminamos invitándolo a unas cervezas. Fue uno de esos momentos donde la risa nos curó más que el Betadine.

Puente la Reina, con sus calles empedradas y su historia templaria, nos recibió con campanas que parecían saludar. Esa noche, una pareja de argentinos cantó tangos mientras una alemana tocaba el violín. Nos sentamos todos en círculo como si fuéramos niños en campamento, algunos lloraban sin saber por qué, otros brindábamos por todo y por nada.

Ese era el Camino: una mezcla de silencios largos, confesiones repentinas y abrazos sin explicación.

Estella nos sorprendió con una fuente que, en vez de agua, daba vino. ¡Vino! Mi tía, que no bebía mucho, dijo: "Esto es claramente una señal divina", y se sirvió dos vasos. Caminamos ese día entre risas y canciones. Un gallego llamado Paco nos enseñó a silbar con hojas de eucalipto y un chico italiano improvisó un rap sobre nuestras mochilas sudadas. *"Siamo tutti pellegrini… ma nessuno ha i piedi fini"*, rimaba.

Logroño fue una fiesta. Allí conocimos a un sacerdote que caminaba con sotana corta y sandalias. "Voy buscando a Dios entre las ampollas", decía con humor. Nos habló de cómo el Camino no es solo una travesía física, sino un proceso de liberación espiritual. En las charlas nocturnas, hablábamos de nuestros miedos, nuestras pérdidas, nuestras pequeñas muertes. Caminábamos hacia Santiago, pero en realidad caminábamos hacia nosotros mismos. Burgos, con su imponente catedral, nos puso serios por un momento.

Entramos en silencio, cada uno prendió una vela. Recé sin palabras, con la cabeza gacha, pensando en papá, en Mishu, en mamá. Lloré un poco, pero no fue un llanto amargo, sino de esos que limpian.

Luego el Camino se volvió meseta. Largas rectas, sol a plomo, caminos interminables. La Meseta Castellana, como muchos la llaman, es la etapa donde el cuerpo va por inercia y el alma empieza a hablar. Es donde muchos abandonan… o despiertan.

Caminábamos en silencio y, sin embargo, era el tramo donde más nos entendíamos. Nadie hablaba, pero todos estábamos conectados. Una tarde, mientras cruzábamos desde Carrión de los Condes, conocimos a una mujer de Polonia que caminaba descalza. Nos dijo que ofrecía cada paso por una persona que la había herido en su vida. "Porque al perdonar a otros, me perdono a mí misma", dijo. Esa noche no dijimos nada. Solo la escuchamos. El silencio también es una forma de respeto. Y así seguimos.

En cada albergue alguien nos contaba algo: un italiano que había abandonado Wall Street para abrir una librería en la Toscana, una viuda canadiense que caminaba para soltar el duelo, un joven marroquí que lo hacía por fe, sin importar que no compartiera religión con la mayoría. El Camino no juzgaba, acogía. Allí no importaba tu pasado ni tus culpas, solo tu paso y tu presencia.

Se llama así por el apóstol Santiago, cuyos restos, según la leyenda, fueron trasladados desde Jerusalén hasta Galicia en una barca de piedra guiada por ángeles. Cuando siglos más tarde se descubrió su tumba en Compostela, nació esta ruta de peregrinación. Durante siglos, reyes, pecadores, santos, vagabundos y soñadores caminaron estas sendas buscando redención, salud, aventura o fe. Y nosotros, aunque diferentes en historias, teníamos algo en común: todos queríamos sanar algo, perdonar algo, reencontrar algo.

Había días de lluvia, donde la ropa no se secaba y los pies dolían. Días de sol radiante, donde todo parecía perfecto. Noches de ronquidos colectivos en albergues, donde el amor al prójimo era puesto a prueba. Pero también hubo abrazos, cantos, chistes que nos hicieron doblar de la risa y palabras de aliento de un extraño que, sin saberlo, te salvaba el día. Cada etapa tenía su historia, su lección, su magia.

El Camino, más que una ruta, era un espejo. Uno donde, poco a poco, uno se iba quitando las capas, las máscaras, los miedos, hasta quedar solo con lo esencial: el corazón. Después de las primeras jornadas, las ampollas ya eran parte del paisaje de nuestros pies, el cansancio, una especie de música de fondo, y, sin embargo, la sonrisa era más amplia; nos volvíamos parte del paisaje. Ya no éramos turistas ni visitantes: éramos peregrinos, con todas sus letras.

Los paisajes cambiaban, y con ellos nuestras emociones. Un día cruzábamos frondosos bosques gallegos llenos de niebla que parecían salidos de cuentos medievales, y al siguiente, atravesábamos prados abiertos donde los rayos del sol nos acariciaban la espalda como una bendición. Allí, en medio de la ruta, conocimos a Hans, un alemán que decía estar haciendo el Camino porque necesitaba perdonarse a sí mismo por haber elegido el trabajo sobre su familia. Caminaba en sandalias, cantaba canciones de los Beatles y tenía la costumbre de regalar caramelos de miel a cada niño que encontraba en los pueblos.

Nos hizo reír tanto que, por momentos, olvidamos que llevábamos horas caminando. Y, sin embargo, en sus ojos había tristeza, esa que solo sale cuando uno se queda en silencio. A veces, entre paso y paso, nos decía: "Cada kilómetro me acerco más a casa... aunque mi casa ya no está donde solía".

Cerca de Palas de Rei nos encontramos con un grupo de mujeres mayores de Portugal. Viajaban juntas desde hacía años y llevaban camisetas a juego que decían: "As amigas da vida". Una de ellas, Isaura, nos cocinó caldo gallego en un albergue. Reíamos a carcajadas mientras ella contaba historias de cuando era niña y creía que Santiago era un santo que vivía escondido dentro de una fuente en su pueblo. Esa noche, entre cucharadas de caldo y pan duro, nos dimos cuenta de que el Camino también sabía a hogar.

En Arzúa, tierra famosa por su queso, nos permitimos un respiro largo. Hubo vino, canciones con guitarra y una tormenta que nos obligó a dormir todos apiñados en el albergue como si fuéramos parte de una misma familia. Allí conocí a Clara, una italiana que caminaba para cerrar un duelo. Su madre había muerto meses atrás y había prometido llegar a Santiago con una carta que le había escrito y que planeaba dejar en la tumba del Apóstol. En sus palabras había una delicadeza que rompía el alma, y, en su sonrisa, esa fe que se cultiva en medio del dolor.

Me dijo algo que aún guardo: "Caminar no me ha quitado la tristeza, pero me ha enseñado a abrazarla". Cada día parecía estar lleno de señales. Una flor solitaria en el camino, una ermita vacía donde alguien había dejado una vela encendida, un niño que nos ofrecía agua sin pedir nada a cambio. El Camino parecía hablarnos, guiarnos sin prisa, enseñarnos que el destino no es una meta, sino una manera de mirar.

Finalmente, tras muchos pasos, muchas ampollas, muchas risas y algunas lágrimas, llegamos a la cima del Monte do Gozo. Desde allí, por fin, se veía la majestuosa silueta de las torres de la Catedral de Santiago de Compostela. No dije nada, nadie lo hizo. Nos sentamos un momento y simplemente miramos. En ese silencio cabía todo: el cansancio, la esperanza, el dolor, la alegría, la vida.

La entrada a la ciudad fue mágica. Las calles empedradas, los músicos callejeros tocando gaitas, los peregrinos abrazándose como hermanos. Parecía una escena de película, pero era la realidad más pura. Al llegar a la Plaza del Obradoiro, frente a la catedral, el tiempo se detuvo. Muchos lloraban, otros reían. Yo solo miré hacia arriba y agradecí. No por haber llegado, sino por haber caminado.

Entramos a la catedral en silencio, cruzando el umbral de piedra que ha recibido millones de pasos durante siglos. Dejé caer la mochila al suelo y sentí como si soltara no solo el peso físico, sino todo aquello que me venía oprimiendo desde hacía años. El botafumeiro se balanceaba como un péndulo sagrado, y en ese momento entendí: el Camino no te cambia, te revela. Te muestra quién eras antes de que el mundo te hiciera dudar de ti.

Dejé mi piedra en el altar, como tantos otros. Una pequeña piedra gris que había cargado desde los primeros kilómetros. No era solo un símbolo, era una forma de soltar, de dejar ir. Al salir, una señora mayor me abrazó sin decir palabra. No la conocía, pero me abrazó como si sí. Y en su mirada vi el amor incondicional que a veces uno busca durante toda una vida.

El Camino de Santiago te lleva al *Campus Stellae*, "Campo de la Estrella". Y es curioso porque, después de vivirlo, entiendes que eso es justo lo que es: un campo inmenso de estrellas humanas buscando luz.

Al final, entendí que no importa de dónde vengas ni a dónde vas, que el Camino une, cura, enseña que todos somos iguales cuando caminamos, que todos tenemos algo que dejar atrás, algo que encontrar y algo que aún no sabemos que estamos buscando. Y cuando, en la plaza, miré a mi tía Katheryna, supe que no había sido ella quien me había invitado a hacer el Camino, sino el propio destino, disfrazado de voz familiar. Porque el verdadero viaje no fue hasta Santiago, fue hacia mí mismo.

Tardamos 35 días en recorrer todo el Camino. Treinta y cinco amaneceres donde el cuerpo dolía y el alma se aligeraba. Treinta y cinco noches bajo techos compartidos con ronquidos de todos los idiomas, con silencios que decían más que las palabras, con miradas que sanaban heridas invisibles. Y me llevé historias. Historias sensacionales que prometí contarles algún día a mis futuros hijos, si es que la vida alguna vez me da el milagro de ese privilegio.

Quizá la más divertida, y también la más extraña, fue la del gallo y la gallina de Santo Domingo de la Calzada. Recuerdo haberla escuchado entre risas y con el vino corriendo por la mesa, contada por un hospitalero con más años que dientes, pero con una memoria intacta para los milagros.

La historia decía que, hace siglos, una familia alemana peregrinaba hacia Santiago con su hijo. Se hospedaron en una posada y la hija del posadero, rechazada por el joven al que deseaba, decidió vengarse escondiendo una copa de plata en la mochila del muchacho. Lo acusaron de robo, y, como dictaba la ley en esos tiempos, fue condenado a la horca. Sus padres, destrozados, siguieron su camino a Santiago, rezando por su alma. A su regreso, pasaron por el lugar de la ejecución y el joven seguía vivo, colgado, pero sostenido por la gracia divina de Santiago. Corrieron a contarlo al corregidor del pueblo, que justo estaba a punto de almorzar un plato de gallo y gallina asados. Al oír semejante historia, se burló y dijo: "Ese chico está tan vivo como este gallo y esta gallina que estoy a punto de comerme". Fue entonces cuando, de repente, las aves cocinadas se levantaron de su plato, cubiertas aún de plumas quemadas, y comenzaron a cacarear y a caminar sobre la mesa. Desde entonces, en Santo Domingo, siempre hay un gallo y una gallina vivos en la iglesia, recordando a todos que en el Camino los milagros no son metáforas: son posibles.

El día que llegamos y se cerró el ciclo, no me sentí lleno, me sentí abierto, como si por dentro ya no tuviera paredes ni techos, solo espacio. No una meta alcanzada, sino una piel nueva. El Camino no me dio respuestas: me cambió las preguntas.

Aprendí que uno no camina para llegar, sino para dejar atrás. Que el paso más importante no es el primero ni el último, sino el que das cuando crees que ya no puedes. Entendí que la fe no siempre se siente como un rayo en el pecho. A veces es solo un paso más. Un paso más, cuando podrías haberte quedado tirado. Y, sobre todo, comprendí que el verdadero destino del Camino de Santiago no es Santiago. Es la forma en que miras la vida cuando vuelves. Es ese instante en que, de repente, ya no te importa llegar primero, ni tener la razón, ni cargar con todo. Caminas más ligero. Respiras más profundo. Agradeces más. Porque hay lugares que no se caminan con los pies, sino con el alma. Y el Camino de Santiago es uno de ellos. Cada piedra te habla, cada cruz al borde del sendero te recuerda a los que ya no están, cada sombra bajo un árbol te ofrece consuelo.

Es un viaje hacia lo sagrado, incluso si no crees en nada. Porque, aunque no creas en Dios, el Camino te invita a creer en algo más grande que tú: en el otro, en la compasión, en el misterio, en la belleza de lo simple.

No sabía si volvería a caminarlo, si mis pies, mi vida o mi corazón me lo permitirían. Pero sabía que, si algún día los míos preguntaban por qué no corro tras lo mismo que todos, entonces les contaría, les hablaría del gallo y la gallina, de la niebla gallega, del pan caliente al amanecer, de las ampollas y los abrazos, de Clara, de Hans, de Katheryna y de mí. Les diré que hay un lugar en el mundo donde las personas caminan para sanar. Y que allí, una vez, aprendí a volver a vivir.

Porque el Camino no termina cuando llegas a Santiago. Termina cuando vuelves a casa… y decides caminar distinto.

Nuestra travesía terminó. Mi tía regresó a Moscú con su andar pausado y ese halo de elegancia serena que siempre la acompañaba, y yo volví a Murcia con una energía distinta, como si me hubiera quitado un abrigo mojado que llevaba puesto desde hacía años. Me sentía liviano, aunque no vacío. A veces basta con un solo viaje para que el alma se organice, como quien pone en orden una habitación oscura y polvorienta. Antes de irse, mi tía Katheryna me abrazó fuerte. Uno de esos abrazos que te anclan a la tierra, pero también te impulsan hacia el cielo. Me dijo "gracias". Gracias por caminar con ella ese Camino que ya había recorrido otras veces con su esposo, pero que esta vez, por alguna razón, se sintió diferente. Más humano, más íntimo, más verdadero. Me dijo que verme en los tramos más duros, sonriendo a pesar de todo, le había recordado que la esperanza no es un concepto, sino una forma de estar en el mundo. Y se fue, dejándome esa especie de paz que solo dejan las personas que caminan con el corazón abierto.

Capítulo 14 -
Donde las madres duelen en silencio

Tres días después, recibí la llamada de mi madre. Su voz, usualmente firme, casi festiva, sonaba apagada, cargada de esa emoción contenida que duele más que un grito.

Me preguntó, casi en susurros, por qué nunca le conté la verdad sobre mi padre. Por qué no le dije que él me había quitado todo el apoyo, que me había dejado en la calle en mi momento más oscuro. Sentí cómo sus palabras se deshacían en decepción, no hacia mí, sino hacia él. Su compañero. Su historia.

Mi tía le había contado todo, desde los detalles más pequeños hasta la discusión final. Lo hizo, probablemente, no para sembrar discordia, sino para liberar una verdad que yo quise enterrar por no hacer daño.

Intenté tranquilizarla, restarle importancia, repetirle que ya todo había pasado, que estaba bien. Pero su silencio pesaba. En él habitaba una mezcla de dolor, impotencia y vergüenza. La vergüenza de una mujer que entregó su vida a un amor que no supo cuidar lo que más quería: su hijo.

Ese día entendí que las familias no se rompen por grandes traiciones, sino por pequeñas heridas que no se curan. Por silencios que se acumulan, por verdades no dichas que terminan siendo gritos en el alma. Ese día empezó, otra vez, el declive de una familia que se amaba profundamente, pero que no sabía cómo redimirse de los errores que la rabia les había hecho cometer.

Y ahí estaba yo, con la paz del camino aún tibia en el corazón, sintiendo cómo las viejas grietas volvían a abrirse. Pero esta vez era distinto.

Ya no era el hijo herido; era un hombre que había aprendido a no huir del dolor, sino a mirarlo a los ojos. Un hombre que había caminado junto a la fe, el perdón y la belleza de lo simple.

Y sabía —sí, lo sabía— que, aunque el pasado no se puede cambiar, hay formas de narrarlo con más compasión.

Mamá, por su parte, no pudo resistir más. El dolor la alcanzó en su forma más cruda y silenciosa. Ese dolor que no se grita, que no se llora a mares, pero que se acumula como una piedra caliente en el pecho.

Vernos destrozarnos así, a papá y a mí —los dos amores de su vida—, fue demasiado. Era ver cómo dos columnas se caían, dejando el templo de su hogar tambaleando, a punto de colapsar.

Ella, que siempre fue la mediadora, la que tendía puentes incluso cuando se incendiaban, trató de mantenerse neutra hasta el final. No quería elegir, porque sabía que ninguno era completamente culpable ni completamente inocente; porque, en el fondo, entendía que ambos llevábamos razones en el bolsillo, aunque las expresáramos desde el dolor y no desde la paz.

Pero lo que le contó mi tía Katheryna —la verdad descarnada de lo que había pasado— fue el detonante. No por lo que revelaba, sino porque le arrancó la venda que aún intentaba mantener sobre los ojos. Fue la gota que rebasó el vaso, el último golpe a una estructura emocional ya fracturada.

Así, en un intento por huir, por buscar un aire más puro —como todos hacemos cuando sentimos que se nos apaga el mundo—, decidió apartarse. Tomó sus maletas, pocas cosas, y se fue a su tierra natal. A ese lugar donde las montañas hablan con el viento y las casas huelen a leña y a infancia.

Se fue con sus hermanas, con su gente, en un viaje en solitario, sin billete de regreso. Un retiro no físico, sino espiritual; un alto en el camino para preguntarse en qué momento su familia se vino abajo, cómo el amor más grande que había conocido se había convertido en campo de batalla.

Nos dijo adiós con una mezcla de tristeza y firmeza que dolía más que cualquier reproche. Se despidió de papá con una frase que se quedó flotando en el aire como un eco: "Lo sabía. Me dolió. Y aún me duele". A mí me abrazó como si me recogiera del naufragio. Como si, pese a todo, todavía creyera que había algo que salvar en medio de tanto derrumbe. "Te amo, hijo. Pero necesito estar sola" fue lo último que me dijo.

Y así fue como papá y yo, dos hombres aparentemente fuertes, nos vimos de pronto ante la lección más dura y más clara que podíamos recibir: perder, siquiera por un tiempo, a la mujer que más nos amaba. La que nos cuidaba con su ternura silenciosa. La que cargó por años con nuestras rabias, nuestras torpezas, nuestras ausencias. Ella, que siempre nos sostuvo a ambos, se fue. No por venganza, no por castigo, sino para enseñarnos algo que no supimos ver: que el amor también se cansa, y que incluso el corazón más generoso necesita descansar.

Entenderla era lo mínimo que papá y yo podíamos hacer por ella. Así que ambos, con el corazón encogido pero con la fe intacta de que ese viaje no duraría mucho, nos despedimos de ella. Quisimos pensar que se trataba de unas vacaciones, un descanso necesario, una pausa inocente para recuperar el aliento. Pero, en el fondo, sabíamos que había algo más, aunque ni siquiera ella lo hubiera planeado. Algo que se cocinaba lento en su interior, como las decisiones que brotan desde la tristeza, y no desde la voluntad.

Pasó un mes. Luego otro. Y después otro más. Yo seguía en Murcia, envuelto en los días cálidos, los rostros conocidos y esa vida que lentamente se estaba asentando, mientras papá se quedaba en Moscú, suspendido entre la rutina y la ausencia. Ambos esperábamos, sin confesarlo en voz alta, que pronto regresara esa mujer que llenaba todos los huecos del hogar.

Porque la verdad era que, sin ella, el silencio sabía más a ruptura que a calma.

La llamaba casi a diario. Necesitaba oír su voz, saber cómo estaba, contarle lo mío, pero, sobre todo, escucharla hablar de su tierra. Me encantaba imaginarla rodeada de sus hermanas, riendo en la cocina, compartiendo sobremesas infinitas con mis tías y mis primos. Me hablaba de la dulzura de la gente, de las calles soleadas, del olor a frutas frescas en los mercados y de esa gastronomía imposible de encontrar en otro lugar del mundo: sancocho en leña, arepas de maíz blanco, empanadas recién hechas y zumos con nombres que sonaban como canciones.

Papá también hacía lo suyo. Aunque no hablaba directamente con él, mamá me contaba que le llamaba seguido, que le pedía que volviera, que la extrañaba sin rodeos. Y yo, aunque seguía dolido con él, deseaba en el fondo que ella regresara, que pudiera acompañarlo, porque sabía que ninguno de los dos estaba completo sin la presencia de la mujer que los había unido y sostenido por tantos años.

Pero ese descanso que ella buscaba pareció alargarse. Como si cada día lejos fuera necesario. Como si el aire cálido de su país la estuviera curando de algo que no sabíamos cómo reparar. Y nosotros, mientras tanto, aprendíamos a esperar. Aprendíamos que el amor también es saber dejar ir. Aprendíamos, sin saberlo, a mirar hacia adentro.

La espera se volvió larga y agotadora, una especie de letargo emocional que cada día se sentía más espeso y denso. Ya no sabíamos cómo llenar el vacío ni cuánto más resistiríamos sin ver su silueta moverse por la cocina o su risa diluir cualquier tensión con la misma facilidad con la que florecen los árboles en primavera.

Cuatro meses. Cuatro estaciones emocionales completas pasaron, y mamá seguía sin regresar.

Y entonces, una mañana, ocurrió lo inesperado.

Era temprano, demasiado temprano. Apenas clareaba cuando escuché los golpes suaves, insistentes, en la puerta del apartamento. Medio dormido, arrastrando los pies, abrí aún con la cara hinchada de sueño, creyendo que se trataba de algún vecino, del cartero, de cualquier otra cosa.

Pero no. Era papá.

Papá, de pie frente a mí, tenía su porte imponente suavizado por algo que no supe definir en ese instante. No traía traje ni su acostumbrada expresión de autoridad; llevaba unos jeans y una camisa de esas que uno se pone para salir sin rumbo claro, para respirar. Su mirada, profunda y serena, me sostuvo por un segundo largo y me dijo, casi en un susurro:

—¿Puedo entrar?

No supe qué decir. Solo asentí y me hice a un lado.

Se sentó en el salón como si cargara un mundo sobre los hombros. Le ofrecí un capuchino, por instinto más que por cortesía, y aceptó. Desayunamos en un silencio que pesaba, un silencio que se rompía apenas por el sonido de las cucharillas, del vapor de la leche, de nuestras respiraciones contenidas... hasta que lo soltó:

—¿Qué hacemos con tu madre? No quiere volver —dijo, mirándome con unos ojos que no eran del todo suyos, sino de alguien que se había desarmado en algún punto del trayecto.

Me quedé mudo. No por sorpresa, sino porque no había una respuesta inmediata para esa pregunta. Solo bajé la vista, respiré hondo y esperé a que siguiera.

—No quiero perderla —continuó—. No así. No sabiendo que se fue con el corazón roto por nuestra culpa.

Hizo una pausa, y entonces vino lo que nunca creí escuchar:

—Tenemos que hacer las paces... tú y yo. Lo necesito. Por ella, por nosotros. Tú eres mi hijo. Sé que fallé y sé que no supe cómo actuar contigo. Pero te quiero. Y no quiero seguir distanciado de ti. No ahora, no después de todo.

Lo dijo con la voz quebrada, y en ese instante entendí que solo ahora lo estaba aceptando. Y así, sin máscaras, sin barreras, nos abrimos. Me habló de sus miedos, de su orgullo, de su forma torpe de amar. Yo también le hablé desde el fondo, desde donde nacen las verdades. Le pedí perdón, nos pedimos perdón. Hablamos como dos hombres rotos, intentando recoger los pedazos de lo que una vez fue nuestra relación.

—Nunca me enseñaron a hablar con el corazón —me dijo—. A mí me educaron para sostenerme en silencio, para resistirlo todo, para creer que el amor se demuestra sin palabras… y eso no siempre es cierto, ¿sabes? A veces hace falta decirlo. A veces, lo que no se dice también duele.

Y entonces, con una calma distinta, añadió:

—Hoy estoy aquí no por deber, sino por amor. Dejé mi orgullo, mi imagen, todo lo que creía que me hacía fuerte y vine como un hombre común, con las manos vacías pero el alma llena de esperanza. Porque cuando amas de verdad, haces lo que sea necesario. A veces se trata simplemente de volver atrás, de pedir perdón, de empezar otra vez.

Me miró largo, como queriendo que esas palabras se quedaran tatuadas en mí. Y se quedaron. Hay momentos en los que uno entiende por fin por qué hacemos lo que hacemos, por qué cruzamos fronteras, dejamos atrás certezas, nos despojamos del ego. Porque cuando el fin es el amor, el acto se vuelve sagrado.

Y no hablo del amor idealizado ni del perfecto; hablo del amor verdadero, el que sobrevive a los errores, el que tiembla pero no se extingue. Ese amor nos arrastra hacia lo esencial; nos obliga a renunciar a lo que somos para volver a ser lo que necesitamos ser.

Ese día, papá —ese hombre fuerte, inteligente, estructurado, muchas veces inaccesible— estaba allí, frente a mí, doblegado por el amor. Dócil, humilde, humano. Me pedía que camináramos juntos, que sanáramos, no solo por nosotros, sino por ella… por Mishu… por todo lo que una vez fuimos. Y yo lo vi. Vi en él el reflejo de lo que alguna vez también quise ser: alguien que es capaz de soltarlo todo por lo que importa. No hay mayor sabiduría que esa.

Hablamos durante horas, como nunca antes. Mencionamos a mamá una y otra vez. Su ausencia se sentía en cada rincón, en cada pausa entre nuestras frases. Ambos coincidimos en lo mismo: la extrañábamos profundamente. No solo como madre o como esposa, sino como ese lazo silencioso que sostenía el equilibrio del hogar:

—No podemos obligarla a volver —dijo—. Pero sí podemos recordarle que la casa sigue en pie, que la mesa está servida, que la seguimos esperando.

Y así fue como ideamos un plan. Uno sencillo, sin garantías, pero lleno de amor. No para traerla de vuelta a la fuerza, sino para hacerle saber que la puerta seguía abierta. Que todo este tiempo habíamos estado preparándonos para volver a empezar… con ella, desde cero, desde lo más humano.

El plan era simple, pero contundente. A veces no se necesita una gran estrategia para cambiarlo todo: solo valentía, amor y la decisión firme de hacer lo correcto. Y eso fue lo que hicimos.

Papá viajaría a verla sin previo aviso, como quien busca un milagro con las manos vacías pero el corazón lleno de fe. La idea era tocar su puerta, mirarla a los ojos, decirle que su descanso ya había durado demasiado, que el hogar la extrañaba y que todos —incluso aquellos que no sabíamos pedir perdón— la esperábamos con los brazos abiertos.

Mientras tanto, yo haría lo propio: tomaría un vuelo a Moscú y prepararía la casa para su regreso, la casa en la que todo había comenzado. La que ahora sería testigo de un nuevo inicio.

Yo llegué unos días antes, con esa mezcla de nervios y esperanza que se siente cuando sabes que algo bueno está por suceder. La ciudad seguía igual: gris, fría, elegante y distante. Pero dentro de ese silencio helado, yo cargaba el calor de una promesa. Me dediqué a ordenar cada rincón como si estuviera limpiando el alma de nuestra historia, encendí luces, abrí ventanas, dejé que el aire nuevo barriera el polvo del pasado y, allí, esperándome, estaba Mishu, mi compañero de tantos años. Mi hermano felino, noble e incondicional; su ronroneo cuando me vio fue el abrazo que necesitaba. Pero también fue un recordatorio silencioso: él también la había extrañado.

Quizá más que todos, porque si hubo alguien que no merecía esa ausencia, ese abandono sin explicación, fue él. Durante esos meses de ausencia, Mishu quedó al cuidado de mi tía Katheryna.

Ella lo cuidó con cariño, pero no era lo mismo. Porque Mishu, como nosotros, no necesitaba muchas cosas para estar bien. Solo su gente. Solo a mamá.

Y entonces, una semana después, ocurrió lo que parecía un deseo imposible. Una tarde, mientras colocaba los cubiertos para la cena, los escuché llegar. Primero los pasos apresurados en la entrada, luego el timbre… y cuando abrí la puerta, ahí estaban.

Papá y mamá.

Ella entró con la sonrisa más grande que le había visto en meses, con los ojos húmedos y el alma vuelta un jardín. Me abrazó tan fuerte que por un momento creí que volvía a tener cinco años. Mishu corrió hacia ella y se enredó entre sus piernas, como si intentara decirle: "No te vayas más". Y papá, al fondo, sonreía. Tranquilo, en paz, como si todo por fin hubiera encontrado su sitio.

Esa noche hicimos una cena que no olvidaremos nunca. Estábamos todos: mamá, papá, yo, Mishu, mis tíos, mis primos rusos —esos que parecen fríos pero saben querer con profundidad—, incluso la tía Katheryna, que ayudó a preparar todo como si siempre hubiese sabido que este día llegaría. Comimos de todo: desde *borsch* y *vareniki* hasta lasaña y paella. Cantamos, reímos, recordamos anécdotas de ambos continentes y, por primera vez en mucho tiempo, no hubo reproches. Solo miradas limpias, corazones abiertos y el eco suave de una familia que se reconstruía sin hablar del dolor, sino celebrando el amor que había sobrevivido a él.

Aquella cena no fue solo una reunión, sino un acto de fe. Un pacto silencioso para no repetir los errores. Una forma sencilla y hermosa de reconciliarnos y sanar.

Pasaron un par de semanas y la casa volvió a tener ese aroma familiar que tanto habíamos extrañado. Se respiraba más que paz, se respiraba hogar. Mamá caminaba ligera por los pasillos, con ese modo suyo de hacer que el tiempo se detuviera cuando hablaba.

Cada tarde, entre cafés, me contaba sus anécdotas de los meses lejos de casa: los amaneceres calurosos, los chismes de sus hermanas, las frutas que solo crecen en su tierra, las oraciones compartidas con su gente y ese sentimiento de pertenencia que solo da el haber nacido en un lugar que te quiere tanto como tú a él. Cada historia suya era un pedacito del paraíso.

También me trajo delicias típicas de allá: dulces, tejidos, libros, remedios naturales y uno que otro recuerdo que le hizo pensar en mí. Era su forma de abrazarme con detalles. Y yo, que no soy de emocionarme con facilidad, me sorprendía a mí mismo sonriendo solo, en silencio, con el corazón un poco más lleno.

Fue en medio de esa calma renovada cuando papá, siempre tan pragmático, me lanzó su propuesta. Una mañana, sin rodeos, mientras desayunábamos, me dijo:

—He estado pensando en lo nuestro, en la empresa, en ti… y me gustaría que te quedaras aquí, que te sumaras de lleno. Alex ya está al mando, podrías trabajar a su lado, ir aprendiendo, y cuando llegue el momento de mi jubilación, todo sería tuyo. Me gustaría dejarte algo más que un apellido.

Su tono era firme, pero había en su mirada una especie de súplica silenciosa. Como si detrás de esa propuesta hubiera mucho más que una simple oferta laboral. Como si me estuviera tendiendo un puente que, al cruzarlo, nos volvería a unir del todo.

Mamá no dijo nada, pero su sonrisa lo dijo todo. Sé que, en el fondo, moría porque yo aceptara. Porque me quedara. Porque volviéramos a ser eso que una vez fuimos: una familia junta bajo un mismo techo.

Y, sin embargo, yo sabía que no podía. No porque no los amara, no porque no valorara lo que me estaban ofreciendo, sino porque algo dentro de mí me lo impedía.

Quizá era orgullo. O algo que se disfraza de orgullo, algo más complejo: esa dignidad que a veces confundimos con libertad, esa sensación de que uno debe seguir su propio camino, no por rebeldía, sino por fidelidad a uno mismo.

En ocasiones, el orgullo no se presenta con gritos ni con distancias. A veces aparece envuelto en palabras serenas, en decisiones razonadas, y se convierte en ese impulso que nos lleva a alejarnos. No porque no nos importe lo que dejamos atrás, sino porque creemos que hay algo allá fuera que debemos encontrar por nuestra cuenta.

Nos aferramos a esa idea de autonomía, de construir algo que no dependa de lo heredado, de ser alguien sin deberle todo a nadie. Y, sin embargo, a veces lo que llamamos "caminar nuestro propio camino" no es más que una excusa poética para no volver a donde fuimos heridos.

Lo pensé mucho. Lo analicé en mis noches de insomnio. Conversé conmigo mismo, intenté buscarle nombres a todo lo que sentía. Y, finalmente, con todo el respeto y el cariño que pude, le dije a papá que no.

—Tengo una vida en Murcia —le dije, con voz firme pero suave—. Por primera vez en mucho tiempo, tengo un plan, un rumbo. Estoy bien. Sé lo que quiero hacer, y ahora que por fin tengo estabilidad, no quiero soltarla todavía.

Papá me miró. No me interrumpió. Asintió con la cabeza, como quien escucha una verdad que ya intuía. Y no insistió. Solo dijo:

—Está bien, hijo. Solo quería intentarlo.

Y yo supe que lo decía de corazón. Que no había frustración ni rencor. Solo la tristeza sencilla de un padre que deseaba tener cerca a su hijo, pero que entendía que los hijos también deben volar, aunque sea lejos.

Así, después de un mes de compartir risas, historias y cicatrices que empezaban a sanar, regresé a lo que ya era mi vida. Volví a Murcia con la maleta llena de recuerdos, con el alma un poco más ligera y con la certeza de que, por más lejos que estemos, cuando el amor es verdadero, uno siempre puede volver.

Porque a veces la distancia también une. Porque a veces decir "no" es una forma profunda de decir "sí" a uno mismo. Y cuando uno se elige, también elige a quienes ama... solo que desde otro lugar y con otras alas.

Capítulo 15 -
Hay cuerpos que no se poseen, se celebran

Volví a Murcia con el corazón lleno. La ilusión me brotaba por los poros como una corriente suave, persistente, serena. Después de todo lo vivido, de las cicatrices, de los desencuentros, de las reconciliaciones que parecían imposibles y finalmente ocurrieron, regresaba con una calma desconocida.

Había emociones desbordadas, pero esta vez eran buenas: gratitud, alivio, esperanza. La vida empezaba a ordenarse, no desde afuera, sino desde adentro. Murcia seguía siendo ese lugar al que siempre le tendría cariño. Allí crecí como hombre y allí también supe renacer. No me pesaba estar allí, pero sí comprendía que el ciclo había llegado a su fin. Los negocios fluían por sí solos, conocía bien a mis proveedores, tenía acciones en discotecas que funcionaban y había formado un equipo confiable que se encargaba de todo con rigor y cuidado. El trabajo en la piscina era parte del pasado: útil, necesario, pero temporal.

Así que tomé una decisión madura: cerrar esa etapa con dignidad. Remodelé el apartamento donde tantas veces me encerré a llorar, donde también grité de alegría, donde conocí el amor y la pérdida. Pinté las paredes de blanco, cambié las cortinas, arreglé el baño, colgué un par de cuadros sencillos pero cálidos. Lo dejé a punto, como quien prepara un altar vacío: limpio, blanco, sin recuerdos, esperando nuevas memorias ajenas que lo exorcizaran del dolor. Lo pondría en alquiler, como una forma de hacer que mi pasado también me sostuviera económicamente en el futuro.

No tenía miedo; esta vez tenía un plan, tenía ahorros, tenía ingresos, tenía visión y, más importante aún, tenía la certeza de que lo que estaba por venir sería mejor.

Así que partí rumbo a Madrid.

La capital me recibió como se reciben los amores grandes: con brazos abiertos, sin hacer demasiadas preguntas, pero con la promesa silenciosa de que todo podía empezar de nuevo. Madrid es una ciudad que no exige explicaciones. Es un corazón latiendo en el centro del país, lleno de historia, de arte, de caos y belleza.

Una ciudad donde puedes pasar de la melancolía a la euforia en una sola calle. Donde cada rincón te susurra que la vida es hoy, que no hay tiempo para medias tintas. Caminar por sus avenidas era como respirar otra vez. Desde el Paseo del Prado hasta el Parque del Retiro, desde la Plaza Mayor hasta la Gran Vía, cada paso era una pequeña conquista.

El atardecer desde el Templo de Debod parecía una escena escrita por el destino para quien busca respuestas. En el bullicio de Lavapiés y la calma de Chamberí, me sentí vivo, acogido, dispuesto. Madrid no era solo una ciudad, era una promesa. Una forma de decirme: aquí puedes construir de nuevo. Y eso hice.

Me había inscrito ya en la Universidad Autónoma de Madrid para estudiar Administración y Dirección de Empresas. Había investigado durante semanas, visitado el campus, leído sobre los profesores, mirado testimonios. Sabía que era el lugar. Iba a estudiar con entusiasmo, con disciplina, con el hambre de quien ha aprendido que el conocimiento es una forma de libertad. No quería depender de nadie más. Quería entender cómo se crean los negocios, cómo se lidera con justicia, cómo se construyen sueños en cifras, pero también en personas. Al mismo tiempo, había encontrado un club de fútbol que me aceptó sin pensarlo dos veces.

Entrenaba por las tardes, jugaba los fines de semana. El deporte seguía siendo una pasión, pero también un complemento perfecto para sostenerme mientras la vida se alineaba. Con el dinero que llegaba desde Murcia, con los pagos por temporada y con uno que otro trabajo de medio tiempo —a veces de camarero, otras en entregas, incluso haciendo tutorías a niños pequeños— iba costeando mis gastos: la renta, la matrícula, el mercado, los libros y, de vez en cuando, una cerveza con amigos. Y en todo ese nuevo orden, sentí algo que no sentía desde hacía mucho: orgullo. No de ese orgullo ciego que a veces se disfraza de dignidad para huir de la vulnerabilidad. No. Este era un orgullo sereno, justo. El de saber que estaba construyendo desde el esfuerzo, desde la coherencia, desde las heridas que se habían convertido en sabiduría. Ya no huía de nada, estaba caminando hacia algo. Y ese algo, por primera vez, llevaba mi nombre.

Mis padres lo sabían todo: cada paso, cada decisión. Sus mensajes eran constantes, sus voces, llenas de aliento, y, aunque estábamos lejos, sentía su amor como una columna que me sostenía. Yo también era su esperanza: el hijo que volvió a creer, el que eligió perdonar, el que decidió no repetir la historia, sino escribirla de nuevo. Madrid me abrazaba. Y yo me dejaba abrazar. Estaba empezando de nuevo, esta vez desde un lugar de verdad.

Había algo especial en tomar el tren cada mañana con la mochila colgando de un solo hombro, como si aún tuviera dieciocho. Me gustaba pensar que engañaba al tiempo, que aún podía confundirme entre los estudiantes que hablaban de exámenes como quien habla de una amenaza lejana. Pero yo sabía bien lo que hacía. En el fondo, claro que lo sabía: era el año 2012, y, mientras muchos aún se estaban sacando el carné de conducir o aprendiendo a vivir solos, yo ya sabía lo que era pagar facturas, sobrevivir a domingos silenciosos y a amores que terminan por cansancio, no por tragedia.

Volver a estudiar no fue una decisión impulsiva. Fue una especie de pacto conmigo mismo. En vez de rendirme al cinismo —tan de moda por aquellos años—, decidí entregarme al estudio con la misma devoción con la que otros se lanzaban a la protesta. Una vez matriculado, me sentía menos extranjero en ese mundo que aún tenía lugar para alguien como yo. Mis días estaban hechos de materias como Microeconomía, que intenté amar como si fuera una persona difícil: distante, impredecible, pero con encanto. A veces no la entendía, y ella tampoco parecía entenderme a mí. Luego estaba Estadística, que parecía más bien un castigo bíblico, y Contabilidad, que tenía el don de hacerme sentir tonto y brillante en la misma hora.

En Derecho Mercantil descubrí lo útil que podía ser saber decir "eso es ilegal" con propiedad, y en Marketing, aprendí que vender humo era más complejo de lo que pensaba. Pero, si algo me sostenía, eran los profesores; y no precisamente porque los amara, sino porque representaban verdaderos retos para mí. Personajes entrañables, incomprendidos y, a veces, bordeando lo excéntrico.

Estaba la profesora Marín, que hablaba de teorías organizacionales como si se tratara de novelas rusas: profundas, densas y con muchos personajes que nadie recordaba. Su pasión era tan contagiosa que, a veces, salía de clase queriendo fundar una empresa o, al menos, escribirle un correo diciéndole lo buena que era, aunque nunca lo hiciera. Luego estaba el profesor Latorre, un hombre con el humor seco de los que han visto demasiado. Sus clases de Contabilidad eran un monólogo teatral sin guion, y cada fórmula venía acompañada de una anécdota absurda sobre el sistema fiscal español o su suegra, a la que parecía temer más que a Hacienda. Muchos de ellos venían cargando sus propias batallas: los recortes, las reformas, la sobrecarga docente y, sin embargo, estaban ahí, explicando la diferencia entre activo y pasivo con una dignidad silenciosa, como si no quisieran que notáramos el esfuerzo que hacían por seguir creyendo en lo que enseñaban. Nadie hablaba de eso, pero yo lo veía y, en cierto modo, me conmovía.

Madrid me recibía como si supiera que necesitaba empezar de nuevo. Yo caminaba por sus calles con una mezcla de asombro y gratitud, como si la ciudad me abrazara con cada rincón, con cada café pequeño en Malasaña, con cada tarde de biblioteca que terminaba en una caña mal tirada en un bar sin nombre.

La ciudad ardía de vida y de protestas. Las huelgas generales, los carteles en la Puerta del Sol, las "mareas blancas" de médicos marchando por la sanidad pública, los jóvenes gritando "¡No hay futuro!" mientras yo pensaba, en silencio, que quizá sí lo había… al menos para mí.

Tuve suerte. Mucha. La crisis económica golpeaba por todos lados, como un viento helado que se colaba por las rendijas del país. Pero a mí, por alguna razón, me pasaba de largo. Tenía un trabajo estable, ingresos suficientes y un pequeño piso alquilado cerca de la universidad, donde las paredes eran finas y los vecinos cotillas, pero el sol entraba por la ventana cada mañana como una promesa cumplida.

Tenía amigos, y tenía el club, ese espacio donde podía mover el cuerpo y dejar que la mente descansara un rato. Todo parecía estar, y fue en medio de ese equilibrio inestable, entre manifestaciones y clases, cuando apareció Sandy, la mujer que conocí sin buscarla, sin sospecharlo y sin que nada en mí estuviera preparado. Sandy —así le decían todos, aunque su nombre real era Sandra— tenía esa naturalidad de la gente que no necesita presentarse.

Entraba a una sala y no lo hacía en silencio, aunque tampoco hacía ruido: era como si, simplemente, el aire decidiera girar a su favor. No era una belleza clásica y, sin embargo, todos los chavales querían tener rollo con ella. Y no lo disimulaban. Las miradas de lujuria le resbalaban como la lluvia en los cristales del tren; a veces las recogía con una sonrisa medio irónica, medio curiosa, como quien mira desde arriba un juego que conoce demasiado bien.

Ya estaba graduada en ADE y cursaba una maestría en Dirección Financiera Internacional, un título que sonaba más rimbombante que su forma de explicarlo. Daba tutorías en análisis económico avanzado, una de esas materias que parecían diseñadas para dejarte en evidencia. Allí fue donde la conocí: en una tutoría que no necesitaba, pero que tomé igual, porque algo me decía que cualquier cosa que viniera de la vida —así fuera una clase extra— podía ser una señal.

Y vaya si lo fue.

Fue ella quien me invitó a salir. Así, sin rodeos. Ni una insinuación, ni una táctica envolvente. Me miró al final de la sesión y dijo:

—¿Vamos a por un café o eres de los que estudian hasta tarde y no viven?

Acepté. Claro que acepté. Uno no dice que no cuando la vida le lanza una oportunidad con forma de mujer brillante, directa y con el pelo alborotado como si acabara de salir de un sueño. Lo curioso es que no era el tipo de mujer que a mí me atraía. Y eso no era un juicio contra ella, sino más bien contra mis viejas ideas, esas que uno arrastra sin cuestionar. Pero en ese tiempo andaba abierto a todo lo que el mundo quisiera ofrecerme, como si por fin hubiera entendido que el plan no era controlar el destino, sino aprender a abrazar lo que llega.

Y Sandy no llegaba, irrumpía. No pedía permiso ni daba demasiadas explicaciones. Lo más fascinante de ella no era su simpatía, ni siquiera su sensualidad —que era evidente—, sino esa calma con la que sostenía sus ideales. Era ardiente, pero no impulsiva; sabía lo que quería, no se aferraba a nada, pero tampoco cedía terreno. Tenía una forma de mirar la vida que parecía forjada en fuego y temple, como si cada cosa que sucedía fuera exactamente lo que tenía que pasar, y no perdía tiempo resistiéndose al mundo.

Podía soltar algo como:

—La vida es un número de días contados, así que dime, ¿vas a seguir calculando riesgos o vas a vivir de una vez?

Y uno no sabía si estaba ligando o revelando una verdad ancestral.

Empezamos saliendo sin muchas pretensiones. Cafés, paseos, noches de cerveza barata y conversaciones en bucle sobre los sistemas económicos que colapsan y los sentimientos que no se dejan contabilizar. Me enseñó a bailar, aunque mi sentido del ritmo seguía siendo un desastre. Se reía de mí, pero con cariño, y yo me dejaba reír. Al cabo de tres meses, el juego se hizo más íntimo. De un momento a otro, nos enrollamos, como se dice en la jerga universitaria.

El paso fue natural, casi inevitable. No fue una historia de cine, pero sí fue una complicidad que me hacía sentir cómodo, visto, acompañado. Empezamos una relación que iba más allá de la amistad. Y, sin darme cuenta, se convirtió en mi chica. Aunque no siempre lo decía en voz alta. Había algo en mí que aún caminaba con cautela, como quien no quiere romper la magia nombrándola demasiado pronto. Pero con Sandy no había prisas. Ella no exigía definiciones, solo presencia. No pedía promesas, solo honestidad.

Y así, entre clases y protestas, entre sueños de Excel y noches en Malasaña, empezó una etapa nueva, porque, a veces, el placer —o lo que se le parezca— no llega como un rayo, sino como un suave pero persistente movimiento de tierra bajo los pies. Algo cambia. Y ya no hay vuelta atrás. Fue como si alguien hubiera abierto una ventana nueva. Llegó sin aviso, sin ruido, sin promesas. Y, sin embargo, con ella empezaron a cambiar los días. Empezaron a oler distinto. A pesar de todo el ruido del mundo, a pesar de los balances de pérdidas y ganancias, de las estadísticas del paro y del miedo al futuro... con Sandy, algo empezaba a arder.

Al principio, parecía caminar con una dulzura inesperada. Aunque era una mujer extrovertida, risueña, la que sabía hablar en voz alta sin perder la gracia, durante las primeras semanas de relación dejó asomar una ternura que, más que esconderse, parecía simplemente estar esperando el momento justo para revelarse. No era la ternura empalagosa de los cuentos románticos, sino una forma sutil de cuidado, un lenguaje mudo que se manifestaba en gestos pequeños, en cómo me acomodaba el cuello del abrigo antes de entrar al metro, en cómo me ofrecía siempre el lado de la cama más alejado de la ventana, en la forma en que me miraba cuando yo decía una tontería, con esa mezcla de cariño y desafío.

Ya sabía que era apasionada, claro. Lo notaba en la forma en que hablaba de sus ideas. Tenía convicciones claras, sin adornos, sin tibiezas. Era una mujer que parecía haber leído a Epicteto sin haberlo abierto jamás. La vida, para ella, no era lo que ocurría, sino lo que uno decidía hacer con eso que ocurría. Nada le era dado por sentado y, sin embargo, no se quejaba, no se aferraba al dolor, no temía a la pérdida, pero tampoco huía de la alegría ni de la lucha. Entendía que todo era efímero y, justo por eso, lo vivía con mayor intensidad.

En las marchas a las que me arrastró, lo vi con claridad. Gritaba consignas como si en cada palabra se le fuera un pedazo de alma. Apoyaba a los profesores del paro con la misma pasión con la que defendía a los inmigrantes, a los trabajadores, a cualquier causa que implicara justicia, dignidad y resistencia. Y lo hacía con una entrega que no parecía militante, sino amorosa. Como si el amor, en su versión más pura, no fuera un asunto de pareja, sino una postura ante el mundo.

Con los meses, aquella ternura inicial no se desvaneció. Se transformó. La dulzura dio paso a algo más intenso, más visceral, más físico. La pasión, en ella, no era un accidente. Era una forma de existir. Y ahí entendí algo que los libros de filosofía apenas insinúan: que el deseo —cuando no es posesivo ni ciego, cuando no busca someter, sino compartir— puede ser una forma de verdad. Con Sandy, el cuerpo se volvió palabra. No hablábamos de sexo: lo vivíamos como si fuera un idioma secreto que solo ella manejaba con fluidez. Tenía una forma de mirarme que desnudaba sin tocar, que invitaba sin pedir. En los pasillos de la universidad, en el ascensor, en medio de una conversación sobre teorías económicas, de repente giraba el rostro y me lanzaba una de esas miradas cargadas de una promesa tácita. Y yo sabía que la noche no terminaría en silencio.

Las noches con ella eran intensas, largas, absorbentes. Y, a veces, los días también. No era vulgar, no era torpe, no era ruidosa. Era simplemente insaciable, pero no de mí, sino de vivir a través del cuerpo, de atravesar el mundo con todos los sentidos. Decía que era como una buena canción: no se explica, se baila. Y conmigo bailaba cada nota con precisión quirúrgica, con hambre de todo, con una alegría física que me desarmaba.

No había prisa, pero tampoco pausa. No había vergüenza, solo deseo, y un profundo respeto por el fuego que se encendía entre nosotros. Me enseñó que el deseo no era lo opuesto al amor, sino su hermano descarado, rebelde, libre. Que hay cuerpos que no se poseen, se celebran. Que el sexo, bien entendido, puede ser una forma de estudio del otro: sus gestos, sus vulnerabilidades, su coraje.

Con ella entendí que el cuerpo también piensa, también recuerda, también toma decisiones. Y el suyo, cuando me buscaba, no preguntaba: afirmaba. Me devoraba sin pedir permiso, pero sin arrebatarme nada. Me dejaba intacto, pero al mismo tiempo renovado. Sandy no quería solo placer, quería presencia, entrega, realidad. Por eso, cada encuentro con ella era como una batalla silenciosa contra el vacío, contra la rutina, contra la apatía. Era como si su forma de amar —porque sí, aquello era una forma de amar— fuera también una forma de protesta. Amar el cuerpo de alguien como si el único acto revolucionario posible fuera tocar, mirar, fundirse… sin miedo. No me enseñó el amor, pero sí me enseñó la pasión como forma de conocimiento.

No fue una relación duradera, y tal vez por eso mismo fue tan intensa. Porque el placer —como el fuego— no sabe quedarse: solo devora y transforma, y cuando ya no hay más que consumir, simplemente se apaga, sin remordimientos. Mientras vivíamos aquello, ya intuía que esa pasión no estaba hecha para quedarse a dormir. El deseo, como fenómeno biológico, es una respuesta que el cuerpo lanza para perpetuarse: una reacción química impulsada por la novedad, por el misterio, por la conquista. Pero lo que nadie te dice es que el cuerpo, cuando ya conoce el terreno, deja de necesitar esa descarga tan urgente, y entonces sobreviene el silencio.

Socialmente, el deseo nos convierte en cómplices, nos acerca sin filtros, nos da la ilusión de estar realmente unidos; pero, en realidad, se trata de dos soledades buscando, desesperadamente, no sentirse solas. El placer, aunque intenso, no construye: solo distrae. No edifica, consume. No conecta a largo plazo: solo alumbra brevemente y luego exige otro motivo para encenderse.

Y, sin embargo, qué maravilla fue arder con ella.

Sandy me ayudó más de lo que ella misma supo. Me apoyó en mis estudios, en mis crisis personales, me enseñó a reír incluso en los días de exámenes, me mostró que detrás de cada teoría administrativa también había una historia humana. Y, aunque nuestra relación se fue gestando entre miradas de deseo y gestos de complicidad, también hubo ternura, paciencia y muchas risas.

Aprendí con ella no solo a estudiar mejor, sino a escuchar mejor, a tocar mejor, a besar mejor. Fue mi iniciación, no al sexo, sino a la intensidad de ser deseado por alguien que no tenía miedo de expresarlo, que no temía mirar con hambre ni desear sin culpa.

Era fuego, y con ella yo ardí. Nos devoramos desde el primer mes, o incluso desde la primera cita. Ella me miraba como quien se sabe poderosa y no necesita esconderlo, como quien ha dejado de pedir permiso y vive con el cuerpo por delante y la mente alerta. Lo nuestro fue una fusión, una tormenta, un estallido constante de deseo que no entendía de relojes ni de normas sociales, y, aunque sabíamos que lo nuestro no iba más allá del presente, nos entregamos sin reservas, como si el mundo acabara cada vez que nos besábamos.

Vivimos con urgencia, como si cada encuentro fuese el último. En público, todo era juego, silencio, miradas cargadas de electricidad, roces que pasaban por accidentales, pero que contenían toda la historia. En privado, éramos una danza imparable, una coreografía sin guion en la que el cuerpo de cada uno hablaba con fluidez un idioma que jamás se aprende en ningún aula. Con ella conocí lo que era ser reclamado con la mirada, deseado en cualquier lugar, sorprendido por la intensidad de una pasión que no pedía explicaciones. Me enseñó que el deseo podía ser alegre, libre; que el placer no tenía por qué estar manchado de culpa, y que entregarse también podía ser una forma de afirmarse.

Era insaciable, y no solo en el sentido físico, sino en el sentido más vital: deseaba la vida, deseaba al otro, deseaba experimentar, sentir, reír, gritar, tocar, besar, amar, aunque fuera por unas horas. Con ella descubrí que la pasión puede ser una forma de filosofía encarnada, una afirmación pura del instante, una manera de decir: "Aquí estoy, ahora quiero esto, y lo quiero todo".

Pero el tiempo pasó, como siempre pasa, y con él llegó ese momento inevitable en el que uno se da cuenta de que ya no hay más por explorar, que el mapa ya ha sido trazado, que la novedad se volvió rutina y que la intensidad no tiene raíces. Empezamos a discutir por tonterías, a no entendernos donde antes todo fluía, a buscar en el otro lo que ya no estaba. Nos despedimos una tarde cualquiera, con su rencor envuelto en silencios punzantes y mi orgullo herido tratando de no mostrar tristeza.

No me dolió tanto, para ser honesto, porque ya no me quedaba nada por extrañar. Durante un tiempo seguimos viéndonos en la universidad, al principio con esa frialdad elegante de quienes se han visto completamente desnudos pero fingen que no pasó nada; después, con cierta cortesía distante, hasta que un día dejó de doler verla con otro, dejó de importar si seguía enseñando o no, dejó de ser alguien especial para convertirse en una más entre la multitud.

Y fue mejor así. Nunca supe más de su vida, y no me hizo falta. Me bastó lo que vivimos, lo que aprendí, lo que ardimos.

La universidad siguió, yo seguí, y ella, imagino, también. Lo nuestro no fue un error ni una pérdida, fue simplemente lo que tenía que ser: un incendio hermoso, fugaz, necesario, que me dejó cicatrices dulces y una comprensión más honda de mí mismo. Sentí paz. Y una libertad extraña, como la que se siente cuando uno cierra un capítulo con todas las páginas leídas.

Los semestres fueron pasando con una naturalidad casi silenciosa, como si el tiempo hubiese entrado en una sincronía precisa que yo apenas notaba. La rutina universitaria me abrazaba con cierta calma: clases por la mañana, lecturas por la tarde, alguna tutoría aquí y allá, cafés interminables en la cafetería de la facultad y algún que otro debate espontáneo sobre si la economía debía regirse por la lógica de los números o por la urgencia de la justicia social.

Fue justo cuando me encontraba a mitad de carrera —ese punto en que uno ya no es novato pero aún no se siente experto— cuando conseguí un trabajo que resultó ser una bisagra entre lo que aprendía y lo que deseaba para mi vida profesional.

Empecé a trabajar de manera remota como analista de expansión para una consultora internacional especializada en mercados emergentes. No era poca cosa: evaluaba posibilidades de inversión, analizaba riesgos geopolíticos y proponía rutas estratégicas para la entrada de empresas extranjeras. Sonaba bien en mi currículum y, mejor aún, me permitía aplicar de forma directa muchos de los conceptos que veía en clase: rentabilidad, análisis financiero, planificación estratégica, evaluación de entornos macroeconómicos.

La administración ya corría por mis venas con ritmo propio y, aunque nunca dejé de cuestionarme cosas, había aprendido a amar esa danza constante entre el orden y la incertidumbre.

Soñaba con dirigir grandes empresas, con tomar decisiones importantes, con algún día levantar la cortina de una compañía que llevara mi nombre.

Pero no era fácil definirse del todo cuando, entre las páginas de mis apuntes, se colaban las voces de Adam Smith, de Keynes, de Hayek y, cómo no, la mirada crítica y profundamente humana de Marx. Me debatía entre los que confiaban ciegamente en la mano invisible del mercado y los que entendían que sin justicia no hay equilibrio.

La teoría de juegos me fascinaba tanto como la lucha de clases; la eficiencia me parecía deseable, pero sin olvidar que detrás de cada número había una historia, una familia, una vida. Así que, como no encontraba una sola escuela de pensamiento que me representara, elaboré la mía propia: una síntesis estratégica, pragmática, pero sin perder de vista la humanidad. Algo muy parecido a lo que ya había visto en papá, con sus silencios sabios y su sentido común desarmante.

Tiempo después pensé en obtener una doble titulación. No me bastaba con entender la gestión interna de las organizaciones; quería comprender el pulso de los sistemas, los ciclos, la historia que se esconde detrás de los precios y las curvas. Complementé Administración con Economía. Profesionalmente, me ofrecía un abanico de oportunidades más amplio: desde consultoría hasta organismos internacionales, desde banca hasta investigación. Pero, más allá de lo laboral, me ofrecía una comprensión más profunda del mundo.

Aprendí a leer el diario con otros ojos, a entender la política más allá del ruido, a ver las empresas como actores dentro de un tejido más complejo que simplemente vender y ganar.

Eso sí, el fútbol no dejaba de ser un latido paralelo y constante. No era solo un pasatiempo, era una necesidad, un cable a tierra. Pertenecí a varios equipos, saltando de uno en otro según la temporada o, por qué no admitirlo, según quién pagara mejor. El deporte me equilibraba. Me obligaba a desconectar, a sudar, a competir, a celebrar. Y, aunque no dormía tanto como debía, supe organizar mis tiempos: madrugadas para leer, tardes para estudiar, noches para entrenar, fines de semana para trabajar.

No todo era disciplina, claro: siempre había un hueco para una birra fría con los colegas, para un partido improvisado de PlayStation o para una charla larga bajo el cielo madrileño. Así pasaban los días, intensos, exigentes, pero llenos de sentido. Como si la vida me estuviera entrenando no solo para ser profesional, sino para ser persona.

Capítulo 16 -
Aprendiendo como caminar

Faltando un semestre para terminar la universidad, ocurrió algo que no esperaba en lo más mínimo y menos aún en el terreno que me servía de refugio: el fútbol. Fue en un partido de semifinal de temporada, contra el Club Deportivo Moratalaz, un equipo local con garra, joven, intenso, al que ya habíamos enfrentado antes, pero nunca con tanta tensión acumulada.

Era una de esas tardes de otoño madrileño en las que el aire huele a hojas secas y a esfuerzo humano. Las gradas estaban más llenas de lo habitual, los cánticos se alzaban en oleadas desordenadas pero potentes, y el balón rodaba entre piernas nerviosas que sabían que ese partido podía cambiarlo todo.

Yo jugaba de mediocentro ofensivo, una posición que me obligaba a pensar con rapidez, moverme sin descanso y asumir riesgos que, hasta ese día, me parecían una extensión natural de mi carácter. Corría el minuto 65, el marcador iba empatado, y me llegó un pase filtrado que me obligó a girar el cuerpo con violencia para dejar atrás al defensa. Lo vi venir: un cruce mal calculado, una entrada a destiempo, un choque en seco.

Sentí el crujido exacto de algo que no debía crujir. La rodilla izquierda se me fue hacia un lado con una docilidad espantosa, como si ya no me perteneciera. Caí de inmediato, sin posibilidad de engañar al cuerpo. No fue un dolor punzante, fue un vacío, un hueco donde antes había firmeza.

Los gritos se confundieron con los míos, alguien pidió una camilla, el árbitro se llevó las manos a la cabeza. Me sacaron del campo entre aplausos y silencio, y yo ya lo sabía. Lo supe antes de que ningún médico me lo confirmara: me había roto los ligamentos cruzados anteriores. Una lesión traicionera, quirúrgica, devastadora para cualquier deportista. La operación fue inevitable, extensa, milimétrica, con pronóstico reservado. La recuperación, lenta, frustrante y al borde de la desesperación.

Entre fisioterapia, muletas y un sinfín de ejercicios ridículos que uno hace con el orgullo roto, pasaron casi nueve meses antes de que pudiera trotar de nuevo con seguridad.

Ese accidente, que en otro momento me habría destruido, me regaló, curiosamente, algo de tiempo y foco. Me obligó a concentrarme en lo que me quedaba por cerrar: el Trabajo Final de Grado, ese monstruo académico que los estudiantes arrastramos como si fuera un rito de paso. El mío trató sobre "Estrategias de desarrollo económico sostenible y el rol de la empresa privada como motor de reconciliación social". Un estudio profundo, entre lo económico y lo social, entre lo técnico y lo humano. Me basé en modelos híbridos de crecimiento endógeno, pero también en experiencias reales, en empresas que habían transformado comunidades con más sentido que ambición.

Analicé datos, recorrí literatura académica, construí hipótesis y hasta incluí entrevistas con empresarios y líderes comunitarios. Fue un trabajo ambicioso, lleno de matices, como yo mismo en ese momento. Pero nada de eso pareció impresionarle a la profesora que debía evaluarlo: la doctora Carmen de las Heras, catedrática en Economía Aplicada, mujer rigurosa hasta la extenuación, de esas que hacen temblar las aulas con una ceja levantada. Desde el principio puso objeciones.

No sé si era algo personal, si mi forma de expresarme no le convencía, si mi acento aún ruso le generaba prejuicio, o simplemente mi trabajo no le gustó. Hubo debates intensos, correcciones casi sádicas, plazos imposibles, y más de una reunión en la que terminé saliendo con los dientes apretados. Yo acaté todo. Pulí, modifiqué, reformulé. Leí más. Cambié de marco teórico tres veces. Incorporé lo que me pidió, aunque en el fondo sentía que lo que quería no era un buen trabajo, sino mi rendición.

Mis altercados con ella me volvieron más fuerte, y también me torcieron algo por dentro. Por primera vez, dejé de ver a los profesores como aliados. Empecé a percibirlos como obstáculos, como jueces más preocupados por la forma que por el fondo, por la obediencia que por la creatividad. Me fastidiaban sus aires de superioridad, sus formas secas, su tendencia a juzgar sin conocer del todo la historia detrás de cada estudiante. Desde ese momento, y por mucho tiempo, los profesores en mi vida dejaron de ser referentes y pasaron a ser contrincantes. No todos, claro. Más tarde me daría cuenta de que también los hay generosos, brillantes, capaces de sacar lo mejor de uno sin anularlo. Pero Carmen me dejó una cicatriz más difícil de sanar que la de la rodilla.

A pesar de todo, el día de la presentación llegó y todo salió en orden. Sin sobresaltos. Con preguntas retóricas que sabía responder de memoria y una seguridad que me costó años construir. Fue así como, a mis 31 años, obtuve la doble titulación: Administración y Economía. Y, con ella, cerré una etapa que no fue solo académica, sino profundamente vital. Empecé mi vida laboral con la satisfacción que solo provocan los retos cumplidos: con una herida en la rodilla, una tesis bajo el brazo y un corazón tranquilo que latía en paz.

La recuperación de la operación en mi rodilla no fue nada fácil. Me habían diagnosticado una rotura total de ligamentos cruzados anteriores tras aquella entrada desafortunada en plena semifinal, una de esas que se ven en cámara lenta, como si el universo quisiera asegurarse de que entendieras que algo dentro de ti acaba de cambiar para siempre. La operación fue exitosa, claro, porque la medicina deportiva en España está bastante avanzada, pero eso no quita que los meses que vinieron después fueran una especie de purgatorio físico y mental.

El dolor, al inicio, era punzante, traicionero, una especie de latigazo que aparecía incluso cuando no me movía. Dormir era un reto, caminar una odisea y subir escaleras, un castigo. Me indicaron rehabilitación intensa durante seis meses, tres de ellos con fisioterapia casi diaria y ejercicios de movilidad que parecían sencillos pero que, para mí, eran verdaderas pruebas de fuego. Lo más frustrante no era el dolor en sí, sino la sensación de pérdida: no solo estaba dejando el campo, estaba dejando un sueño que había cultivado desde niño.

Desde un punto de vista médico, una lesión de este tipo no solo compromete la estabilidad de la rodilla; compromete también la confianza que uno tiene en su propio cuerpo. Todo se desajusta, y cada paso que das con la pierna operada lo das con el miedo de que falle. Cada vez que la apoyas, se activa en la mente una alarma que antes no existía.

Lo físico se recupera más rápido que lo emocional.

La sensación de limitación, de ser menos ágil, menos fuerte, se te cuela hasta en la autoestima. Yo, que me sentía invencible en el campo, pasé a sentirme un viejo prematuro cojeando entre muletas. Pero fue en esa debilidad donde encontré un nuevo tipo de fuerza.

Para esa misma época, y quizá como una respuesta directa a la necesidad de reconstruirme, cambié de trabajo dos veces. El primero fue en una prestigiosa consultora económica que trabajaba para el sector energético en Madrid. Allí manejaba grandes cuentas de clientes industriales y participaba en análisis de rentabilidad, optimización de costes y modelos predictivos de precios en función de la geopolítica.

Era un trabajo de peso, técnico, frío y muy bien remunerado. Pero había algo en mí que empezaba a buscar otro tipo de adrenalina, algo menos corporativo, más visceral. Fue entonces cuando di un giro que nadie esperaba, ni siquiera yo: acepté un puesto en el mundo de los casinos. Y no como simple administrador, sino como director general adjunto de una de las cadenas más grandes de España.

Un negocio tan apasionante como peligroso, que en muchos aspectos se comporta como un sistema bancario alternativo, donde el dinero circula con una velocidad casi absurda y con una lógica propia, muy alejada de los modelos financieros tradicionales.

"Si existe un lugar donde la economía fluye de forma casi orgánica, es en los casinos." Es un microcosmos. La gente entra con la esperanza de multiplicar lo que tiene, de cambiar su suerte, de olvidar el mundo. Y tú, desde la oficina, manejas ese flujo como un maestro de ceremonias invisible. El margen de ganancia está en la estadística, en el diseño de las probabilidades, en el tiempo que un jugador pasa frente a una máquina.

Nada es casual, todo está programado para que la casa gane. Siempre. Y, aun así, la ilusión de poder vencer a ese sistema sigue siendo más fuerte que cualquier cálculo racional.

Como espectador privilegiado, descubrí el trasfondo humano de ese mundo. Vi empresarios exitosos caer en la adicción silenciosa de las ruletas electrónicas, amas de casa jugando lo que no tenían, jóvenes intentando recuperar el dinero de la renta con una mano de blackjack. Pero también vi la euforia, la felicidad genuina de quienes ganaban, aunque fuera por una noche.

El casino es un escenario donde se mezclan la codicia, el deseo, la suerte y la desesperación. Es un mundo donde los límites morales se diluyen y donde el dinero deja de ser herramienta para volverse una especie de religión.

Desde mi puesto de alta gerencia, participé en procesos de expansión, aperturas de nuevas salas en Valencia, Sevilla, Zaragoza y, por supuesto, Murcia, hasta en la digitalización del negocio con plataformas online. Fue excitante, embriagador y, de algún modo, adictivo. Estaba en el centro de un imperio económico disfrazado de espectáculo. Tenía poder, contactos, dinero y una historia para contar que parecía sacada de una película. Pero también sabía que ese no era un lugar en el que quisiera quedarme para siempre, porque detrás de las luces de neón, del sonido de las fichas cayendo y los tragaperras girando, había un silencio que solo escuchan quienes, como yo, han aprendido a mirar más allá del brillo.

El trabajo era divertido, aunque extenuante. A menudo se tiene la idea romántica —y equivocada— de que en este campo se disfruta más de lo que se trabaja, como si vivir entre luces y cóctel fuera sinónimo de placer continuo. Pero nada más alejado de la realidad. El mundo de los casinos es una maquinaria feroz donde la estadística te devora si no sabes domarla, donde cada movimiento debe ser calculado al milímetro y donde las jornadas laborales se alargan hasta desdibujar los límites entre día y noche, semana y fin de semana, trabajo y vida. Puedes pasar días enteros sin descansar bien y, de repente, cuando por fin logras respirar un poco, te programan una reunión fuera de la ciudad o, peor, fuera del país, como si el tiempo no fuera más que otra ficha sobre la mesa.

No me disgustaba del todo. Ya estaba adaptado a trabajar de sol a sol, a vivir entre horarios imposibles y a improvisar estrategias mientras cruzaba ciudades en tren o en avión. Pero sí, muchas veces me dejaba sin tiempo —o sin alma— para atender el fútbol, que todavía seguía siendo una llama encendida dentro de mí, aunque más tenue.

Lo más difícil de mi cargo, sin embargo, no fue la carga horaria ni la responsabilidad financiera. Lo más duro, lo más real, fue la cara humana de todo ese sistema; el momento en que debía ejercer un poder que no buscaba, un poder que me convertía, sin querer, en juez del destino de otros. Había casos complicados, situaciones que exigían más humanidad que técnica, más ética que administración.

Recuerdo especialmente a un hombre —lo conocíamos como "el doctor"—, porque al parecer alguna vez había sido médico. Llegó por primera vez una noche cualquiera, apostando con mesura, con elegancia, como quien sabe controlar sus emociones y conoce el juego. Era de esos jugadores que no levantaban sospechas, que parecía que venían solo a entretenerse después del trabajo, pero pronto su presencia se volvió constante. A diario, a toda hora. Primero eran fichas moderadas, luego fajos de billetes. No pasó mucho tiempo antes de que empezara a pedir crédito, primero a nombre propio, luego a través de conocidos. Nosotros lo sabíamos. Desde mi oficina se veían los registros, los límites excedidos, los intentos de disfrazar sus pérdidas en movimientos calculados. Las cámaras mostraban más de lo que deberían. Sus ojeras, su camisa arrugada, su gesto cada vez más desesperado. No era un jugador más: era alguien desmoronándose.

Y tuve que tomar una decisión. Había un protocolo, claro, pero también había humanidad. Bloqueamos su acceso. Le vetamos la entrada y eso fue todo. O al menos eso fue lo que pensé. Esa experiencia me persiguió por mucho tiempo. Me hizo mirar el mundo del juego desde otra óptica, más cruda, más desnuda. Comprendí que el juego —ese que para muchos es solo diversión—, para otros se convierte en un abismo donde lanzan sus miedos, sus frustraciones, sus vacíos.

Apostar no es solo jugar: es querer vencer algo que ni siquiera puedes nombrar. Es rogarle al azar que te devuelva el control de una vida que se te ha escurrido entre los dedos. Desde entonces agradecí, en silencio, todo lo que había vivido hasta ese momento. Agradecí no haber caído jamás en un vicio así, a pesar de todas las heridas, de los momentos de soledad, de la intensidad emocional de tantas relaciones rotas. Porque cuando uno está quebrado, vulnerable, roto por dentro, el azar parece una solución, una promesa falsa de reparación. Y en mi vida hubo momentos en los que podría haber caído. Pero no lo hice. No porque fuera más fuerte, sino porque encontré otras formas de lidiar con el dolor.

El mundo del juego es seductor porque ofrece una salida rápida, pero también es despiadado porque siempre cobra con intereses el favor que te concede. Hay quienes entran buscando ganar dinero y terminan perdiendo su dignidad, su familia, su salud mental. Y, una vez dentro, salir no es solo dejar de apostar: es reconstruirse desde los escombros; es enfrentar lo que te llevó a buscar refugio en la suerte. Con los años entendí que no todos los que juegan pierden, pero todos los que se pierden empezaron jugando. Y esa frase, que repetía mentalmente cada vez que firmaba un informe o aprobaba un nuevo local, fue mi forma de recordarme que, a pesar de todo, aún tenía un centro. Un norte. Una conciencia.

Siempre llevé el negocio con un sentido claro de ética, una brújula moral que, aunque a veces temblara, nunca llegó a romperse. Denegué accesos, impuse restricciones, cerré puertas a quienes, evidentemente, estaban siendo arrastrados por el vicio. No era fácil. A veces venían con súplicas en los ojos o con amenazas veladas entre los dientes, pero en mi interior sabía que si me rendía ante eso, traicionaría todo en lo que creía. Y, aunque muchas veces esa postura chocaba con la visión de mis jefes — que veían los números como dioses incuestionables, sin importar lo que quedara detrás de ellos—, yo prefería perder beneficios antes que empujar, aún más, a alguien al borde del abismo.

De alguna forma, eso me daba paz. No solo por mí, sino porque sabía que cuando alguien se pierde en el juego, no lo hace solo: se lleva consigo a su pareja, a sus hijos, a sus padres, a su futuro entero. Las ruinas del ludópata no son individuales; son compartidas, expansivas, devastadoras. Y yo no podía —ni quería— cargar con eso en la conciencia. Mi lema, mi consigna silenciosa, era preservar la esencia de estos lugares: el juego como recreación, como entretenimiento moderado, como una pausa dentro de la rutina. No como un escape existencial. No como un analgésico para el alma. Claro, esto me granjeó algunos enemigos discretos dentro del sistema, pero también me hizo ganar respeto donde realmente importaba.

Sabía moverme en el medio. Tenía ojo para los mercados, para las estrategias, para detectar oportunidades antes de que fueran tendencia. Introduje nuevos formatos de juego, enfoques tecnológicos más atractivos, mejoré la experiencia del cliente sin caer en la trampa de fomentar la adicción. Aposté por la innovación como camino hacia la rentabilidad, no por la explotación del más débil. Y funcionó.

Gracias a esa visión —que algunos tacharon de idealista y otros de ingenua, pero que en el fondo era simplemente humana—, el sector de los casinos en Madrid y sus alrededores vivió una transformación. Ganó prestigio, ganó estructura y ganó una cara menos oscura. Y sí, también ganó dinero. Pero un dinero que no me sabía a sangre ni a lágrimas, sino a esfuerzo, a trabajo bien hecho, a equilibrio entre lo que se puede y lo que se debe hacer. Nunca me consideré un salvador, ni un héroe, ni mucho menos un ejemplo. Solo intenté que, dentro de un mundo tan ambiguo, tan lleno de luces y sombras, mi paso no dejara más oscuridad. Porque, en el fondo, uno siempre es responsable del daño que decide no evitar.

Paralelamente, mi vida con el deporte comenzaba a encontrar una nueva forma, una nueva cadencia más pausada pero también más consciente. Después de la lesión en la rodilla, perdí forma, perdí ritmo y, siendo honesto, también perdí la ilusión de brillar como un futbolista consagrado. Ya no tenía la edad ni el cuerpo para competir al más alto nivel y, aunque en otro momento eso me habría dolido como una derrota, ahora lo entendía con aceptación. La figura que idealicé de adolescente, ese yo que alguna vez soñó con estadios coreando su nombre, se fue difuminando sin rencor, como se desvanecen los sueños al amanecer, cuando entendemos que el verdadero día nos espera en otra parte.

Mi destino no estaba en las canchas ni en las tribunas, sino en las salas de juntas, en los números, en los mapas de proyección, en el arte de dirigir masas y de leer el mundo a través de estadísticas. Y no me resultaba triste. Al contrario, lo entendía con satisfacción, casi con gratitud, porque el fútbol, aunque no me dio la gloria, me dio algo más valioso: fue mi refugio durante años, mi lugar seguro, mi escape cuando todo lo demás parecía temblar.

Fue mi primera casa.

La más leal.

Por eso nunca lo dejé del todo. Seguí jugando, por amor puro, en clubes menores, en equipos de aficionados y en aquellos fines de semana de descanso que se convertían en verdaderas celebraciones, donde organizábamos torneos improvisados entre amigos, riendo como si el tiempo jamás hubiera pasado.

Capítulo 17 -
El espejo del poder

Madrid finalmente me acogía como un madrileño más. Mis grandes amigos rusos —Gennadi, Tima y Carlo— también se habían mudado allí, y eso me devolvía una sensación de tribu, de pandilla, de esos afectos que no necesitan explicación. Y, como si el destino se hubiera alineado a mi favor, mi prima Irina también vivía en la ciudad, junto a su esposo Fernando y sus dos hijos, Julián y Fernando, a quienes yo, por alguna razón que nunca entendí, llamaba "las ardillas". Quizá por lo inquietos, o por lo tiernos, o porque me robaban el corazón sin pedir permiso.

Irina era ese polo a tierra que tantas veces necesitaba; su casa era un remanso al que podía llegar sin avisar, y esos dos niños se convirtieron en mis cómplices. Jugábamos al fútbol en el parque o al PlayStation por tardes enteras, como si el tiempo se detuviera. Con ellos, la vida volvía a tener un ritmo más sencillo, más amable. Entre goles imaginarios, carcajadas infantiles y el olor a comida casera, entendí que el éxito no siempre estaba en los grandes logros, sino en los pequeños momentos compartidos.

Todo estaba bien. En orden. Parecía que no necesitaba nada más para sentirme completo, para convencerme de que la felicidad —al menos esa versión serena y estable que llega con los años— había echado raíces en mi vida. Pero, como ya lo he mencionado antes, cuando la vida parece estar equilibrada, algo sucede. No siempre para volcarla al revés; a veces, simplemente, para moverla un poco, para ponerla a prueba, o incluso —aunque en el momento no lo sepamos— para mejorarla.

Fue entre reuniones con el club y nuevas inversiones que planeaba hacer con un equipo joven y prometedor del fútbol madrileño cuando apareció ese "algo". O mejor dicho, cuando apareció ella: Nathaly.

Todo comenzó un sábado por la mañana. Nos encontrábamos en una reunión institucional organizada por la Policía de Madrid, de esas que mezclan cordialidad con protocolo, donde se invita a empresarios, representantes de clubes, asociaciones civiles y altos mandos del cuerpo. Un evento que pretendía, en teoría, fortalecer lazos entre sectores, pero que, en la práctica, era una tertulia donde todos jugaban a arreglar el mundo entre cafés y promesas de colaboración.

Fue allí donde conocí al Comisario Principal de Madrid —una figura que imponía respeto desde el primer apretón de manos— y, con él, a su hija, Nathaly. No hizo una entrada ruidosa, ni llevaba un vestido deslumbrante, ni se notaba que quisiera destacar. Vestía de forma sencilla, elegante sin esfuerzo, como esas personas que no necesitan adornos porque saben que su presencia ya lo dice todo. Al principio, me pareció una mujer más. Una española cualquiera. Guapa, pero sin la intención de serlo para nadie.

Nos cruzamos un saludo cortés, una sonrisa amable, sin mayores expectativas, y luego el día continuó entre conversaciones diplomáticas, un asado exquisito en el almuerzo y un par de birras que suavizaron los discursos y nos devolvieron a la simpleza de ser solo personas compartiendo un momento.

Ya con el sol bajando y el ambiente más relajado, improvisamos un partido de fútbol con algunos de los asistentes. El comisario terminó en mi equipo. Fue un partido animado, lleno de risas, choques amistosos y ese entusiasmo casi infantil que el fútbol despierta en cualquier hombre, sin importar el rango o la edad. Ganamos, y fue en esa victoria que, sin saberlo, floreció algo más que una nueva relación institucional: algo silencioso empezó a germinar entre Nathaly y yo. Al terminar, intercambiamos teléfonos con la excusa de compartir fotos del partido, o quizá por puro protocolo. Pero esa misma noche, para mi sorpresa, me escribió.

Primero con un mensaje corto, elogiando mi desempeño en el campo; después, agradeciéndome por el rato tan agradable que había pasado. Algo en su tono era cercano, casi íntimo, como si hubiera visto en mí algo que ni yo recordaba tener. Y sin que lo notara del todo, esa mujer "común", que no esperaba encontrar, comenzó a instalarse en mis pensamientos como si siempre hubiese tenido un sitio reservado en ellos.

Pasé casi dos semanas escribiéndole sin ninguna pretensión real, como quien se asoma a una ventana en la madrugada solo para asegurarse de que el mundo sigue ahí, girando. Le preguntaba cómo estaba, le compartía alguna estupidez, una imagen, una frase, un pensamiento que fingía ser casual. En el fondo, yo sabía lo que estaba haciendo. Estaba buscando algo; a veces uno encuentra justo lo que busca, y ese es el verdadero problema. Creí, con una mezcla de ingenuidad y arrogancia, que quizá lo único que le faltaba a mi vida era un amor sereno, un hogar con forma de abrazo, alguien que pudiera tocar mi espalda y recordarme que no estaba solo. Y pensé, iluso, que Nathaly podía ser eso. Peor aún: pensé que yo podía serlo para ella. Un buen hombre. Un refugio.

Qué ironía más macabra.

Conversar con ella era agradable. Me respondía rápido, a veces con emojis, otras con frases largas que se sentían cálidas. Incluso hubo momentos en los que parecía insinuar una cita, aunque siempre con la sutileza de quien teme que le digan que no. Hasta que un día me adelanté. Le propuse ir a trotar a cualquier parque, compartir aire y risas, a lo que ella aceptó sin dudarlo. Y ese sí tan simple fue el principio de todo. Ese día fue perfecto. Ella vestía ropa deportiva, el cabello recogido, sin maquillaje, y se reía con esa ligereza que tienen las personas que aún no te han conocido del todo. Y yo… yo la miraba como se mira un atardecer, sin saber que esa luz es solo el principio de la noche más oscura.

Vinieron más salidas, más encuentros. Una caminata por Lavapiés, un vino en Malasaña, una pizza a la medianoche en mi apartamento. Y entonces, una noche cualquiera, le pedí que fuera mi pareja. Lo hice sin pensar, sin medir. Solo sentí que debía hacerlo. Que algo dentro de mí quería quedarse. Y ella, con esa ternura casi infantil, aceptó. Y ahí empezó la tragedia. Porque si yo hubiese sabido lo que iba a pasar, no lo habría hecho. No le habría escrito nunca, no habría ido a esa reunión y no habría jugado ese partido. Porque lo que vino después no fue amor; fue destrucción lenta y precisa. Fue una guerra sin disparos, una caída sin final. Me convertí en alguien que no conocía, alguien que me daba miedo, alguien capaz de romper cosas que jamás creyó romper, incluyéndola a ella.

A Nathaly, una mujer que no merecía el infierno que yo le ofrecí, que quizá me amó más de lo que yo supe amar, que intentó sostenernos cuando yo ya estaba tirando de la cuerda para ver cuánto aguantaba. Nos hicimos daño, pero no ese daño de discusiones tontas o diferencias irreconciliables. No. Lo nuestro fue una devastación emocional, una demolición silenciosa, una herida que sangra todavía.

Si pudiera volver atrás, no le habría destrozado la vida de esa forma. Porque eso hicimos: nos rompimos, nos cortamos. Y lo hicimos con tanta intensidad que no quedó nada entero. Nada que pudiera salvarse. Ni un trozo limpio de recuerdo.

Lo más cruel fue que no fue un accidente. Fue una consecuencia. A veces pienso que la filosofía está sobrevalorada; que esos libros que tratan de explicarnos la vida no alcanzan a rozar el verdadero barro donde habitamos. Los estoicos hablaban de virtud, de aceptar lo que no se puede cambiar, de vivir en conformidad con la naturaleza. Pero ¿qué pasa cuando tu naturaleza es destructiva? ¿Qué pasa cuando la aceptas y descubres que dentro de ti hay un monstruo hambriento, un saboteador dormido que despierta en las noches de mayor ternura??

Ni Epicteto ni Séneca tenían idea. No vieron lo que yo vi cuando me miré a los ojos y descubrí que había dejado de ser el hombre que prometí ser. No oyeron el sonido sordo de un corazón partiéndose desde adentro. No sabían lo que era dormir junto a alguien y sentir que tu mera existencia es una amenaza para su estabilidad emocional. Que tu amor es una bomba de tiempo.

Ella intentó salvarme. Lo vi, lo recuerdo: cada mensaje, cada abrazo, cada vez que se tragó su orgullo para no discutir. Lo intentó. Lo hizo como nadie. Pero uno no puede amar por dos. Y yo… yo era un edificio en ruinas, y le pedí que viviera ahí. Que decorara con flores lo que ya era escombro. Hay errores que no se borran con disculpas. Hay errores que se incrustan en la memoria como astillas que sangran cuando menos lo esperas. Y este… este fue uno de ellos. Uno de esos errores que te siguen. Que te cambian el rostro. Que te roban la paz.

Hoy lo entiendo: no todo lo que parece amor lo es. A veces es necesidad, a veces es miedo, a veces es ego disfrazado de afecto. Lo que tuvimos fue intenso, pero también fue dañino. Fue fuego mal contenido y nos quemamos. El infierno no está bajo tierra: el infierno es recordar y no poder volver. El infierno es mirar atrás y saber que destruiste algo sagrado con tus propias manos. El infierno fui yo.

Nuestra historia comenzó ese día en El Retiro, cuando supuestamente íbamos a trotar pero terminamos simplemente caminando. A veces es así como empiezan las cosas que importan: sin prisa, sin guion, sin la tensión de lo pactado. Ella llegó con ropa deportiva y el cabello recogido en una coleta que dejaba al descubierto su cuello largo y limpio. Ya la había visto antes con ropa informal, y sí, era bella, pero esa mañana noté algo diferente. Tenía una elegancia que no dependía de nada externo: ni maquillaje, ni accesorios llamativos. Todo en ella parecía estar en su lugar con una naturalidad casi inquietante, como si el equilibrio fuera parte de su identidad. Medía cerca de un metro setenta, era delgada, de cuerpo firme, con esa complexión que suele tener la gente que se cuida sin obsesionarse. Caminaba como quien conoce el espacio que habita, como quien no necesita pedir permiso para estar.

Su cabello era castaño claro, ligeramente ondeado, atrapando la luz del sol de forma suave. La piel, tersa y clara, sin artificios. La boca pequeña, casi tímida, contrastaba con unos dientes perfectamente alineados, de esos que parecen llevar años de cuidado constante. Pero era su mirada lo que más me llamó la atención: una profundidad ambiciosa, como si sus ojos observaran todo con una mezcla de distancia y expectativa. No miraba para seducir, miraba como quien ve y entiende. Y eso me fascinó.

Mientras caminábamos, hablábamos y reíamos como si nos conociéramos de antes. Me contó detalles de su vida que no esperaba tan pronto: dónde había crecido, lo que estudiaba, sus aspiraciones, sus miedos. Hablaba con claridad, con orden, sin rodeos, pero también con calidez. Era de esas personas que saben decir mucho con pocas palabras, que no necesitan alzar la voz para que uno escuche con atención. Comimos algo ligero más tarde, y durante ese almuerzo improvisado confirmé lo que ya sospechaba: era especial. No por lo que decía, no por cómo se movía, no por lo que vestía, sino porque tenía esa rara cualidad de hacer que el tiempo se sintiera pleno y perfectamente dosificado. Como si todo lo demás se apagara un poco cuando ella estaba presente. No era perfecta, pero lo hacía ver todo así, ideal.

Ese día no hubo promesas, ni roces que sugirieran nada. Solo una conversación honesta, pausada. Un espacio compartido sin máscaras. Fue un comienzo sin fuegos artificiales, pero real. Un principio silencioso de algo que aún no sabíamos que nos marcaría para siempre.

Nathaly era abogada. No una más, no una que pasaba desapercibida en los pasillos impersonales del sistema judicial, sino una de esas pocas que brillan con luz propia, incluso en medio del gris que muchas veces empaña el mundo del derecho. Trabajaba en el bufete más prestigioso de la época, ese donde solo los mejores —los verdaderamente implacables— logran entrar. Su nombre figuraba en los casos más importantes, en las decisiones que marcaban jurisprudencia, en las conversaciones de quienes respetan el poder no solo por lo que representa, sino por lo que es capaz de cambiar. Su sola mención bastaba para que los colegas se sentaran con más cuidado y los rivales apretaran los dientes.

La primera vez que la vi vestida con un traje formal, sin la ropa casual con la que la conocí, entendí la magnitud de mujer que tenía frente a mí. Llevaba un vestido largo, de tela fluida, que acariciaba el suelo como si flotara. Su postura era perfecta, su andar firme, su mirada más afilada que nunca. Era como ver a una modelo en medio de un desfile silencioso, pero con la dignidad de una reina de guerra. Irradiaba clase, no de la que se compra o se imita, sino de la que se cultiva durante años de lucha, formación y seguridad interna. Su presencia hablaba de poder, de inteligencia, de una seguridad que no necesitaba aprobación. De esas mujeres que no piden permiso para ser brillantes. De esas que el mundo intenta suavizar, pero ellas deciden endurecerse sin perder belleza.

Era fría, metódica y calculadora. Siempre tenía un plan, siempre una respuesta rápida y brillante. Su especialidad era el derecho penal corporativo, una selva espesa donde la moral muchas veces queda enredada entre cifras, pactos secretos y vacíos legales que solo los mejores sabían utilizar a su favor. Ganaba todos los casos, o casi todos, no porque hiciera trampas, sino porque entendía el sistema desde sus entrañas. Lo conocía tan bien que podía doblarlo sin romperlo. Su lógica era feroz, como la de un ajedrecista que siempre va tres jugadas adelante. No perdía el tiempo con lo emocional. Para ella, el trabajo era el trabajo, y su deber como abogada no era juzgar la moral de su cliente, sino defenderlo con todas las herramientas posibles.

Yo, en cambio, a veces era demasiado sensible, demasiado visceral. Me costaba separar lo justo de lo correcto. Y ahí, justo ahí, estaba una de las grietas entre nosotros. Porque eso tiene el derecho —ese juego de palabras y estructuras—: las leyes no siempre se alinean con la ética. No siempre el bien se traduce en justicia. Uno puede estar dentro de la legalidad y, al mismo tiempo, estar profundamente equivocado, moralmente hablando. Es un dilema que arrastra a todos los que creen en algo más grande que el código civil, a todos los que sienten que la vida no cabe en una sentencia. Pero Nathaly no titubeaba.

Ella no cargaba con ese peso. Ella cumplía con su función como una cirujana que extirpa sin temblar, sin implicarse con la carne que corta. Y aunque eso a veces me inquietaba —verla tan segura, tan blindada, tan distante del conflicto interno que me consumía a mí en ciertos momentos—, también la admiraba profundamente por ello. Porque entendí que no todos podemos darnos el lujo de vacilar. Que hay quienes, para sobrevivir, necesitan convertirse en su mejor versión profesional, incluso si eso significa alejarse un poco de sí mismos.

Nathaly era una mujer así: brillante, poderosa, invencible en su terreno. Y estar a su lado era como caminar junto a un faro que no titila, que no se quiebra con la tormenta…

Nuestro primer año de noviazgo fue, en apariencia, armonioso. Nos veíamos dos o tres veces por semana. Ella siempre impecable, pulida como una joya de vitrina, entre expedientes, juzgados y tacones que nunca tocaban el suelo por error. Yo, por mi parte, me movía entre las luces frías del casino y la crudeza del estadio los domingos. Le molestaba, aunque nunca lo dijo directamente. Lo supe. Le resultaba vulgar el bullicio, el sudor de las gradas, la pasión que se grita sin pedir permiso. Su mundo olía a perfume caro y cuero nuevo. El mío, a calle, a historias rotas, a libros subrayados en las esquinas de una madrugada.

Era cuestión de tiempo. Las señales estaban ahí, disfrazadas de gestos pequeños, de silencios estratégicos, de incomodidades que ninguno se atrevía a nombrar. No fue sorpresa que aquella noche, lejos de casa, rodeados de gente que hablaba otro idioma aunque usaran el mismo, se diera nuestra primera gran discusión.

Todo comenzó con una invitación que no era solo eso: una cena formal organizada por una de sus colegas. Una finca a las afueras, rodeada de viñedos y pretensiones. Todo era una vitrina: los invitados, el vino, el motivo. Me pidió que la acompañara con una mezcla de súplica y cálculo. Me dijo que era importante, que estaría un magistrado clave, que su traslado dependía en parte de la impresión que dejáramos. Que ella podía destacar, pero que su pareja también debía estar "a la altura".

—No tienes que hablar mucho —me dijo mientras se arreglaba frente al espejo—. Solo acompáñame, sonríe y escucha.

Esa frase se me quedó clavada. *Sonríe y escucha.* Como si lo único valioso de mí en ese entorno fuera mi capacidad de no incomodar. Yo sabía que entrábamos a su mundo, no al nuestro. Que ahí, entre copas de cristal y conversaciones sobre jurisprudencia, yo era un cuerpo ajeno. Un apéndice al que se le exigía elegancia. Y lo peor es que intenté cumplir.

Compré una camisa blanca de lino, unos pantalones beige y mocasines. Yo me vi bien. Ella no.

—¿Vas a ir así? —preguntó con una ceja alzada, como si acabara de cometer un delito.

—Sí, claro. Estoy limpio, peinado y hasta me puse colonia —intenté bromear.

—No es gracioso. No puedes aparecer así. Pareces un vendedor de seguros venido a menos.

—Joder, Nathaly. ¿Qué estás diciendo? —reí.

—Estoy diciendo que no puedes representar una extensión mía vestido como si acabaras de salir de un bar de mala muerte.

—¿Una extensión tuya? ¿Quién coño te crees?

—¡No es arrogancia, es realidad! Estas personas tienen un nivel, un estándar. ¿Qué quieres que piense el magistrado? ¿Que soy una pobre pueblerina con un novio de saldo?

—No soy un puto accesorio, Nathaly. No soy un peón para avanzar en tu tablero.

—¡No entiendes nada! ¡Nada! Eres inteligente, pero te niegas a aprender. Te crees auténtico cuando lo que eres es terco. ¡Hay un mundo más allá de tu bohemia de bar barato!

—¿Y tú crees que ese mundo al que tanto te quieres aferrar es real? Son máscaras, Nathaly. Son sonrisas que se compran con cheques. Negocios bien servidos con vino francés.

—¡Te juro que a veces hablas como si envidiaras todo lo que criticas!

—¡Y tú hablas como si jamás hubieras tenido necesidad!

—¡Yo también he pasado por cosas! ¡Mi familia luchó para estar donde está!

—¡Lucharon! Pero ahora se han olvidado de cómo era estar abajo. ¡Y tú igual! Te has tragado el cuento, Nathaly. Te lo comiste entero. Te miras al espejo y ves a una mujer hecha a pulso, pero estás tan ansiosa por encajar que ni te das cuenta de que el espejo no te refleja: te disfraza.

—¡Eres un resentido!

—Y tú, una clasista con conciencia tranquila porque lee a Simone de Beauvoir mientras la empleada le plancha la ropa.

—¡Vete a la mierda!

—Ya voy, tranquila. Pero antes quiero que sepas algo: yo también tengo dinero. No me falta. Trabajo, me esfuerzo, me gano lo mío. Pero jamás usaría mis recursos para pisar a alguien. No necesito mostrar una marca para tener valor. No necesito aparentar que soy feliz porque me invitaron a una puta cena con canapés de *foie gras*.

Tomé mis llaves. Caminé hacia la puerta.

—No te atrevas a dejarme sola esta noche. No puedes hacerme esto —dijo ella con voz quebrada.

—Nathaly, lo que no puedo es dejarme a mí mismo por seguir fingiendo que encajo contigo.

Salí. Afuera, la noche me escupió en la cara con su viento gélido. Caminé un poco, como se camina cuando uno lleva la dignidad arrastrando como una maleta rota. Pero no fui capaz de irme. Regresé y, entre miradas torcidas, le di gusto: me puse un traje y finalmente la acompañé.

La finca era imponente. Las luces tenues, la música apenas audible, las risas perfectamente medidas. Nadie levantaba la voz, pero todos querían ser escuchados. Era un campo de batalla silencioso donde el capital cultural valía más que la sinceridad. Donde las palabras se usaban como adornos, no como puentes. Yo no sabía si hablar de Gabo o de Bolaño. Si citar a Foucault o callarme.

Me movía entre conversaciones sobre ascensos, diplomados en Europa, congresos y una especie de nostalgia por París que parecía obligatoria. Mientras más avanzaba la noche, más notaba el abismo entre nosotros. No el que había entre ella y yo, sino entre la imagen que ella quería proyectar y la persona que yo era. Yo no era su pareja esa noche, era su acompañante. Y acompañar, en ciertos círculos, es un verbo elegante para ocupar sin molestar.

La tensión fue creciendo como la presión en una botella cerrada. Yo callaba por respeto. Ella sonreía por compromiso. Pero bastó una palabra, un gesto, un comentario apenas sarcástico durante la cena para que explotara lo inevitable.

—¿Por qué tienes que ser así? —me dijo entre dientes, cuando nos apartamos unos segundos del grupo.

—¿Así cómo?

—Tan… incómodo. Tan fuera de lugar. Como si lo hicieras a propósito.

La conversación que siguió fue una guerra de fondo, de clases, de historias, de orgullo y de rabia acumulada. Fue la noche en que nos dimos cuenta —o al menos yo lo hice con claridad— de que no estábamos en la misma página. Ni siquiera en el mismo libro. Salí enojado del lugar, tomé las llaves del coche y conduje hasta mi apartamento. No me despedí de nadie. No hacía falta, me sentía más que triste: humillado.

Al día siguiente me llamó. Se disculpó. Dijo que todo había salido bien. Que el magistrado le sonrió. Que su jefa la presentó como "la promesa brillante del mañana". Yo asentí en silencio. Ella no mencionó mi ausencia. Y yo no le pregunté por su noche.

Desde entonces, la vida se llenó de eventos con copas delgadas, nombres importantes, trajes hechos a medida. Yo seguía ahí, afilando los bordes de mi propia incomodidad. Me sabía prestado, ajeno como un actor en una obra ajena. No era pobre, pero nunca fui uno de ellos. Y eso... ellos lo sabían. Las clases sociales no se resumen en la cuenta del banco; son un relato transmitido por generaciones, un guion que se aprende sin ensayos. Son una forma de mirar, de hablar, de ocupar el espacio. Para los de arriba, el mundo es una extensión de su voluntad. Para los de abajo, un terreno prestado donde hay que pedir permiso hasta para existir. No es solo una cuestión de ingresos: son un idioma, una memoria, un instinto.

Los ricos no solo tienen más dinero: tienen más tiempo, más espacio, más voz. Tienen la calma de quien no teme la carta del banco. La arrogancia de quien nunca ha bajado la mirada en el supermercado por contar las monedas. El lujo más grande: la despreocupación. Para ellos, los pobres son una categoría, una estadística, un estudio que les permite decir "hemos avanzado" desde el confort de sus sofás italianos. Yo había leído a Marx, a Bauman, a Gramsci. Había llorado con *Los condenados de la tierra*, de Fanon. Sabía lo que era vivir entre brechas. Pero hay algo que ni el mejor ensayo puede enseñarte: el dolor de saberse desclasado. De estar demasiado arriba para los tuyos, y demasiado abajo para los otros. De mirar hacia atrás y sentir culpa, y mirar hacia adelante y sentir asco.

Los ricos no siempre son conscientes de su privilegio. La mayoría lo vive como si fuera lo natural. Como si haber nacido en una casa con tres baños, empleada interna y libros caros fuera simplemente el punto de partida de "esforzarse". Como si esfuerzo significara lo mismo para todos. Y, en el caso de Nathaly, su cuna estaba revestida no solo de dinero, sino de poder. Su padre era el comisario general de la Policía. Un hombre de voz grave, apretón de manos firme y mirada de cazador. Nunca lo vi con uniforme: no le hacía falta. Su autoridad caminaba delante de él. En los restaurantes lo saludaban con respeto; en las reuniones nadie se atrevía a contradecirlo. Era de esos hombres que no hablaban fuerte, pero imponían silencio.

Creció viendo cómo bastaba una llamada suya para anular una multa, agilizar un trámite o silenciar una queja. Aprendió que la ley se podía doblar si se tenía la fuerza para hacerlo, y que la justicia era un asunto de conveniencia, no de principios. Lo admiraba, pero en el fondo, lo temía. Y con el tiempo, sin darse cuenta, se convirtió en una extensión de su autoridad. La casa de Nathaly no solo era grande, era una declaración. Columnas, jardín perfectamente cortado, lámparas de cristal: una vivienda diseñada para ser vista, no solo habitada. Su madre se paseaba con tacones incluso en casa, y la empleada cocinaba platos que yo apenas había oído nombrar.

Yo sabía que me observaban como quien estudia una anomalía. No sabían dónde colocarme. Hablaba bien, pero no venía de universidad privada. Había leído a Kafka, pero trabajaba de noche. Era un animal raro. Una excepción que no sabían si admirar o temer. Y yo... yo me debatía entre la rabia y el deseo. Porque parte de mí quería romper esa burbuja con una piedra. Quería gritarles que su mundo no era real, que estaba lleno de fantasmas, de hipocresía, de silencios pactados. Pero otra parte... otra parte quería ser aceptado. Quería que el padre de Nathaly me mirara una vez y dijera: "Ese chaval vale". Quería que me invitaran a la mesa sin ponerle comillas a mi historia. Sin pensar que estaba "mejorando" por estar con ella. Pero no. Yo no era un "igual". Era un romanticismo, la prueba de que ella era diferente, abierta y sin prejuicios. Yo era su cuota de "rebeldía" en un sistema que siempre terminaría por tragarme.

A veces hablábamos de eso, en voz baja, como quien habla de algo que no se puede nombrar.

—Tú eres muy intenso con esas cosas —me decía—.

—No me avergüenza. Sabes de dónde vengo, pero me duele dónde estoy.

—¿Y dónde estás?

—En tierra de nadie. Entre gente que me tolera por educación, y otra que me mira como si me hubiera vendido. ¿Tú sabes lo que es eso, Nathaly? ¿Sentir que traicionaste tu historia solo por querer encajar?

Ella no respondía. Miraba hacia otro lado. La incomodidad se le metía en los ojos. Nunca lo dijo, pero lo sé: en algún rincón de su mente habría preferido que yo fuera un poco más como su padre, o al menos que me esforzara por parecerlo. Pero yo no quería ser respetado por miedo. No quería entrar a ninguna casa por la puerta del sometimiento. Yo no tenía uniforme, pero tenía apellidos ilustres, y tenía memoria. Y la memoria, a veces, es lo único que nos queda cuando el mundo se empeña en decirnos que no somos suficientes.

La lucha de clases no siempre se grita. A veces se vive en silencio, en cada cubierto que debes saber cómo usar, en cada conversación donde finges interés, en cada mirada que te ubica. Es una herida que no sangra, pero arde. Una pared de cristal entre tú y ellos. Ves todo, pero no puedes tocar nada. Y así, sin darnos cuenta, el amor se convirtió en una guerra fría. Sin bombas, pero con trincheras. Sin disparos, pero con heridas que nunca dejaron de supurar.

Capítulo 18 -
Amar, crear, creer

Me fui acostumbrando a su manera de ver el mundo. Aprendí rápido, como quien aprende a nadar en agua helada: de golpe, por instinto, por necesidad. Aunque, a decir verdad, ya sabía. Sabía de vinos, de modales, de tipos de copas y formas de cortesía que parecen naturales para quienes las han mamado desde la cuna. Lo sabía porque siempre he sido observador, curioso, porque crecí en la periferia de esos mundos, viviéndolos desde cerca y viéndolos desde la verja. Pero nunca me pareció necesario usarlos. Nunca quise.

Mi vida con Nathaly fue tomando forma. Nos complementábamos como dos idiomas que, aunque diferentes, encontraban puntos en común. Ella tenía ritmo, rutina, metas bien marcadas. Yo, pausa, desorden amable, esa forma de mirar la vida como si estuviese a punto de pasar algo. Nos acomodamos como quien acomoda libros en una estantería nueva: no por colores, ni por tamaños, sino por afectos. Lo nuestro se volvió habitable, incluso cómodo. Tanto así que, al año, nos mudamos juntos. A su apartamento, por supuesto. Era su espacio, su zona segura. No me importó. En ese momento no pensé en territorio, solo en proximidad. Vivimos bien. Bien en el sentido cotidiano del término: desayunos compartidos, rutinas entrelazadas, silencios cómodos y algunos incómodos también.

Ella no se integraba mucho con mis amigos —nunca terminó de confiar en su irreverencia, en su falta de filtro, en sus vidas sin brújula—, pero yo sí lo hacía con los suyos. Lo intentaba. Me vestía bien, medía las palabras, usaba los cubiertos correctos. Sonreía cuando debía. Me esforzaba. Pero había algo, siempre algo, que me hacía sentir como si estuviera fingiendo ser parte de una obra en la que no me habían dado libreto. Y ese algo, con el tiempo, fue pesando. No obstante, nada de eso nos rompió. Lo que sí lo hizo —o al menos empezó a hacerlo— fue algo más silencioso, más íntimo, más peligroso: los celos.

Al principio eran suaves. Pequeños comentarios lanzados como si no fueran nada:

—¿Quién te escribió a esta hora?

—¿Siempre saludas así a tus amigas?

—¿Por qué no me contaste que ibas con ella?

Preguntas que parecían casuales, pero venían afiladas. Yo intentaba explicarme. Trataba de no sonar a la defensiva, pero pronto entendí que los celos no se apaciguan con razones; los celos no escuchan, solo imaginan. Y en esa imaginación lo arrasan todo.

Los celos son una niebla espesa que se mete por las rendijas, incluso cuando todo parece cerrado. No necesitan pruebas, solo sospechas; no buscan verdad, buscan confirmación. Y lo peor: te hacen sentir culpable de cosas que no hiciste, de cosas que ni siquiera pensaste hacer. Te obligan a justificarte por tu pasado, por tu forma de mirar, por tus silencios. Y así, poco a poco, el amor se empieza a parecer al miedo.

Ella me amaba, estoy seguro. Pero también me temía, o temía perderme, que en el fondo es lo mismo. La inseguridad no era constante, pero cuando aparecía lo consumía todo. Me revisaba el celular en la madrugada, se ponía fría de pronto, como si algo invisible la hubiera atravesado, y luego venían las discusiones. Las escenas. Las preguntas con tono de juicio.

—¿Tú todavía sientes algo por esa ex?

—¿Te aburres conmigo, cierto?

—¿Por qué siempre sonríes cuando hablas con ella?

Yo la miraba, agotado. Lo que sentía no era rabia, era tristeza. Una tristeza enorme, porque veía en sus ojos que de verdad sufría. Que de verdad le dolía la idea de que yo pudiera amar a alguien más. Pero también me dolía a mí, porque ya no me sentía amado, me sentía observado. Como un preso con régimen de visitas controladas. Como un sospechoso dentro de mi propio hogar.

Los celos enferman. No solo a quien los siente, también a quien los recibe. Te aíslan, te agotan y te obligan a censurarte, a dejar de hablar con amigas por evitar problemas, a cambiar tu tono, revisar dos veces lo que escribes y evitar contar que fuiste a un café con alguien porque sabes que eso significará dos horas de pelea. Te vuelves menos tú, te recortas para caber en la imagen que el otro necesita. Y eso, tarde o temprano, te rompe.

Varias noches después de discutir, me abrazaba mientras lloraba y, temblando, me decía que se sentía perdida:

—Es que no quiero perderte. No sabría cómo seguir sin ti —repetía.

Y ahí entendí que su miedo era real, pero también su prisión. Porque ella no quería perderme, pero tampoco podía amarme libremente. Y yo ya no sabía cómo demostrar que no quería irme sin perderme yo también en el intento. Lo más cruel de los celos no es el reclamo: es la duda constante, la idea de que nunca serás suficiente, de que siempre estás a una sonrisa de distancia de una traición. Y lo que eso genera es devastador: un amor que ya no se siente como refugio, sino como prueba constante. Como si amar fuera un examen diario que no se puede suspender.

Los celos rompen el lenguaje. Ya no se puede decir "me gusta tu amiga" sin que eso sea un cuchillo. Ya no se puede salir a caminar solo sin que eso parezca una fuga. Ya no se puede ser espontáneo, porque la espontaneidad se interpreta como descuido, como trampa. Y uno empieza a vivir con miedo. Miedo de herir, miedo de hablar, miedo de que todo lo que haces sea malinterpretado. Miedo de amar y que eso no baste. Y cuando el amor empieza a doler más de lo que consuela, uno sabe que algo no anda bien. Algo que se sostenía por las ganas, pero que no resistió el peso del miedo.

Mi relación con Nathaly avanzaba, y con ella su alma se iba abriendo ante mí como un libro sin censura. No solo me mostró sus múltiples virtudes y fortalezas, sino también sus miedos, sus traumas callados, sus debilidades más íntimas. Eso es lo que ocurre cuando te entregas al amor de verdad: bajas la guardia, desarmas tus mecanismos de defensa y te desnudas... no solo físicamente, sino emocionalmente. Pones tu historia, tus fantasmas, tus heridas en manos de alguien que, sin saberlo, quizá más adelante podría usarlos como armas.

Ambos nos desnudamos. Sin pudor. Y sin blindaje. Ella me contó todo: su infancia, sus inseguridades, su necesidad de validación, sus dudas frente al futuro. Yo la conocía casi como la palma de mi mano. Casi. Porque hubo algo que siempre me dolió: yo le entregué algunos de mis secretos más profundos, pero los suyos siempre pesaban más. No porque fueran más oscuros, sino porque los míos, simplemente, rara vez le interesaban. Me quería, pero pocas veces me escuchaba de verdad. Estaba, pero no siempre habitaba conmigo. En su mundo, lo mío era un eco lejano. A pesar de eso, entre noches de tormenta y amaneceres tranquilos, decidimos seguir. Apostar por ese "nosotros" que se sostenía a veces por amor, y otras por costumbre o necesidad.

Hablamos por primera vez de tener hijos. No fue solo una idea lanzada al aire: fue casi un decreto, una promesa silenciosa de que lo nuestro debía dejar una huella.

Y, a los pocos meses, la noticia: estaba embarazada.

Recuerdo ese instante como si el tiempo se hubiera detenido. Fue una mezcla de vértigo y felicidad. Una ilusión repentina, pura, que parecía capaz de limpiar todas nuestras grietas. Un hijo. Una extensión de nosotros. El fruto visible de un amor que tantas veces habíamos intentado definir y tantas otras habíamos dañado sin querer. Durante esos primeros meses, todo pareció mejorar. El embarazo apaciguó sus celos. Nos volvimos más pacientes. Yo me dediqué por completo a cuidarla, como si dentro de ella no solo creciera un niño, sino la posibilidad de una nueva vida para todos. Ella cargaba en su vientre a quien, probablemente, sería la persona que más amaría yo por el resto de mi existencia.

La esperanza de un hijo siempre trae consigo una promesa silenciosa de eternidad, especialmente cuando estás con alguien a quien amas… o a quien crees amar y conocer. Nosotros no fuimos la excepción. Éramos una pareja ilusionada, ingenuamente feliz, aferrada a la idea de que un nuevo ser resolvería nuestras grietas y las volvería cicatrices. Nos hacía ilusión todo: elegir ropita diminuta sin saber si sería niño o niña, planear un cuarto que aún era solo un rincón vacío con sueños colgados, imaginar su nombre, sus primeros pasos, su risa, su rostro. Hablábamos del futuro como si fuera un camino recto y despejado. Nuestras familias tampoco fueron ajenas a esa felicidad. Estaban tan o más ilusionadas que nosotros por convertirse en abuelos, como si ese nieto fuera una redención para todos.

En el apartamento se respiraba esperanza. Las mañanas eran más suaves, las discusiones se disolvían con rapidez, y hasta el silencio parecía tener luz. Hasta que un día, esa luz se apagó.

Eran las 6:20 de la mañana cuando un grito me sacó de mi sueño. No fue un grito agudo, fue un desgarramiento. La voz de Nathaly rompió la calma con una angustia que no supe descifrar de inmediato. Me levanté como empujado por un instinto ancestral, corrí al baño y ahí la vi: de pie, temblando, con la ropa interior manchada de sangre y las manos agarrando el lavamanos con fuerza. Sus piernas temblaban. Su mirada era de terror. No decía nada. No podía. No me permití sentir. No en ese instante. Solo la tomé en brazos y bajamos como pudimos. El taxi parecía ir más lento que nunca, y cada minuto era una eternidad. En urgencias no hablaron mucho. Las caras de los médicos eran suficientes. Tras varias pruebas, llegó la frase que nadie quiere escuchar:

—Se ha producido un aborto espontáneo. Lo más probable es que haya sido causado por una insuficiencia del cuerpo lúteo; el embrión no logró implantarse adecuadamente.

Y ya está.

Lo que era promesa se volvió vacío. Lo que era futuro, cenizas. Regresamos a casa devastados. No nos hablamos en todo el camino. Las palabras, de repente, eran inútiles, ofensivas. Sobraban. Nuestras caras hablaban un idioma que solo entiende quien ha perdido algo que nunca alcanzó a tener del todo. Toda esa semana fue un agujero. Un abismo sin nombre. No hablábamos, no comíamos, no queríamos mirar el cuarto que empezaba a llenarse de objetos que ahora eran fantasmas. La vida se había detenido, pero afuera seguía corriendo como si nada.

Nuestros amigos, nuestra familia, intentaron acompañarnos con flores, con frases bienintencionadas, con abrazos. Agradecíamos, pero en el fondo sabíamos que había cosas que no se pueden consolar. Esa pérdida no era solo de un hijo: era la pérdida de la ilusión, de la estabilidad que nunca tuvimos, del sentido de "nosotros". Nos mirábamos en silencio, preguntándonos —cada uno desde su rincón— si eso que habíamos creado podía sobrevivir a un duelo así.

En medio de todo el dolor, nos reincorporamos a la vida como quien se levanta de una caída que no mató, pero sí dejó marca. Ella volvió a los juzgados, y yo a mis tareas diarias, con ese aire de quien ha sobrevivido a algo demasiado grande como para explicarlo con palabras. Éramos jóvenes, exitosos y con una vida por delante que —en el fondo lo sabíamos— podíamos reconstruir una y otra vez, como se reconstruye una casa con las mismas piedras que la destruyeron. Nos dolía la pérdida. Claro que dolía. Pero hay veces en que el amor, solo el amor, basta para levantarnos. Basta como una fe sin nombre, como una energía antigua que no pide explicaciones ni promesas. No nos dimos por vencidos. Nos abrazamos más fuerte, nos cuidamos mejor, hablamos con más ternura, como si nos estuviésemos pidiendo perdón sin decirlo.

Y entonces, cinco meses después, vino la segunda noticia. La esperanza regresó con el rostro conocido de un milagro cotidiano: Nathaly estaba embarazada de nuevo. La vida, en su extraño equilibrio, nos ofrecía otra oportunidad. Esta vez sería diferente, lo sabíamos los dos sin necesidad de decirlo. Se nos volvió a llenar la mirada de ilusión, pero una ilusión más madura, más serena. No era ingenuidad, era decisión. El deseo de volver a confiar.

Esa tarde, cuando nos enteramos, nos abrazamos con una fuerza que parecía querer atrapar el tiempo. Lloramos, pero esta vez de alegría. Lloramos porque, después de haber tocado el fondo, sabíamos que todo lo que viniera sería un regalo.

Organizamos una pequeña fiesta para contarles a todos. Esa noche, en medio del alboroto y la música, del vino y las luces suaves, me dejé llevar por un impulso. Un impulso honesto, de esos que no se piensan. Me levanté, la tomé de la mano y me arrodillé, sin anillo, sin discurso preparado, sin protocolo. Solo con un corazón temblando entre mis costillas. Le pedí que se casara conmigo. Y ella, entre risas y lágrimas, me dijo que sí. Nunca compré un anillo. Y a ella no le importó. Porque en ese momento, el símbolo era el gesto, la promesa era la mirada, y el amor, por una vez, no necesitaba adornos.

Bailamos. Todos nos felicitaron. Yo bebí por los dos y, por dentro, me prometí que esta vez sí sería diferente. Que no dejaría que el miedo, el dolor o la rutina destruyeran lo que estábamos construyendo. La casa volvió a llenarse de risas, de ternura, de aromas suaves, de preguntas sobre nombres y fechas, de catálogos para cunas y cortinas, de abrazos espontáneos a mitad de la noche. Todo era esperanza. Todo era cuidado. Y en medio de todo esto, entendí algo que los libros filosóficos rara vez explican con suficiente claridad: que la esperanza no es solo una expectativa pasiva. No es esperar que las cosas mejoren como quien espera el clima. La esperanza es una postura ante el mundo, una rebeldía luminosa, una decisión consciente de creer en la posibilidad, aun cuando todo parezca indicarte que no.

Kierkegaard decía que el acto de tener fe —y de amar, en consecuencia— es el más valiente de todos, porque no se basa en certezas, sino en saltos. Saltos al vacío. Y nosotros habíamos saltado. En medio de nuestras heridas, de los restos de lo que habíamos perdido, nos aferramos al presente con la determinación de quien ha sido sacudido por la muerte y el dolor, y aun así elige vivir. No porque sea fácil. No porque duela menos. Sino porque amar —con todo lo que eso implica— es el único acto que realmente justifica nuestra existencia. Y eso hicimos.

Amar. Crear. Creer.

Las semanas y los meses transcurrían con cierta normalidad. Nathaly estaba feliz, radiante, con ese brillo que muchos asocian al embarazo y que yo, con gusto, veía todos los días al despertar. Y yo también era feliz, a mi manera: feliz en medio de una montaña rusa emocional que comenzaba a subir y bajar sin previo aviso. Porque, claro, cuando llegó el tercer mes, regresaron sus celos e inseguridades. Y no eran sutiles. Eran lo suficientemente potentes como para incomodarme, como para hacerme dudar si estaba en una relación o en una entrevista constante con la CIA.

Tuvimos varias discusiones acaloradas. Algunas empezaban por algo simple, como una respuesta tardía a un mensaje o una compañera del trabajo que había osado darme *"like"* en una foto. Y, aunque yo la amaba, aunque sabía que todo aquello podía tener una raíz hormonal y emocional, no voy a mentir: su actitud empezaba a alejarme, poco a poco, como quien sin querer se desliza de un abrazo demasiado apretado.

Todos a nuestro alrededor me decían lo mismo: "¡Tranquilo, es el embarazo! Las mujeres en ese estado se vuelven más sensibles, más emocionales, más intuitivas, más todo". Y lo cierto es que sí. Lo viví en carne y alma. El cuerpo de una mujer embarazada se convierte en una sinfonía caótica de cambios biológicos, hormonales, físicos y psicológicos. Las hormonas, sobre todo la progesterona y los estrógenos, suben como espuma y, con ellas, vienen los cambios de humor, el cansancio crónico, los mareos, las náuseas, el insomnio, la hipersensibilidad emocional, la ansiedad, los antojos rarísimos (como pedir sandía con mostaza a las tres de la mañana), las ganas de llorar por un comercial de pañales o porque el arroz no quedó como el de su mamá.

Biológicamente, el cuerpo se reorganiza completamente para sostener la vida. El útero se expande, la piel se estira, la espalda duele, los senos aumentan de tamaño y sensibilidad, y todo el sistema cardiovascular trabaja el doble.

Psicológicamente, hay una mezcla compleja de ilusión, miedo, sensación de vulnerabilidad, sobreprotección y, a veces, una necesidad incontrolable de controlarlo todo, incluso lo que no se puede controlar (como tus pensamientos o tus pestañeos). Y yo, bueno… trataba de entenderlo todo. De racionalizarlo. De recordar que ella no era "ella" al cien por ciento, sino una versión embarazada de sí misma: amplificada, vulnerable, mágica e impredecible. Pero, sinceramente, había días en los que era todo demasiado abrumador.

Aun así, convivíamos, y yo le daba gusto en casi todo. Pasábamos días enteros juntos por capricho suyo —porque sí, me quería cerquita como un osito de felpa gigante—. Jugábamos juegos de mesa, partidas de cartas donde me hacía perder a propósito para verla ganar (aunque luego me acusaba de dejarla ganar, lo cual tampoco estaba bien). O encendíamos la Play, donde, por cierto, tenía la dudosa habilidad de ganarme en todos los juegos aunque siempre decía que no sabía jugar.

Poco a poco íbamos organizando el cuarto del bebé. Ya sabíamos que sería un varón, y eso nos disparó de lleno al universo de las decisiones importantes: el nombre. Ella estaba absolutamente convencida de que debía llamarse Mateo. Y a mí... bueno, a mí me gustaban David o Stephan.

—Mateo suena a perro —le dije una vez, medio en broma—. "¡Ven, Mateo! ¡Siéntate, Mateo!"

Ella me lanzó una almohada.

—¡David es más nombre de portero que de bebé! Y Stephan parece nombre de actor frustrado...

Y así, entre risas, insultos cariñosos y noches eternas, discutíamos sin llegar a ningún acuerdo. Yo le decía que mis opciones tenían fuerza bíblica o glamour europeo. Ella decía que Mateo era tierno, moderno, y que cuando lo dijera en el parque todas las madres se girarían admiradas. A mí eso me parecía más un argumento de campaña que uno serio.

—Además, Mateo suena como a niño que te rompe la *tablet* el primer día y se ríe —le dije.

—¡Y Stephan suena a exnovio gringo con el que sería mejor no meterse! —contestó.

Pero ahí estábamos. Riendo, soñando. Ilusionados como quien dibuja un castillo en el aire y lo amuebla con esperanza. En ese cuarto que olía a pintura fresca y a sueños nuevos, entre muebles desarmados y peluches sin dueño, construíamos poco a poco lo que llamábamos nuestro futuro ideal.

Y sí, aunque a veces las hormonas nos jugaban malas pasadas, aunque no siempre era fácil, había algo entrañable en todo eso: la ternura cotidiana, el juego compartido, el amor que se demuestra también en saber ceder y en reírse incluso en medio de la tormenta. Porque, a fin de cuentas, el embarazo no era solo suyo. Era nuestro. Y el amor, cuando es verdadero, también se vuelve un poco obstetra: acompaña, escucha, respira profundo y se prepara para todo lo que venga.

Al cumplir los seis meses de embarazo, todo parecía marchar viento en popa. La barriga de Nathaly crecía como si en su interior floreciera un universo entero, uno que latía y respiraba en compás con nuestros días. Cada movimiento, cada patadita del bebé, era como un verso en el poema que escribíamos juntos con ilusión. Vivíamos atentos, hipersensibles, pendientes del más mínimo detalle y, aunque su sensibilidad se acentuaba con el pasar de las semanas —a veces hasta el extremo de llorar porque se acabó su jugo favorito—, lo entendíamos.

Éramos padres primerizos: cautos, obsesivos, cuidadosos, casi maniáticos. Nos volvimos dos controladores compulsivos, alineados en una misma misión. Revisábamos ingredientes, niveles de azúcar, temperatura del agua de la ducha, posiciones para dormir, ejercicios prenatales. Todo lo que pudiera garantizar que nada fallara.

Íbamos juntos a cada control médico como si fuéramos a recibir un premio. Tomábamos notas, hacíamos preguntas, comparábamos resultados con estadísticas. Si existía una forma de prevenir un error, queríamos encontrarla. Era nuestro pequeño manifiesto de amor: que nada ni nadie le hiciera daño a nuestro hijo. Lo dimos todo: nuestro mayor esfuerzo, nuestro tiempo, nuestras ganas, nuestros conocimientos y nuestros sueños. Todo lo pusimos en función de ese pequeño ser, de Stephan, o Mateo, o el nombre que finalmente decidiéramos regalarle. No importaba cómo se llamara: ya era el centro de nuestro mundo. El eje sobre el cual giraban nuestras emociones, nuestras decisiones, nuestras conversaciones y hasta nuestros silencios.

Fue por eso que aquella tarde de marzo, cuando todo se oscureció sin previo aviso, algo dentro de nosotros se rompió de forma irreparable. La luz del día seguía entrando por la ventana, pero dentro de la casa se hizo noche de golpe. No hubo tormenta, ni gritos, ni dramatismos de película. Solo un silencio helado, denso, como si el universo nos hubiera contenido el aliento.

A veces, ni la prevención más meticulosa, ni el amor más desbordado, ni los cuidados extremos pueden detener el destino cuando este decide que no te toca. Esa tarde no solo se quebró una ilusión, se quebró el futuro que habíamos tejido con tanto esmero. Y aunque seguíamos respirando, nuestras almas estaban en pausa, como si se negaran a seguir adelante sin él.

Lo que ocurrió en ese momento cambió todo. No solo la forma en la que nos mirábamos, sino también la forma en que creíamos entender la vida. Y fue ahí, justo ahí, donde comenzó la parte más oscura de nuestra historia. Pero aún no lo sabíamos. Aún creíamos que era solo un mal sueño. Y el corazón, ingenuo, seguía latiendo con la fe absurda de que nada tan terrible podía pasarnos a nosotros.

Y entonces, sin saberlo, comenzamos a vivir la parte más oscura de nuestra historia.

Capítulo 19 -
La cuna vacía: los escombros de dos ausencias

Fue a las seis de la tarde, mientras organizábamos las últimas cosas que habíamos comprado para terminar el cuarto del bebé. Unos adornos sencillos: coches diminutos de madera, ositos colgantes, nubes suaves de algodón que Nathaly quería distribuir por la pared y el techo. Ella estaba ilusionada, con ese brillo en los ojos que solo tienen las madres que sueñan despiertas. Yo, desde la cocina, preparaba un té de limón mientras ella sacaba los adornos, ya imaginando cómo se vería todo terminado.

Fue un accidente absurdo, inocente. Uno de esos que ni siquiera deberían contarse, de lo simples que parecen. Subió a la pequeña escalera para probar cómo se veía uno de los ositos colgado sobre la cuna. Al bajar, tropezó con el último peldaño. Un tropiezo. Un grito. El golpe seco de su cuerpo contra el suelo.

Corrí sin pensarlo. La ayudé a levantarse. Ella decía que estaba bien, que solo fue un susto. Se rió un poco, incluso. Y seguimos la noche como si nada hubiera pasado. Colgué los adornos mientras ella me dirigía con entusiasmo; a las ocho pedimos pizza y terminamos de ubicar cada detalle. "Está quedando hermoso", dijo, mientras se acariciaba la barriga. A simple vista, todo estaba bien. Tranquilo. Pero la noche traía otros planes.

Antes de dormir, fue al baño. Y entonces lo vimos. Una mancha de sangre, discreta pero suficiente para encender todas las alarmas del alma. No era mucho, no había dolor, pero el corazón nos gritaba que algo no andaba bien. Tomé el coche. En el trayecto, apenas hablamos. Su mano agarraba la mía con fuerza, como queriendo agarrarse también a la esperanza. En el hospital nos atendieron de inmediato. Los médicos la examinaron y la internaron. Rostros serios, técnicos. Palabras que evitaban decir lo que el silencio ya sabía.

"Pronóstico reservado", dijeron.

Tras varias horas de pruebas, nos dieron el diagnóstico: desprendimiento prematuro de placenta. Una complicación grave. La placenta —el órgano que sostenía a nuestro hijo— se había separado parcialmente del útero. Eso implicaba pérdida de oxígeno, de nutrientes, de todo. Y, sobre todo, implicaba riesgo. Para el bebé, para Nathaly y para todo lo que éramos.

Uno de los médicos, con una mezcla de humanidad y dolor en los ojos, me llevó aparte y me dijo con voz baja, como si no quisiera que el mundo escuchara:

—En caso de que la hemorragia aumente, tendríamos que tomar decisiones difíciles. A las 26 semanas, la supervivencia del bebé es muy baja, incluso con asistencia intensiva. Si llegamos a ese punto… habrá que elegir.

Habrá que elegir.

Esas palabras se me incrustaron como una daga. ¿Cómo se elige entre el amor que ya conoces y el amor que aún no ha nacido? ¿Cómo se elige entre la mujer que duerme a tu lado cada noche y el hijo que aún no ha dicho su primer llanto? ¿Cómo se elige lo que no se puede comparar? Me sentí niño otra vez, pequeño e indefenso. Solté lágrimas que no pude ocultar y apoyé la frente contra la fría pared del hospital. Todo se tambaleaba.

Y al final… ni siquiera tuvimos que elegir.

Horas después, nuestro segundo hijo partió antes de conocer el mundo. Antes de ser llamado por su nombre. Antes de sentir la piel de su madre o la tibieza de mi voz. Se fue como se va un sueño que apenas empieza a esbozarse y ya se disuelve en la bruma. En silencio. Sin despedidas. No hubo tiempo para la cuna, ni para los cuentos, ni para las noches sin dormir.

No hubo tiempo para ser su padre.

Y esa tarde… el cuarto del bebé nos quedó grande. Demasiado grande para tanto vacío.

El procedimiento fue inmediato. No había tiempo para buscar consuelo ni para entender del todo lo que estaba pasando. A

Nathaly le practicaron una cesárea de emergencia. Aunque el embarazo no estaba a término, era la única forma de intentar salvar al bebé y controlar la hemorragia.

Recuerdo estar afuera de la sala quirúrgica, con las piernas temblorosas, sintiendo cómo todo dentro de mí se deshacía. Me ofrecieron una silla, pero no me senté. No podía. No sabía si rezar, si maldecir, si correr, si golpear algo. Solo me quedé allí, congelado, sin saber si el próximo rostro que vería iba a estar lleno de lágrimas de alivio o de la desolación más profunda.

La operación duró poco más de una hora. Cuando finalmente me dejaron entrar, ella ya estaba despierta, aún con el cuerpo entumecido por la anestesia, pero con los ojos abiertos, inyectados, desesperadamente perdidos. No necesitábamos hablar. Nos habíamos roto. Nos miramos y en esa mirada estaba el eco de una explosión interna, una implosión silenciosa que no dejaba nada en pie.

La abracé. No tenía palabras, y aunque las tuviera, ¿para qué? ¿Qué frase puede explicarle a una madre que su vientre ya no guarda a su hijo?

Pasó cuatro días hospitalizada. Cuatro eternos días donde el reloj se movía lento y cruel. La revisaban constantemente: su presión, su sangrado, su útero, sus constantes vitales. Pero nadie revisaba lo que de verdad se le había roto: el alma. Nadie puede coser un alma desgarrada. Ninguna sutura llega tan profundo. El cuarto día le dieron el alta. El médico fue prudente, pero directo:

—Ya está fuera de peligro físico, pero deben cuidarse mucho, hablar y buscar apoyo.

Nos entregaron unas hojas con números de psicólogos perinatales, pero eran solo eso: hojas. Papeles inútiles ante una pérdida tan grande.

Regresamos a casa al atardecer. El silencio era tan denso que apenas podíamos respirar. Al cerrar la puerta, Nathaly se adelantó sin decir una palabra y caminó directo hacia la habitación del bebé. Abrió la puerta y la vio tal como la dejamos: el móvil colgando del techo, los peluches acomodados con ternura, la cuna esperando.

Se llevó las manos al rostro y se derrumbó.

Lloró como se llora cuando no se puede más. Cuando el pecho no alcanza para tanto dolor. Se arrodilló junto a la cuna y abrazó el oso de felpa gigante, ese que habíamos comprado juntos en una tarde de risa y amor, y que ahora parecía también haber perdido su propósito. Se quedó allí, abrazada a ese muñeco huérfano, como si fuera lo único que le quedaba de su hijo. Yo la miré desde el pasillo. Quise decir algo, cualquier cosa, pero entendí que no debía. Porque hay dolores que no se comparten con palabras. Porque hay momentos en los que la única compañía posible es el vacío.

Me fui a nuestra habitación, cerré la puerta y me desplomé en la cama. No lloré enseguida. Me quedé mirando el techo, sintiendo cómo el alma me pesaba en el cuerpo. Pensé. Pensé en lo que habríamos sido. En las noches de cuentos. En los paseos al parque. En el primer día de colegio. Pensé tanto que las lágrimas terminaron por llegar. Y me dormí con ellas.

Esa noche no dormimos juntos. No por distancia, sino por dolor. Ella se quedó en la habitación del bebé, abrazada al oso. No quiso moverse. No quiso hablar. Solo quiso estar con él. O con lo que de él quedaba.

Y el silencio… fue tan fuerte que parecía gritar.

Contratamos un psicólogo. No solo para Nathaly, sino también para mí. Al principio fuimos juntos, en silencio, tomados de la mano, como dos soldados que regresan del campo de batalla mutilados, sin palabras, sin aire. Luego, cada uno siguió su proceso por separado. Porque el dolor, aunque compartido, tenía raíces distintas en cada uno de nosotros. Para mí fue duro. Pero para ella… para ella fue devastador.

Nathaly fue diagnosticada con depresión postpérdida gestacional severa, también conocida como trastorno de duelo perinatal complicado. Es una de las formas más crudas y oscuras de la tristeza humana. No es solo estar triste, es que la tristeza se vuelve piel, se mete en los huesos, se enrosca en las entrañas. Es que cada latido del corazón duele como un puñal; es que el cuerpo entero siente que está roto; que ya no funciona; que ha fallado en lo más sagrado: proteger la vida.

Una mujer que pierde un hijo no solo llora su ausencia. Llora también la muerte de sí misma. De la madre que ya no es. De la vida que ya no llegará. Es una herida abierta que no sangra por fuera, pero que se desangra por dentro, lenta, cruel, implacable.

En el cuerpo siente cansancio eterno, fatiga que ni diez horas de sueño quitan, un vacío físico en el vientre, como si algo la estuviera succionando desde adentro. Como si el propio cuerpo le gritara: "Fallaste". En la mente, se instala la culpa, la más injusta y cruel de todas. "¿Debí cuidarme más?", "¿Fue mi culpa por subir a esa escalera?", "¿Y si no hubiera tomado ese té?", "¿Y si me hubiese dado cuenta antes?"

Las preguntas son dagas. Dagas constantes, punzantes, silenciosas. Y la mente se convierte en un campo minado. Todo duele, todo recuerda, todo acusa.

Y en el corazón... en el corazón se forma un abismo. Porque no hay consuelo para una madre que no pudo serlo. Porque todo lo que amó se convirtió en un cuarto vacío, en un oso huérfano, en una ecografía sin futuro. A veces me decía, entre sollozos:

—"No sirvo para esto. Estoy rota. Yo ya no soy mujer. Ya no soy nada."

Y yo no sabía qué responder. Porque nada que dijera podía reconstruir lo que la vida le había arrancado con las uñas.

Y entonces venía el silencio. Ese silencio espeso que lo envuelve todo. Se quedaba horas mirando la cuna, como si esperara que de pronto apareciera un llanto, una patadita, una sonrisa, una señal de que todo había sido un mal sueño. Pero el sueño nunca se rompía. Porque la pesadilla era real.

Yo también estaba roto, pero lo mío era distinto. Era un dolor silencioso, ahogado, reprimido. Me levantaba por las mañanas y me sentía un actor interpretando una vida que ya no era mía. Sonreía en el trabajo. Decía "buenos días", pero por dentro gritaba. Yo también había perdido un hijo. Dos. Me sentía inútil, incapaz de protegerlos, incapaz de sostenerla. Me miraba al espejo y no veía a un hombre. Veía a un cobarde, a un inútil, un padre de papel que no supo salvar a su hijo. Me mordía el puño. Me golpeaba el pecho. Porque la tristeza, cuando no se dice, se vuelve violencia. Y yo estaba lleno de esa violencia muda. Odiaba el aire, odiaba el mundo y odiaba que la vida siguiera sin nosotros.

Nathaly rozó la locura. Comenzó a hablarle al bebé por las noches, a tocarse la barriga e incluso decir que aún sentía sus pataditas. A veces me despertaba y la oía cantar canciones de cuna al vacío. Y me miraba con los ojos huecos. Y entonces supe que la había perdido. No solo al bebé. A ella también. Y quizás a mí mismo. Porque, ¿cómo sigue uno después de eso? ¿Cómo se construye algo sobre los escombros de dos ausencias?

La casa olía a muerte. A ausencia. A cosas que ya no serán. Y aun así seguíamos vivos. Porque el corazón, cruelmente, sigue latiendo. Aunque no quiera. Aunque no tenga por qué. Continuamos con las terapias, aunque en el fondo sabíamos que no estaban sanando nada. Eran como poner una curita a una herida abierta, como pintar una casa en ruinas para que desde lejos parezca habitable.

Nos reincorporamos al mundo. Al menos, eso creíamos. Volvimos al ruido de los días, al tráfico, al café en la oficina, a las conversaciones vacías y a los correos electrónicos. Pero íbamos con las heridas a cuestas. Invisibles, pero profundas. Aunque nos vistiéramos bien, aunque sonriéramos a ratos, aunque dijéramos "todo bien" cuando nos preguntaban, por dentro seguíamos sangrando.

Nathaly regresó al trabajo y fue como si se colocara una armadura. Fría, certera, eficiente e inquebrantable. La ternura con la que antes me hablaba, las carcajadas en la cocina, la dulzura en su voz… todo eso había desaparecido. Se extinguió. Como si hubiese sido enterrado con nuestro hijo.

Era otra mujer. No lloraba más. Pero tampoco sonreía. Respondía con monosílabos. Ya no hablaba de nada que doliera, pero tampoco de nada que importara. Como si el corazón se le hubiese muerto junto con la ilusión.

Yo, por mi parte, también volví al ruedo. Un poco más frágil, más sensible, pero esforzándome por aparentar lo contrario. Fingía ser el mismo, pero cualquier ruido fuerte me hacía estremecer. Me distraía con facilidad y evitaba conversaciones profundas porque sabía que, si alguien me tocaba el tema, me iba a romper. Como un cristal que aún se mantiene en pie solo por la costumbre de no caer.

Y fue en medio de esa fragilidad, cuando más necesitábamos cuidarnos, que nos convertimos en enemigos. No hay otra palabra. Enemigos. Bastaba una palabra. Un gesto. Un suspiro mal colocado para que estallara el caos. Ella empezó a decirme cosas crueles. Hirientes. Y yo, en lugar de apagar el fuego, lo avivaba. Le respondía con el mismo veneno, a veces incluso peor. Ya no nos importaba nada. Ni los recuerdos, ni las promesas, ni los abrazos de antes, ni siquiera el cuarto vacío del bebé.

Nos habíamos declarado la guerra. Y en la guerra todo vale. Usábamos lo que sabíamos del otro para destrozarnos. Ella decía:

—Al final, ni siquiera te dolió tanto como dices. Tú sigues con tu vida como si nada.

Y yo respondía:

—¿Y tú qué? ¡Te volviste de piedra! ¿De verdad crees que eso es ser fuerte? ¡Estás muerta por dentro y ni cuenta te das!

Nos gritábamos con rabia, como si quisiéramos desenterrar todo el dolor y arrojárselo al otro. Cada discusión era una demolición. Un ataque al corazón del otro. Ella me reclamaba con celos, con rabia, con exigencias imposibles.

Y yo, en lugar de calmarla, la provocaba. Ya no negaba sus acusaciones. Me cansé, me alejé justo cuando más me necesitaba.

Me fui, me volví ausencia. Pasaban días en los que ni siquiera volvía a casa. Me quedaba en la calle, en casa de algún amigo, o en el coche. Me inventaba excusas. No quería verla y lo peor es que, en el fondo, tampoco quería verme a mí. El amor se volvió campo de batalla. Los abrazos de antes ahora eran paredes, las caricias ahora eran indiferencia. El nosotros se había roto, lo poco que quedaba eran los escombros de una tragedia mal llevada, mal llorada, mal comprendida. Dos personas destruidas, dispuestas a destruirse mutuamente.

Ocho meses después de la tragedia, ya nada era salvable. Las peleas eran rutina, los gritos una banda sonora que nos acompañaba hasta en el silencio. Los días se confundían entre discusiones, insultos y objetos que volaban como si fueran parte de una danza violenta. A veces un plato, a veces una puerta, a veces, su mano.

Sí, me abofeteó. Y sí, me lo gané. Por cínico, por cobarde, por no saber sostenernos cuando más lo necesitábamos.

Y un día simplemente lo hice. Me fui. No con dignidad, ni con valentía. Lo hice como hacen los cobardes: cerrando la puerta sin mirar atrás. La abandoné. No hay otra palabra. La dejé sola, destrozada, llorando en la cocina que aún olía a sus lágrimas y a los restos de un café que ya nadie volvería a preparar para dos. Me suplicó, me rogó con la voz entrecortada por el llanto:

—Por favor… no lo hagas… no me dejes ahora… yo te amo, joder… ¡te amo!

Y me quedé inmóvil. La miré desde lejos. La quería, pero ya no la amaba. El amor se nos había escapado entre los dedos como agua sucia.

Me fui. Como quien huye de una casa en llamas sin mirar si alguien quedó atrapado adentro. Y con ella se fue todo: las ganas de ser padre, de ser esposo, de ser familia. Me rendí, abandoné la batalla sin siquiera recoger los cuerpos.

Ella me buscó. Golpeó mi puerta como una furia herida, como si el amor pudiese volver a la vida con gritos.

—¿Dónde está? —fue lo primero que dijo, con los ojos desorbitados, la voz ardiendo—.

—¿Dónde está la puta con la que estás ahora?

Le respondí que no había nadie. Que estaba solo, que no había otra mujer. Pero no lo creyó.

—¡Mentiroso! ¡Cobarde! ¡Hijo de puta! Tú no sabes amar. ¡Ni siquiera fuiste capaz de luchar por mí!

La miré sin palabras, y luego escupí las mías.

—¿Y tú crees que tú sí? ¿Con tu carácter de mierda?

Ella se estremeció.

—¿Dices que te amé mal? ¡Yo lo di TODO por ti! ¡Maldito seas! Ni siquiera tuviste los huevos para reclamar lo que era tuyo en la fábrica. Sigues siendo la misma mierda de siempre. Un empleado del montón. Un títere. Un mediocre.

Entonces perdí el control. Se me quebró el último hilo de paciencia.

—¿Sabes por qué me fui? —dije con voz seca y temblor en las manos—.

—Porque ya no te aguantaba. Porque cada día contigo era un campo de minas. Porque todo lo arruinaste. Porque tú, Nathaly, mataste lo poco que quedaba de nosotros.

Y luego, la frase que jamás debí decir, aquella que quedó flotando en el aire como un disparo que nunca deja de resonar:

—Y gracias a Dios ese bebé no nació. Porque tú hubieras sido una madre de mierda.

Ella se paralizó. El mundo se detuvo. Se cubrió la boca con las manos, como si con eso pudiera evitar que las palabras la destrozaran por dentro. Y en voz baja, casi como una maldición, dijo:

—Eres una bestia… una bestia sin alma.

La miré sin poder sostenerme.

—Y tú, una mujer vacía. Que se cree fuerte, pero está muerta por dentro.

No nos gritábamos para ser escuchados, nos gritábamos para destruirnos. Para asegurarnos de que, después de eso, no quedara nada en pie. Ni un recuerdo, ni una ilusión, ni un rincón al que regresar.

Y así fue.

Después de ese día, no hubo vuelta atrás, ni redención, ni perdón. Solo el eco cruel de lo que fuimos, rebotando eternamente en las ruinas del amor que no supimos cuidar. Mi historia con ella terminó. No fue abrupto, pero sí definitivo. Varias veces intentó regresar, me escribió, me buscó, incluso usó como excusa que habían salido los papeles de adopción que meses atrás habíamos tramitado con la ilusión intacta de adoptar un hijo.

Pero yo ya no era digno de su amor. No después de todo lo que le hice, de todo lo que le dije. Lo sabía, y lo sentía como una verdad que me atravesaba el pecho: no merecía ni su perdón ni su ternura.

En su mirada seguía viviendo el orgullo, los celos, y sí, ese amor dolido que aún me guardaba. Aun así, me juró que si no podía tenerme, al menos se aseguraría de que no fuera feliz. Que haría de mi vida un infierno. Y no sé si fueron solo palabras, o si en verdad su rabia fue capaz de mover engranajes invisibles, pero desde entonces, mi suerte cambió.

Primero fueron pequeños contratiempos: un par de sanciones de tráfico absurdas, sin justificación ni lógica. Luego problemas laborales: revisiones constantes, supervisores que antes me respetaban y ahora parecían buscarme fallos. Y entonces llegó la carta de Hacienda: me sometían a una auditoría. Revisaron cada cuenta, cada factura, cada movimiento, como si detrás de mis papeles pudieran encontrar al hombre roto que yo era. El resultado fue tan cruel como mi conciencia: debía más de lo que tenía. Más de lo que podía.

Me vi solo. Me vi desarmado, sin ella, sin nadie.

Lo admito sin vergüenza: mi vida sin Nathaly no fue mejor. Fue un naufragio lento, silencioso y sin testigos. Un vacío que se comía las paredes desde dentro. Volví a tomar terapia. Esta vez con la urgencia de quien se ahoga.

Busqué un psicólogo como quien busca un salvavidas. Pero no bastó. No había palabras suficientes, ni ejercicios mentales que lograran sostener todo lo que dentro de mí colapsaba. Fui incapaz de decirlo sin llorar: "yo destruí a la mujer que llevó a mis hijos en el vientre". ¿Qué clase de monstruo hace eso? ¿Qué tipo de hombre es capaz de romper a quien lo amó incluso en su peor forma?

Mi terapeuta me remitió con rapidez a un psiquiatra. Dijo que lo mío no era solo tristeza ni duelo, sino un trastorno depresivo mayor, agudo, posiblemente combinado con un cuadro de ansiedad severa y síntomas de disociación. Mi cabeza estaba partida en dos: una parte funcionaba, la otra simplemente flotaba en un limbo donde el dolor era la única certeza.

No me reconocía frente al espejo.

No era yo.

Era el reflejo de alguien que había fallado en todos los roles que soñó cumplir. Y en medio de todo, lo peor no era la soledad, ni siquiera la culpa.

Lo peor era el silencio, ese silencio que grita que no te perdona y que cada noche me recordaba que era un monstruo.

Capítulo 20 -
Felicidad química

El diagnóstico fue contundente y acertado. Estaba mal, quizá más de lo que yo pensaba. Trastorno depresivo mayor, episodio actual grave, con síntomas ansiosos. Eso fue lo que escribió, con letra clara, en el informe clínico. Me explicó que mi estado se caracterizaba por una tristeza persistente, incapacidad para experimentar placer, fatiga extrema, alteraciones en el sueño y el apetito, pensamientos cíclicos de culpa, e incluso episodios de despersonalización —momentos en los que sentía que no habitaba mi propio cuerpo, como si todo fuera una escena vista desde lejos—.

Era algo que no podía solucionarse solo con hablarlo. No era simplemente "estar triste". Era mucho más que eso. Mi mente estaba atravesando una especie de colapso y, por más que lo intentara, ya no tenía las herramientas para levantarme solo.

Necesitaba ayuda médica.

Necesitaba un psiquiatra. Me lo explicaron con paciencia y mucha humanidad. "Te voy a remitir a un psiquiatra porque estás mostrando signos clínicos que indican disfunción neuroquímica: la terapia te permite comprender y procesar, pero cuando el cuerpo ya no responde, necesitamos intervenir a otro nivel", me dijo. Y añadió:

—Hay pérdida de funcionalidad. No puedes mantener una rutina básica sin sentirte colapsado, tus pensamientos están en bucle y tus respuestas emocionales están muy por debajo de lo esperable. Si no intervenimos ahora, esto puede agravarse. No es una cuestión de voluntad. Es salud mental. Y como tal, se trata.

Al día siguiente me dirigí a la Clínica López Ibor, una de las más reconocidas en salud mental en Madrid. Cruzar esa puerta fue como rendirme, pero también como entrar en una tregua. Estaba cansado de pelear contra mí mismo. Que alguien me dijera qué hacer ya era, en cierto modo, un descanso.

Mi nueva psiquiatra era una señora mayor, elegante, con una voz firme y pausada, casi maternal. Tenía el cabello recogido en un moño sencillo y una mirada que no juzgaba. Desde el primer momento, su presencia transmitía una calma extraña. Me explicó con claridad por qué estaba allí:

—Nuestro objetivo no es anular lo que sientes, sino ayudarte a volver a sentir desde un lugar más sano. Vamos a explorar tu historia, pero también vamos a intervenir a nivel biológico. La mente y el cuerpo están unidos: no se trata solo de hablar, sino también de cuidar el órgano que permite pensar, recordar y amar. Tu cerebro necesita descansar y recuperarse.

Me realizaron varios estudios: análisis de sangre completos para descartar causas médicas subyacentes, una valoración neuropsicológica básica y una entrevista clínica estructurada. Evaluaron también mi nivel de ansiedad, mi funcionalidad diaria y los posibles antecedentes psiquiátricos familiares. En cierta forma, me sentía bien de estar allí. De que alguien me tendiera una mano, incluso si ello implicaba estar sujeto a medicamentos. Había algo profundamente humano en que, después de tanto tiempo sin entender qué me pasaba, alguien por fin pusiera nombre a mi dolor y me ofreciera una posibilidad, una salida, un tratamiento.

No era una solución mágica, pero era un comienzo.

Las primeras terapias consistían en reeducar mi mente, como quien enseña a un animal herido a confiar de nuevo. Empezamos con psicoterapia cognitivo-conductual, que era una especie de entrenamiento para atrapar pensamientos autodestructivos al vuelo, desarmarlos y devolverlos al suelo con una etiqueta: "esto no es verdad, es solo miedo". Hacía ejercicios de respiración, de meditación guiada, de escritura emocional, de reconocimiento corporal. Me preguntaban qué sentía en los hombros, en el pecho, en el vientre. Y yo respondía con torpeza, como quien vuelve a hablar tras años de silencio.

Las pastillas llegaron como refuerzo. Me aferré a ellas con la obediencia de un náufrago a una tabla de madera. Cada cápsula era una tregua con mi ansiedad, una negociación con mi tristeza. El cuerpo obedecía, el sueño volvía. Poco a poco, la vida parecía menos pesada. Y en ese lento renacimiento, mi pandilla —porque así nos llamábamos, pandilla— propuso una locura que me pareció una epifanía:

—Hagamos un viaje por Europa. De esos con hoteles caros, copas eternas y ciudades que parecen de mentira.

Y así fue.

Nos fuimos.

París fue el comienzo, como debía ser. Todo viaje que se respete debe iniciar en una ciudad que ha hecho del amor y la melancolía una forma de arte. Dormimos en un hotel frente al Sena, donde las ventanas eran tan grandes como nuestros anhelos. Subimos a la Torre Eiffel con copas en mano —porque sí, contratamos un guía privado que nos llevó champagne— y brindamos viendo parpadear la ciudad. Paseamos por el Marais como poetas sin cuadernos, susurrando versos que no escribimos.

En Montmartre nos hicimos retratar por un artista viejo que hablaba con los fantasmas de Toulouse-Lautrec y Dalí. Comimos *foie gras* como si supiéramos de qué iba el asunto. Y en el Louvre, discutimos durante una hora si la Gioconda sonreía de verdad o solo se burlaba de nuestra fragilidad.

De París viajamos en tren a Ginebra, donde los relojes eran tan precisos que daban miedo. Nos hospedamos en un hotel con vistas al lago Lemán. Allí aprendí que el silencio también puede ser elegante, y que la paz tiene un precio que solo algunos pueden pagar. En Suiza todo parecía flotar sobre el mundo. Compramos chocolates como si fueran joyas, y hablamos de política internacional mientras caminábamos entre bancos y embajadas. Fui feliz por unas horas fingiendo ser alguien que leía el *Financial Times* por placer.

De ahí a Milán, donde todo brillaba: los escaparates, las gafas de sol, la forma en que los italianos pronunciaban mi nombre. Nos vestimos de gala para cenar en un *rooftop* con vista al Duomo, y durante la sobremesa Gennadi lloró recordando a su madre. Así era el viaje: lujo y emoción, risa y nostalgia.

En Venecia, los canales nos abrazaron con una ternura líquida. Contratamos una góndola privada con un violinista que, a cambio de 200 euros, nos tocó "Por una cabeza" mientras las estrellas caían sobre la laguna. Allí sentí, por primera vez en mucho tiempo, que podía vivir con belleza. Y claro, recordé un poco a Alessia.

Luego vino Florencia, donde el arte nos dio bofetadas de humildad. Miguel Ángel, Botticelli, Dante. Caminábamos entre ruinas y mármol como si nuestras almas necesitaran recordar que también venimos de algo glorioso. Yo, que apenas lograba armarme cada mañana, me vi reflejado en el David: inacabado, tensionado, pero erguido.

Saltamos a Praga, ciudad mágica donde las torres góticas parecen escuchar tus pensamientos. Bebimos cerveza artesanal en tabernas subterráneas, recorrimos castillos y vimos amanecer sobre el Puente de Carlos. Una gitana me leyó la mano y dijo que volvería a amar. Le creí por diez minutos, hasta que me distraje con una banda callejera tocando *jazz manouche*.

En Viena, nos dimos el gusto más burgués del viaje: entradas en primera fila para una ópera de Wagner, seguida de una cena con ocho cubiertos en el restaurante de un hotel imperial. Todo era terciopelo, dorado y silencio respetuoso. Me sentí incómodamente feliz, como un impostor en un sueño ajeno.

Y después, Berlín. El contraste. La ciudad cicatrizada por la historia. Ahí no había lujo, sino verdad. Visitamos el Muro, los memoriales del Holocausto, y Luighy —el más bromista— se quedó callado por un día entero. Berlín nos recordó que todo lo que brilla pudo haber sido sangre alguna vez.

Finalmente, Barcelona. El Mediterráneo, lo mío. La fiesta, dormíamos de día y bailábamos de noche. Nos perdimos en el Gótico, brindamos en bares clandestinos, vimos el amanecer desde los búnkers del Carmel, con la ciudad extendiéndose como una promesa que no sabíamos si cumplir. Gaudí, el sol, el mar. Y una extraña paz que parecía venir de dentro, no de las pastillas.

Fue un viaje hermoso. Perfecto. Falso.

Porque aunque reía, vivía, y mis redes sociales parecían un catálogo de felicidad, yo sabía, en el fondo, que había algo artificial en todo aquello. Que la estabilidad que me rodeaba era comprada, construida, medida. Y comencé a preguntarme:

¿Y los que no pueden hacer esto?

¿Y los que lloran sin poder pagar siquiera un hombro?

¿Y los que mueren callados, sin un diagnóstico, sin un nombre para su dolor?

Porque, aunque nadie quiera admitirlo, la salud mental es un privilegio. No todos pueden pagar una consulta de 120 duros. No todos tienen tiempo para detener su vida, ir al gimnasio, meditar, respirar, viajar. Hay quienes deben seguir trabajando, aunque la mente se les deshaga por dentro. Y nadie lo nota, porque la productividad se ha vuelto una máscara perfecta. Y ahí, entre copas de vino tinto en Burdeos y desayunos junto al Arno, me dolía la culpa. Me dolía la injusticia.

Yo me curaba, o al menos lo intentaba, no solo por voluntad, sino por posición. Esa era la verdad incómoda que nadie decía: curarse también es una forma de clase. Pero entonces, entre todas esas ciudades, entre todas esas risas y paisajes que parecían sacados de un sueño caro, empecé a ver el sol.

Sí, era químico.

Sí, tenía efectos secundarios: temblores, insomnio, boca seca y, aunque me avergonzaba decirlo, lagunas mentales ocasionales.

Pero también guardaba algo más. Tenía una mano. Tenía recuerdos bellos. Tenía la sospecha de que quizás la vida, con todo y su dolor, todavía podía ofrecerme momentos de belleza tan profundos, que valiera la pena continuar.

El viaje terminó —como terminan todas las grandes evasiones— con el sabor agridulce del regreso. Atrás quedaron las cúpulas de Praga bajo el último sol de otoño, el eco de nuestros pasos en los pasillos vacíos del Louvre y las carcajadas en los bares secretos de Budapest. Volvimos con las maletas llenas de souvenirs que jamás usaríamos, con el alma decorada de recuerdos nuevos, y una pequeña nostalgia anticipada por lo vivido, como si algo dentro de nosotros supiera que no se puede tocar el cielo sin pagar el precio del aterrizaje.

Madrid me recibió con su acostumbrada indiferencia elegante. Como si nada hubiera ocurrido. El mismo bullicio ordenado, los mismos semáforos obedientes, los mismos camareros con su acento castizo sirviendo cañas, como si la vida no pudiera cambiar nunca. La rutina me ofreció un refugio cómodo: el trabajo fluía con inesperada soltura, los negocios familiares se mantenían firmes, incluso los proyectos en Murcia dejaban las cifras prometidas. Volaba de vez en cuando a supervisar, a asegurarme de que los engranajes siguieran girando sin crujir.

Me convertí, sin darme cuenta, en el tipo de adulto que mi yo de veinte habría envidiado un poco: ordenado, solvente, cumplidor, casi pulcro en su disciplina.

Las vacaciones las pasaba en Moscú, donde me esperaba la calidez de una familia que sabía perdonar los silencios largos. La cena navideña era siempre un pequeño ritual de ternura: mi madre cocinaba, como si el invierno pudiera combatirse con mantequilla, mi padre, ahora más sabio y menos severo, recordaba batallas que solo existían en su memoria.

En Reyes, el intercambio de regalos era una excusa para volver a ser niños por unas horas. Incluso el gato, con alma de hermano menor, parecía entenderlo todo, y se dormía entre nosotros como si custodiara un secreto.

Ya no pensaba en el amor de pareja. Al menos no con urgencia. Había encontrado, sin buscarlo, otras formas de amar: el afecto sin condiciones de mis padres, la lealtad juguetona de mis amigos, el cariño que se desbordaba hacia los hijos de mi prima como si fueran míos; las ardillas.

Un pequeño clan de amigos y amigas que no necesitaban pretextos para aparecer un domingo por la mañana con ingredientes para hacer pizza o con una bolsa de palomitas para ver películas malas. Íbamos a jugar bolos como si fuera una competencia olímpica, organizábamos asados improvisados con más risas que carbón. Celebrábamos los cumpleaños como si estuviéramos celebrando el simple hecho de seguir aquí, vivos, juntos.

Eran mi refugio, mis vitaminas, mi antídoto contra el desencanto.

Y sin embargo, algo empezaba a crujir debajo de todo ese bienestar cuidadosamente construido. Un temblor leve, casi imperceptible, que comenzó en los márgenes de mis días. Porque las pastillas —esas discretas salvadoras— empezaban a volverse insuficientes. Lo noté primero en la memoria: los nombres se me escapaban como peces. Luego en los sueños, que se volvieron planos, sin rostros. El Escitalopram que me equilibraba comenzó a diluirse en su eficacia, la Mirtazapina que me ayudaba a dormir dejaba a su paso una bruma que duraba hasta media mañana, y el Clonazepam, tan dulce en su consuelo, empezó a convertirse en una necesidad. No en una opción. En una dependencia.

Y eso fue lo que más me dolió: no saber si esa serenidad era mía o de laboratorio. No saber si esa calma era conquista o química. Si la alegría que sentía era real o inducida. Y, sobre todo, temer que sin ellas, todo lo demás —la risa, el amor, las ardillas, la estabilidad— se desmoronara como un decorado mal clavado.

La tolerancia es el enemigo invisible de los psicofármacos. Al principio funcionan con prodigiosa eficacia. Se introducen en el torrente, modifican la captación de serotonina, estabilizan el ánimo, anestesian la desesperanza. Pero con el tiempo, el cuerpo aprende. Se adapta. Los receptores se vuelven menos sensibles. El mismo miligramo ya no hace el mismo efecto. Y entonces comienzas a subir la dosis, sin darte cuenta, como quien sube el volumen de una canción que ya no lo emociona.

Biológicamente, todo tenía sentido. Neurológicamente, era perfectamente explicable. Pero existencialmente… era devastador. Porque uno empieza a preguntarse:

¿Soy yo el que ha mejorado, o simplemente he aprendido a no sentir?

¿Estoy curado o adormecido?

¿Quién sería sin esta mezcla de sustancias? ¿Sería un hombre roto o un hombre auténtico?

Y lo más duro: ¿Qué pasa con quienes no pueden pagar esta fórmula, este tratamiento, este psiquiatra de voz pausada en una clínica privada del barrio Salamanca?

¿Qué pasa con quienes se pierden, simplemente, por falta de presupuesto?

Pensé en eso muchas veces mientras comía en terrazas costosas o planeábamos la próxima escapada con la pandilla. Me invadía una culpa sutil, esa que no grita pero se queda. Me sentía un privilegiado, sí, pero también una especie de traidor. Porque había comprado la paz. Y me daba cuenta de cuán injusto era que la salud mental —ese derecho elemental— se convirtiera en un lujo más del sistema.

Pero a pesar de todo —de las dudas, del miedo, de los efectos secundarios que se colaban por las grietas—, seguí. Por todos, por los abrazos después de la pizza. Por la risa absurda que compartíamos viendo vídeos tontos. Y porque, incluso medicado, anestesiado, domesticado por la química… yo aún podía amar.

Y ese, tal vez, era el único síntoma de que aún seguía vivo.

Los medicamentos no calmaron mi dolor. Pero me salvaron. No como un salvavidas heroico, sino como una cuerda lanzada a medias desde una orilla que a veces parecía tan lejana como la paz. Me sostuve en ellos con algo de miedo, como quien no sabe nadar pero tampoco quiere ahogarse. Intenté dejarlos, claro, más veces de las que podría confesar en voz alta. Pero cada intento se convirtió en una recaída, cada recaída en una lección muda: que hay dolores que no se superan con voluntad, sino con química.

Así que aprendí a ceder. Una vez a la semana iba a consulta. Escuchaba al psiquiatra con atención respetuosa, recibía la fórmula como si me entregaran un pasaporte temporal a la normalidad y salía con mis cajas en la mochila como quien lleva dentro un pequeño laboratorio personal. Y la vida, contra todo pronóstico, empezó a acomodarse.

Había recuperado algo parecido a la calma.

Pero, como todo en la vida, también la química tiene sus sombras, lo que nadie te dice: que muchos de esos medicamentos, tan nobles al inicio, son también caprichosos. Que algunos, como el escitalopram o la quetiapina, generan dependencia sutil, una suerte de fidelidad química. Que el organismo, al acostumbrarse, exige más para obtener lo mismo. Que si no aumentas la dosis, la estabilidad se agrieta y que, en algún punto, no sabes si sigues tomándolos para sentirte mejor… o solo para evitar sentirte peor.

Capítulo 21 -
Un paisaje que no se miraba: se sentía

Me vi atrapado en esa dualidad: entre el agradecimiento y la sospecha, entre la gratitud y el miedo. Y, sin embargo, seguí. Porque lo que había recuperado no era poca cosa. Porque tener una vida más o menos ordenada, aunque fuera asistida por la ciencia, también era una forma de victoria. Y así pasaban los días; trabajaba, amaba a mi manera, compartía y reía. Publicaba poco y observaba mucho, hasta que una tarde cualquiera, mientras me perdía sin rumbo en las redes sociales —ese escaparate de vidas perfectamente editadas—, algo me detuvo.

No fue una persona. No fue una frase.

Fue una imagen.

Una postal.

Un lugar.

Para muchos, nada extraordinario. Un paisaje lejano, quieto, bañado por una luz casi irreal. Pero había algo en esa fotografía, algo en la forma en que el cielo abrazaba la tierra, en el color del cielo, en la textura del horizonte... algo que me atravesó.

Y por un instante, por primera vez en mucho tiempo, no quise solo mirar. Quise estar ahí. No para compartirlo, no para contarlo, no para demostrarlo. Solo para sentirlo.

Era un deseo puro, visceral, sin lógica ni justificación. Un impulso silencioso, como un susurro del alma. Y en ese momento —y solo en ese momento— supe que algo iba a cambiar. Sin saber aún qué, ni cómo, ni cuándo. Pero el viaje, aunque todavía invisible, ya había comenzado.

Era un lugar que, a simple vista, muchos habrían descrito como ordinario. Un campo más. Un árbol. Un cielo. Nada que no hubiéramos visto mil veces en calendarios baratos o fondos de pantalla reciclados. Y, sin embargo, algo en esa imagen tenía el poder hipnótico de lo eterno. No sé si fue la pericia silenciosa de quien la tomó —un ojo que entendía no solo de enfoque y luz, sino del alma escondida en lo aparentemente simple— o si fue la hora exacta, ese minuto dorado en el que el sol y la tierra se saludan como antiguos amantes a punto de separarse. Lo cierto es que la imagen me atravesó. No como una postal, sino como un recuerdo.

Quizá por eso me quedé tanto tiempo mirándola, como si algo en mí ya la conociera. Como si, en algún rincón velado de la conciencia, ya hubiera caminado por ese campo, ya hubiera respirado ese aire, ya hubiera sentido bajo mis pies el crujido suave de ese césped indómito, alto, libre. Una teoría me vino a la cabeza, de esas que parecen un delirio pero que uno acaricia como quien acaricia una herida cerrada: ¿y si no era un recuerdo de esta vida, sino de otra?

Los físicos cuánticos —esos poetas con bata blanca— hablan de universos paralelos, de dimensiones que coexisten al lado de la nuestra como capas de una cebolla cósmica. Algunos aseguran que cada elección que no tomamos se cumple en otra realidad, que cada vida que no vivimos está ocurriendo en otro plano. Entonces, ¿y si aquella imagen era una grieta? ¿Una ventana? ¿Un eco de mí mismo en otro universo donde fui feliz allí, donde viví, amé o incluso morí?

¿Y si la memoria no es lineal, sino líquida?

¿Y si algunos recuerdos no provienen del pasado, sino de las versiones de nosotros que se mueven al margen del tiempo?

Pero no era el momento para explicaciones. Solo sabía que esa imagen no me gustaba. Me atrapaba. Era un paisaje sin nombre. Un atardecer... o tal vez un amanecer. No importaba. Ambas horas comparten el mismo lenguaje de misterio, ese instante en que el cielo no ha decidido aún si rendirse o despertar.

Al fondo, un árbol solitario, grande, viejo, con la sabiduría callada de los testigos del tiempo. No tenía hojas radiantes ni flores espectaculares. No necesitaba adornos. Su tronco hablaba, sus ramas estiradas al cielo parecían pedir perdón o lanzar bendiciones. Y a sus pies, un césped salvaje, indómito, que daba la sensación de no haber sido cortado nunca. O peor aún: de haber sido abandonado a propósito, como si cortar su libertad fuera un crimen.

El cielo —ah, el cielo— era una sinfonía en escala violeta. No ese violeta artificial de filtros digitales, sino uno que nacía del alma del horizonte, como si el mundo se estuviera despidiendo en voz baja. Había matices de azul profundo que se disolvían poco a poco en un rosado apenas perceptible. Nubes tenues flotaban sin apuro, como suspiros detenidos, como promesas que no sabían si cumplir.

Y aunque no se escuchaba el viento, se percibía. Un aire fresco, puro, lleno de esperanza. Una brisa que no movía el cabello, pero sí la conciencia. Era, en esencia, un paisaje que no se miraba: se sentía.

Compararlo con los grandes paisajes del mundo sería injusto. Ni las montañas perfectas de Suiza, ni los acantilados esmeraldas de Irlanda, ni los cerezos en flor de Kioto, ni las dunas doradas de Namibia. Ninguno se le acercaba, porque aquello no era belleza para el ojo, era belleza para el alma. Un rincón tan humilde y tan cósmico a la vez, que parecía existir no en un país, sino en el centro exacto del anhelo humano.

Un lugar donde los dioses, si existen, bajan a descansar. Donde los secretos del universo se filtran sin prisa, gota a gota. Donde los que ya no están, quizás esperan. O simplemente donde uno, por fin, podría llegar a ser. Me quedé ahí. No físicamente, pero sí con la mirada anclada. No deseando saber quién había publicado la imagen, sino queriendo, con todo lo que era, habitarla. Y sin saberlo aún, ese instante sería el principio de todo.

De todo lo que vendría.

De todo lo que había olvidado.

De ella.

Casi sin pensarlo, sin preámbulos ni estrategia, nació en mí una necesidad tan genuina, tan visceral, que me resultó casi absurda. No era una pregunta, era una urgencia. Como si algo dentro de mí, que llevaba años dormido, hubiera despertado de golpe al ver esa imagen.

Una imagen que no pedía atención, pero la reclamaba como si me conociera. Como si llevara siglos esperándome. No entendía qué era lo que me quemaba por dentro, pero lo sentía con una claridad que no dejaba espacio para la lógica. Quería saber dónde era. Dónde estaba ese trozo de cielo que había caído a la tierra sin previo aviso.

Me lo pregunté una, dos, tres veces. ¿Era un lugar real? ¿Era una composición digital, un truco de luces modelado por una inteligencia artificial con exceso de romanticismo? ¿O era en verdad un lugar tangible, accesible, que yo podía pisar, tocar, oler?

No lo sabía.

Pero necesitaba saberlo.

Entonces, sin protocolo ni timidez, movido por una ansiedad elegante, casi poética, escribí. Entré al perfil de quien la había publicado —sin mirar su nombre, sin fijarme si era mujer, hombre, joven o viejo— y lancé la pregunta más honesta que podía surgir de alguien que ya no era dueño de su propia voluntad.

Literalmente escribí:

—¿Dónde es?

Así. Sin adornos. Sin "hola", sin emojis, sin presentación, sin "me encanta tu foto". Solo eso.

—¿Dónde es?

Porque en el fondo no quería saber quién la había tomado. No me interesaban sus motivos, ni su historia, ni su vida. Quería saber de dónde venía esa luz. Ese árbol. Ese césped. Ese cielo que parecía una oración. Y más allá de eso, quería saber por qué sentía que ya había estado allí.

Era como si, con esa pregunta, estuviera arrojando una cuerda hacia el abismo. Un intento desesperado por recuperar una parte de mí que no sabía que estaba perdida. No esperaba respuesta inmediata. Ni siquiera estaba seguro de quererla. Porque a veces las respuestas destruyen el encanto de la pregunta. Pero esta vez, era distinto. Porque si ese lugar existía... yo tenía que ir. Tenía que ir, aunque no supiera aún qué estaba buscando.

A las pocas horas de haber lanzado mi pregunta al vacío digital —tan breve, tan seca— llegó la respuesta. Lo hizo como llegan las cosas importantes: cuando uno ya casi ha olvidado que las esperaba. Una notificación tímida, apenas un susurro entre el ruido, me anunció que alguien al otro lado del mundo había respondido.

La respuesta fue igual de directa, igual de desnuda:

"El trasatlántico."

Un nombre que sonaba a eco, a idioma sin patria, a viento frío soplando entre consonantes. No tenía idea de dónde quedaba, nunca lo había oído. Parecía más un acertijo que un lugar, más una melodía que una coordenada. Tenía ese tipo de rareza que solo poseen las cosas que no nos pertenecen, pero que, de pronto, sentimos que podrían ser nuestras.

Rápido, antes de que se arrepintiera, antes de que se esfumara en esa bruma de desconocidos que responden una vez y desaparecen para siempre, le escribí:

—No sé dónde queda.

Para mi sorpresa, me respondió de nuevo.

La dueña de la imagen. La dueña del encuadre perfecto, de la postal que había dejado en mí una inquietud tan silenciosa como profunda. Esa persona no solo tenía nombre: tenía un mapa detrás. Y ese mapa, para mi aún mayor asombro, conectaba con mis raíces. Provenía de ese mismo continente al otro lado del mar, de una región no tan lejana al rincón donde había nacido mi madre.

Sentí algo moverse dentro. Una mezcla de emoción antigua, de deseo infantil, de hambre por lo desconocido. Una llamada. Una invitación que no decía "ven", pero que ya me estaba trayendo.

La curiosidad, ese susurro que a veces parece tener voz propia, me llevó hasta su perfil. No sabía exactamente qué buscaba —quizá otra imagen del lugar, alguna pista, una coordenada emocional que me acercara más—, pero algo en mí necesitaba ir más allá. Fue un impulso íntimo, casi febril, que me arrastró a mirar, a escudriñar con el alma más que con los ojos.

La autora de aquella postal que me había estremecido era una mujer.

Violeta.

Un nombre que parecía escrito en tinta morada sobre un cuaderno de viento. Un nombre que olía a madrugada, a vino tinto, a libros abiertos bajo la lluvia.

Tenía algunas fotografías expuestas al mundo, pequeñas ventanas a su universo: paisajes lejanos, instantes detenidos, reflejos de su rostro entre luces suaves, siluetas de amigos, perros y gatos dormidos al sol, calles mojadas, y cielos que parecían pensados por ella misma.

Pasé las imágenes con la prisa de quien teme enamorarse. Pero entonces, algo me detuvo. No un lugar, sino un instante.

Era ella.

Una fotografía suya.

No de esas que se toman para gustar, sino de las que se revelan sin querer, cuando el alma se asoma. No era una imagen, era un poema que respiraba. Su rostro tenía algo de luna y de incendio. Su mirada, esa forma sutil de mirar sin mirar, parecía conocer todos los silencios que yo arrastraba desde niño. Había en ella una belleza que no era de este mundo. No por irreal, sino por honesta. Como si llevara dentro todas las estaciones del año y no supiera mentir ni con el gesto más mínimo.

Me quedé quieto, como si el tiempo se hubiese detenido solo para que pudiera verla, y supe que ya no podía volver al punto donde estaba antes de encontrarla. Que había algo en ella —en su imagen, en su nombre, en su forma de existir— que me llamaba. Como si desde el otro lado del mar, desde el otro lado de la vida, alguien me hubiera dicho:

Aquí comienza todo.

Ese día hablamos, en medio de una conversación breve pero fluida, como esas melodías suaves que no necesitan ser largas para dejar eco. Me explicó con claridad dónde estaba aquel lugar. Lo llamó otra vez, con la naturalidad de quien lo habita, de quien lo nombra todos los días sin saber que está pronunciando un hechizo.

Me dijo que sí, que solía verse así, que ese paisaje que a mí me parecía de otro mundo era su escenario cotidiano, su fondo de vida. Allí vivía. Allí despertaba. Allí dormía. Y sentí una punzada, lo admito, una especie de envidia suave, elegante, casi romántica. Pensé en la suerte infinita que tenía de poder ver ese espectáculo cada mañana, cada tarde, cada noche… Pero luego, como si el pensamiento no quisiera quedarse en lo evidente, pensé en algo más.

Pensé en los afortunados que la conocían, que compartían con ella una conversación, un paseo, una risa. Porque ellos —los que estaban cerca— no solo eran testigos de la belleza del paisaje. También eran testigos de ella. Y tener ambos espectáculos al mismo tiempo —la tierra y Violeta— debía ser, sin duda, un privilegio reservado a los dioses.

La conversación, como muchas otras en esta vida líquida, murió dulcemente. Sin despedidas. Solo con un mensaje sin responder, suspendido en el aire, como una nota que nadie se atrevió a cantar del todo. Quedó allí, el chat, como una puerta entreabierta. Como un poema inacabado. Como un silencio que no duele, pero tampoco se olvida. A la espera de que uno de los dos —en algún día cualquiera, a cualquier hora imprevisible—

osara romper el silencio y devolviera al mundo la pequeña llama que alguna vez encendimos sin querer.

Tuvieron que pasar un par de días para que el hilo que nos unía volviera a tensarse. Fui yo quien lo jaló, con el más frágil de los pretextos, como quien roza la puerta de una casa que no le pertenece pero a la que ansía volver. No hubo saludo ni introducción formal, solo un mensaje lanzado con esa torpe elegancia que tiene el deseo disfrazado de curiosidad.

Y ella…

Ella respondió.

Lo hizo con la naturalidad de quien no necesita invitación para hablar de lo que ama. Comenzamos así, casi sin darnos cuenta, un ir y venir de mensajes interminables, tejidos con la seda de la cotidianidad y la calidez de lo no dicho. Sin que yo se lo pidiera, comenzó a compartir pedacitos de su rutina, como si supiera que el mundo que la rodeaba me fascinaba tanto como ella misma.

Había en su manera de narrar algo casi sagrado. Contaba su día como si fuera un cuento: pausado, lleno de texturas, de silencios y de luz. Tenía una habilidad exquisita —única— para hacer que lo pequeño pareciera revelación. Me hablaba del clima, de cómo se filtraba la luz por su ventana, del sonido de los coches a lo lejos, del pan caliente en la mesa o del olor a tierra mojada después de una llovizna suave.

Y yo escuchaba —leía— como quien escucha a una sacerdotisa del asombro. A veces me mostraba el lugar, — sabía que me había encantado—. Me lo enseñaba como quien abre una caja de secretos, explicándome con paciencia y ternura cosas que para mí eran completamente nuevas, casi mágicas.

Yo, en respuesta, intentaba darle algo de mí.

Primero le hablé de fútbol, como quien entrega una piedra común esperando que ella vea en ella una joya. Luego vinieron otras cosas, historias sueltas de mi vida, recuerdos desordenados, pensamientos lanzados como botellas al mar. Y ella, con esa inteligencia suave que tenía, sabía leer entre líneas lo que yo no me atrevía a decir del todo.

Así pasaron las semanas. Dulces, serenas, inadvertidas. Hasta que un día, sin aviso, sin drama, sin cierre… desapareció. Había compartido conmigo su número. Un gesto íntimo, delicado. Un puente que parecía querer sostenerse sobre el abismo de la distancia. Y aun así, un día cualquiera, se esfumó.

No más mensajes.

No más señales.

Solo el vacío suave que dejan las personas que importan. Y yo, que no soy dado a certezas, me encontré especulando.

¿Fue su intuición la que se lo dijo?, ¿Lo sintió, en lo más hondo de su alma, que algo de mí podía herirla?, ¿O tal vez supo —como saben los que han amado demasiado temprano— que a veces lo más bello también puede ser lo más peligroso?

Quizá desapareció para salvarse.

Quizá para salvarme a mí.

O quizá, simplemente, porque algo en mí le recordó un abismo al que ya no quería asomarse. Lo cierto es que se fue. Y sin embargo… aún habitaba en mí. Porque hay mujeres que, incluso cuando callan, siguen hablándote desde algún lugar que no conoces. Y Violeta, aunque ahora envuelta en ausencia, seguía siendo esa voz. La que sabía contar el mundo, la que convertía la vida en un paisaje, la que un día cualquiera volvió a desaparecer como desaparecen los milagros: sin previo aviso, pero dejándote distinto para siempre.

Al inicio ni siquiera me importó. La vida seguía, las conversaciones nuevas también, como si todo fluyera en un cauce que no prometía sobresaltos. Pero hubo un día —ese día— en que la soñé. Y desde entonces, no pude arrancarla de mi mente. No fue un sueño largo ni especialmente claro, pero ahí estaba ella: su rostro, su voz, su silueta envuelta en una luz que no sabría describir, como si su presencia me hubiera sido revelada desde otra dimensión, desde un rincón del tiempo que no pertenece a esta vida. Desperté con un nudo en el pecho y una certeza ardiendo.

Si había desaparecido, pensé, probablemente fue porque quiso. Porque algo en su intuición —esa forma de sabiduría silenciosa que tienen algunas mujeres— le susurró que yo era un riesgo. Un peligro suave, tal vez. Una posibilidad de herida y sin embargo, el destino, ese artesano sin reglas, ya había hecho lo suyo. La había sembrado en mí como quien entierra una semilla sin saber que dará un árbol infinito.

Se lo conté a Gennadi, mi gran amigo, confidente y cómplice. Él, con su aire despreocupado y esa manera suya de minimizar la gravedad del mundo, me dijo lo obvio: —Escríbele. Al fin y al cabo, ya tienes su número. Y lo hice. Escribí. A ese número que me había confiado, quizás sin pensar, quizás demasiado pronto. Ese número íntimo, privado, ese puente que quizá nunca debió tenderse… pero que ahora ardía en mis manos como un pasaje sin retorno.

Hoy, al mirar atrás, creo que todo fue orquestado con una precisión cósmica. Una danza entre la física cuántica, con sus teorías de cuerdas y multiversos, y los viejos dioses que aún rigen los amores imposibles. Dios, el destino, el karma, el azar… o todas esas fuerzas actuando como una sola para que Violeta y yo coincidiéramos exactamente así: tan lejos, tan cerca, tan reales, tan improbables. Y nos enamoramos. Con la urgencia de quienes ya se han amado en otra vida. Con la inocencia de quienes no saben lo que vendrá. Y el universo —frío, perfecto, implacable— nos llevó de la mano hacia un mundo abstracto, indescifrable, lleno de dicha, de vértigo, de belleza… y también de dolor.

A veces pienso que jamás debí preguntar por ese lugar. O que jamás debí escribirle a su número personal. O que, simplemente, ella debió hacerle caso a ese primer instinto, a ese murmullo del alma que le decía: "Aléjate." Pero no somos los dueños del azar.

No controlamos los pliegues de la vida donde se ocultan los giros más decisivos. A veces, el destino no viene como elección, sino como una tormenta inevitable. Y aunque todo nos llevó a la nada, aunque el final fue tan devastador como impredecible, no me arrepiento.

Fui feliz.

Pleno, hondamente y absurdamente feliz.

Viví una historia que desbordó mi existencia, que justificó mis latidos, que me hizo humano en el sentido más puro. Porque ese amor trasatlántico —lejano, improbable, real— se convirtió en mi inspiración, en mi mayor poema, en la razón por la cual, quizás, vine a este mundo: para vivirlo, para sentirlo, para conocerlo… y para perderlo.

Y en esa pérdida, también, me encontré.

Cuando llegaron mis mensajes a su número, todo cambió. Como si una compuerta invisible se hubiera abierto de pronto, comenzamos a hablarnos con intensidad, como si hubiésemos estado esperando ese momento sin saberlo. Hablábamos por horas, sin mirar el reloj, sin sentir el cansancio, como si las palabras nos renovaran en lugar de agotarnos. Nos emocionábamos por las cosas más simples: una historia del día, una anécdota, una foto de la luna. Yo le contaba cosas, ella me contaba otras, y sin saber cuándo ni cómo, empezó a florecer en nosotros esa llama, ese algo que a veces no sabemos ni nombrar, porque aún no tiene forma pero ya lo sentimos. El inicio de algo perfecto. El inicio.

Era la exaltación de lo nuevo, esa felicidad que no necesita justificación, que no nace de lo químico ni de lo programado, sino de un lugar más profundo, ancestral quizá, donde lo desconocido despierta nuestra atención como si estuviéramos frente a un fuego primitivo. Hay algo en lo nuevo que nos hipnotiza, que nos invita a mirar con los ojos de un niño, donde todo sorprende y cada gesto es una revelación. Lo desconocido tiene esa magia: el poder de prometer sin prometer, de ilusionar sin necesidad de certeza, de invitar a un juego sin reglas donde todo parece posible.

Y aunque nos gusta pensar que somos seres de razón, que decidimos a quién amar o cuándo emocionarnos, la realidad es que nuestro cerebro ya está haciendo de las suyas mucho antes de que lo notemos.

Porque cuando alguien nuevo aparece y nos hace vibrar, se activan en nosotros circuitos cerebrales que han estado esperando esa chispa: la dopamina se dispara como un aplauso químico que celebra cada mensaje, cada respuesta. La oxitocina empieza a insinuarse, casi como una caricia a la distancia. Y aunque aún no haya un beso ni un abrazo, el cuerpo ya prepara el terreno, porque ha detectado algo... especial.

Lo especial no siempre tiene lógica, pero sí tiene ritmo. Y ese ritmo es el que empezamos a compartir.

Socialmente, estamos programados para conectar, para buscar espejos donde reconocernos y, a la vez, ventanas hacia lo que no somos pero nos intriga. Y ella era eso: un espejo que devolvía mi risa amplificada, y una ventana abierta hacia un mundo que no conocía pero quería explorar. Cada palabra suya era un descubrimiento; cada silencio, una promesa. Y es que hay amores que no se gritan ni se planean, se insinúan. Aparecen disfrazados de conversación casual y de pronto ya estás pensando en esa persona al despertar, y sonriendo como un tonto frente a la pantalla del móvil, como si eso fuera lo más lógico del mundo.

Lo maravilloso es que nada de eso se sentía artificial. Era natural, instintivo, como si nuestros cuerpos y nuestras historias ya supieran lo que venía. Como si el universo nos hubiese dado un pequeño empujón y se hubiera quedado a observar, curioso, cómo dos personas separadas por un océano empezaban a construir un puente con palabras, con risas, con silencios compartidos.

Éramos dos extraños que jugaban a reconocerse, y en ese juego se nos iba la vida con gusto. Y uno se enamora también de eso: de lo que no entiende del otro, de lo que aún no se ha dicho, de lo que apenas empieza a insinuarse. Porque en el fondo, el amor comienza así. No con fuegos artificiales, sino con una chispa sutil que se cuela por una rendija y de pronto ya lo está incendiando todo.

Y nosotros, sin saberlo del todo, ya habíamos encendido el primer fósforo.

No era solo lo nuevo, no era solo la química de mi cuerpo, no era solo el destino o el azar. Era algo más profundo, más inevitable, más real. Porque cualquier hombre en su sano juicio —o incluso en su más dulce locura— se enamoraría de una mujer como Violeta.

No se trataba únicamente de sentir mariposas o del vértigo de lo desconocido. Se trataba de haber encontrado, por una vez, algo que parecía creado con una delicadeza que roza lo divino.

Violeta no era solo una mujer: era una forma de belleza que no se imponía, sino que susurraba. Una melodía que no se cantaba con la voz, sino con la existencia misma.

Tenía esa rara cualidad de ser misterio sin esfuerzo, y de volver luminoso todo lo que tocaba sin siquiera saberlo.

Capítulo 22 -
Violeta: el preludio de un poema que aún no se había escrito

Violeta era lo que las antiguas filosofías llamaban alma vieja: una presencia con siglos de historia en la mirada, con mapas secretos en la piel, con cicatrices convertidas en flores. La forma en que habitaba el mundo desafiaba la lógica: era como si caminara con el viento pactado a su favor, como si el tiempo, a su alrededor, se volviera más lento solo para que el universo pudiera contemplarla un poco más.

Su belleza no era solo física —aunque también—, era una forma de estar, de mirar, de guardar silencio con intención. Violeta tenía el don de hacerte sentir que estabas en presencia de algo sagrado, como si sus palabras no fueran solo palabras, sino piezas de un idioma antiguo que el corazón entendía antes que la mente.

Y, sin embargo, lo más desconcertante era su naturalidad. Ella no parecía saber el efecto que causaba, o si lo sabía, lo dejaba pasar como quien no quiere estropear un milagro mirándolo demasiado de cerca. Tenía la habilidad de contar las cosas cotidianas como si fueran leyendas; y cuando hablaba de su rutina, del lugar en el que vivía, de lo que cocinaba, lo hacía con tal dulzura y precisión, que uno quería habitar su mundo, perderse en su voz como quien encuentra refugio en medio de una tormenta.

¿Y cómo empezar a describirla sin que el lenguaje tiemble? ¿Cómo hablar de ella sin que las palabras se queden cortas, sin que la poesía parezca escasa, sin que uno mismo se sienta diminuto ante la tarea? Porque lo que venía a continuación no era simplemente la descripción de una mujer, sino la confesión de un hechizo. El intento —siempre inútil, siempre necesario— de atrapar con letras aquello que solo se puede vivir con los sentidos en carne viva. Porque para hablar de Violeta hay que cerrar los ojos, respirar hondo, y dejar que el alma diga lo que el cuerpo apenas se atreve a recordar.

Conocer a Violeta no era una tarea inmediata ni simple, no bastaba con cruzarse con ella, con oír su nombre o recibir un mensaje suyo al azar, no, a Violeta había que acercarse como se entra al mar al final de la tarde, despacio, sin hacer ruido, con el alma descalza y los ojos bien abiertos, porque lo que ofrecía no era una presencia común, era una experiencia sensorial completa, un universo íntimo contenido en un solo cuerpo, una vibración que solo podía sentirse de verdad si se la miraba como quien observa la vida por primera vez, si se le escuchaba con la ternura de quien no tiene prisa por entender, si se le permitía respirar dentro del tiempo de otro, latir dentro de otro corazón, ella no estaba hecha para ser descrita de afuera hacia adentro sino al revés, porque su belleza no era solo lo que se veía, era también lo que percibía, lo que tocaba con la mirada, lo que traducía con la piel, lo que adivinaba con sus manos.

Violeta era una forma de percepción y estar cerca de ella significaba aprender a sentir como ella, con los ojos llenos de preguntas, con el olfato atento a las nostalgias del aire, con la boca reconociendo el mundo a través de gestos, con las manos buscando siempre una historia en cada textura, y con el oído recogiendo silencios como si fueran confidencias antiguas, por eso habitarla —o al menos intentarlo— era aceptar que el cuerpo humano no es solo carne y hueso, sino memoria, percepción, temblor y latido. Y ella, con sus sentidos, había hecho del mundo un lugar más profundo. Más digno. Más complejo.

Por eso no se puede contar quién fue Violeta desde afuera, para empezar a nombrarla, hay que entrar en su forma de estar viva. No puedo empezar por mí, tengo que empezar por ella, por cómo ella misma sentía el mundo, por cómo lo veía y lo olía y lo tocaba y lo saboreaba y lo escuchaba, como si cada uno de sus sentidos revelara una capa más de lo que era, como si el camino a su alma estuviera trazado por sus propias formas de percibir el mundo. Y lo supe. Para conocer a Violeta había que mirar primero a través de sus ojos.

Llevaba sus gafas con la naturalidad de quien las necesita para ver las aceras, pero jamás para intuir los corazones; para ello jamás le hicieron falta cristales ni aumentos. Sus ojos no eran simplemente bellos. Sería un error decirlo así. Decir "bellos" es una forma pobre de intentar contener lo inabarcable.

Eran más bien un destino. Un territorio sin mapa que uno decidía cruzar aun sabiendo que podía no regresar entero. Había en ellos un hechizo sin brujería, un abismo sin peligro, una ternura sin artificios. Mirarla a los ojos era aceptar una invitación a perder el equilibrio, a no saber bien si uno estaba cayendo o volando.

Eran grandes, amplios como ventanas abiertas al otoño. Un café oscuro, profundo, no de esos cafés claros que titubean entre la miel y el ámbar, no. El de ella era como la tierra mojada después de la tormenta, como los libros viejos que huelen a historias, como las raíces que han visto crecer generaciones. Ese color envolvía, arrullaba, hipnotizaba. No brillaban por el reflejo de la luz, sino por lo que contenían: memoria, carácter, templanza, firmeza, dolor y una nobleza que parecía heredada de una estirpe antigua.

Era ese tipo de mirada que no busca aprobación ni teme el juicio. Y, sin embargo, ahí también vivía la dulzura. La ternura más sabia, esa que solo conocen quienes han sido heridos, remendados, y aun así deciden seguir amando.

Pero lo más asombroso no era su color, era su profundidad. No era una mirada que se quedara en la superficie de las cosas. Era una que atravesaba. Que desnudaba sin violencia. Que sabía ver lo invisible. Tenía ese tipo de mirada que te obliga a bajar la tuya, no por vergüenza, sino por respeto. Porque uno siente que está siendo observado desde un lugar que conoce la verdad. Su mirada no pertenecía a este mundo, ni siquiera a esta época.

Era una de esas miradas que parecen heredadas de otras vidas, de esas mujeres que pintó Modigliani con el cuello largo y los ojos profundos, o de las heroínas trágicas de Virginia Woolf, donde el dolor y la inteligencia se entrelazan como amantes secretos. Mirarla era como asomarse al interior de una novela que aún no habías leído pero que ya te sabía a favorita. Incluso vista a través de la fría pantalla de un móvil, su mirada tenía la extraña capacidad de hacerte sentir observado. No solo visto: leído, interpretado, quizá incluso salvado.

Había vivido. Se notaba. En cada parpadeo, en cada centímetro del iris. Sus ojos eran un archivo silencioso de pérdidas. Como si el duelo se hubiese convertido en un velo fino que los cubría sin apagar su luz. El dolor se le había incrustado en la mirada, pero no para ennegrecerla, sino para hacerla más honda, más sabia, más real. Su abuela —esa figura sagrada, pilar de ternura y firmeza— aún vivía en esa mirada, como un fantasma amable que la habitaba y le susurraba sabiduría. Y su hermano… su hermano era una grieta luminosa que no se cerraba, una ausencia que brillaba.

Era imposible no sentir que aún hablaba con él desde algún rincón de su alma, que aún lo buscaba en cada atardecer o en cada broma mal contada. Era una mirada de quien ha perdido, pero también de quien ha amado tan profundamente que el amor se le volvió permanente.

Y, sin embargo, no era una mirada triste. No del todo. Era como esas canciones que te hacen llorar pero que te alivian. Había alegría también. Había vida. Había una luz que solo conocen las madres. Una llama que no se apaga nunca. Una mirada que defendía como una leona y acariciaba como una canción de cuna. Porque en ella vivía la fuerza del amor maternal, ese que no se explica ni se negocia. El amor por Joan y Denis la hacía mirar distinto. La hacía mirar con hambre de futuro, con furia protectora, con ternura explosiva. Sus ojos eran un refugio, pero también una advertencia: "no toques lo que amo, porque te destruyo".

Y aunque sus ojos eran reflejo de ese amor, también eran territorio de contradicciones. Como las grandes mujeres que habitan todos los matices, en ella convivían lo dulce y lo salvaje, la calma y el caos, la entrega y la rebelión. Pero no era solo eso. En sus ojos también había irreverencia, desafío, una cierta travesura elegante. Como si supiera que podía derribar a cualquiera con solo levantar la ceja derecha. Tenía un dejo de picardía que no se disolvía ni en las conversaciones más serias.

Era como si llevara dentro una adolescente rebelde que aún se negaba a ser domesticada. A veces, con solo una mirada, te descolocaba, te probaba, te desafiaba a estar a su altura. Y otras veces, con ese mismo gesto, te abrazaba sin tocarte.

Tenía pestañas grandes, curvadas con esa gracia que no se compra ni se imita. Pestañas que parpadeaban lento, como si no quisieran apresurar nada. Como si cada parpadeo fuera una pausa para volver a mirar el mundo con más calma. Era una mirada que enseñaba a pensar, que miraba con humanidad, pero también con una pizca de desdén elegante hacia la tontería del mundo. Cuando la bajaba, era imposible no pensar que lo hacía desde el fondo de otra vida. Como si supiera más de lo que decía, como si cargara con historias que nadie más podría comprender. Su mirada no se regalaba, se elegía.

Había que ganársela. Había que merecerla.

Y luego estaba ese gesto tan suyo de mirar hacia arriba o hacia el lado en las fotos. Como si le incomodara la banalidad de posar. Como si su alma prefiriera seguir observando el mundo desde un ángulo distinto. Como si el mundo que ella observaba fuera otro: más vasto, más noble, más justo. Una especie de pudor elegante y de timidez sin debilidad. Era de las que se descubren, poco a poco, como los libros prohibidos o los vinos guardados para ocasiones especiales. Uno la miraba y se quedaba con la sensación de que ella estaba mirando otra cosa. Algo más grande. Algo más verdadero.

Su mirada tenía la textura del amor bien vivido, del amor que ha dolido, del amor que no renuncia. Una mirada que abrazaba a los suyos y sospechaba del resto. Miraba con compasión, con deseo, con fe en el futuro, con una melancolía dulce que envolvía a quien la cruzara. Era una mirada que podía perdonar con ternura o herir con precisión. Una mirada que enamoraba, que intimidaba, que te hacía preguntarte si eras digno de ella. Una mirada que había amado, que había perdido, pero que aún esperaba. Una mirada que hablaba cuando callaba y que callaba cuando lo decía todo. Que podía derretirte de ternura o congelarte con una sola frase.

Esa dualidad la hacía irresistible. Era como mirar una tormenta en calma, una llama envuelta en terciopelo.

En definitiva, tenía los ojos de una mujer que había sentido demasiado y que, aun así, no dejaba de mirar con esperanza. Una mirada que había llorado en silencio, que había reído con fuerza, que había besado con fuego y que aún soñaba con una historia distinta. Una mirada que, al cruzarse con la tuya, te hacía desear ser el motivo por el cual volviera a creer en el amor.

Y entonces, después de perderte en ellos, después de rendirte sin condiciones, justo cuando creías que no podía haber más belleza en ella, estaba su respiración, la pausa entre versos, ese instante sagrado en el que el mundo se detiene y se escucha solo el rumor suave del alma… al mirarla de frente, uno descubría la armonía serena de su nariz, esa pequeña escultura que parecía modelada con la delicadeza de una caricia, porque si sus ojos eran la historia, su nariz era el preludio de un poema que aún no se había escrito.

Hay personas que no solo miran el mundo… hay quienes lo respiran.

Violeta era una de ellas. Había algo en la forma en que inclinaba ligeramente el rostro, como si escuchara con la piel o como si captara un susurro imperceptible flotando en el aire. Era en ese gesto leve, casi invisible, donde empezaba el misterio de su olfato, y con él, la belleza silenciosa de su nariz. No era de esas narices hechas a medida, moldeadas para agradar desde una vitrina. La suya no pretendía nada. No necesitaba convencer a nadie porque ya habitaba en su propio equilibrio.

Era natural, pero de esa naturalidad que no necesita justificación, de esa que existe con tal convicción que desarma cualquier comparación. No era afilada ni pequeña, tampoco prominente: era exacta. Naturalmente perfecta, sin el artificio de lo simétrico, sin la pretensión de lo corregido. Era la pieza justa que completaba el mapa de su rostro, como si en ella convergieran todas las formas posibles de la ternura.

Era una nariz suave, honesta, que parecía esculpida con la misma delicadeza con la que uno sopla sobre una taza caliente. Una forma que encajaba con la armonía de su rostro como la clave con su cerradura, como la primera nota con la canción entera. Una que no solo servía para sostener sus lentes; desde ahí, desde ese centro sereno, ella se dedicaba a respirar el mundo. Pero no lo hacía como nosotros.

Violeta respiraba con conciencia, como si cada inhalación fuera un acto sagrado, una elección. Tenía un olfato casi espiritual, una sensibilidad que convertía los aromas en símbolos, como si pudiera oler los estados del alma. Percibía el perfume de una emoción antes de que alguien la dijera, y muchas veces ni siquiera hacía falta decirla. Cuando abrazaba, aspiraba profundo. Y no era un gesto automático: era como si se llevara algo contigo, un recuerdo, una certeza, una parte del alma.

Podía distinguir la fragancia del miedo —seca, áspera—, el perfume del deseo —tibio, envolvente—, el olor húmedo de la soledad. Y en sus días tristes, olía el vacío. Respiraba más lento, como si necesitara que el tiempo se detuviera, como si en cada inhalación intentara sostenerse a sí misma. A veces el dolor le pesaba más que cualquier otra cosa y se refugiaba en su propia respiración, no como quien busca un pensamiento tranquilizador, sino como quien intenta sobrevivir prestando atención a lo más básico: el aire que entra y sale. Se quedaba quieta. Escuchándose. Respirándose. Como si pudiera calmar el torbellino de su mente simplemente recordando que estaba viva.

Y, sin embargo, en sus días felices, respiraba distinto. Respiraba con ligereza, con ritmo, como si las cosas buenas le inflaran los pulmones. Se reía con el pecho, se emocionaba con el cuerpo entero. Era una mujer que celebraba cada nuevo aliento de los suyos —de sus padres, sus hijos, sus amigos— como si respirarlos a ellos también la mantuviera en pie. Su respiración se volvía agitada cuando amaba, salvaje cuando se enojaba, suave y expectante cuando soñaba.

Violeta vivía desde el aliento.

Tenía un olfato casi felino, como esos gatos que huelen antes de confiar. Sabía cuándo alguien se acercaba con intención pura, y cuándo el aire traía un filo oculto. Su olfato era también una brújula que la alejaba de lo que ya no servía. A veces el corazón no estaba de acuerdo, claro. A veces el instinto olía algo rancio antes de que la emoción se diera por vencida. Como cuando comprendió que su amiga había dejado de ser luz en su vida. No fue una pelea. No fue un drama. Fue un aire raro, una incomodidad sin nombre. Un aroma a traición disfrazada. Y tuvo el coraje de alejarse, aunque doliera, aunque dejarla fuera como arrancarse una costumbre que ya no hacía bien.

Eso era ella: un mar de sensaciones olfativas exquisitas. Una mujer que te percibía sin preguntarte nada, que te olía por dentro sin tocarte. Estoy seguro de su aroma. Aunque jamás haya sentido su piel junto a la mía, aunque nunca haya compartido el mismo metro de aire verdadero... lo sé. Hay fragancias que no necesitan confirmación: se intuyen, se presienten, se recuerdan sin haber ocurrido.

Y la suya era única.

Deliciosa, sí, pero no en el sentido vulgar de la palabra.

Era un aroma profundo, indescriptible, como el de una fruta que solo crece en lugares secretos. Mezcla de piel limpia, de aire de montaña, de alguna loción elegante y discreta, no tan dulce como para empalagarte ni tan cítrica como para extasiarte. Era un olor con personalidad, como esas flores que no copian a nadie, que no necesitan destacar porque ya son imposibles de ignorar.

Ese olor era ella. Natural, diferente, absolutamente suyo.

Y desde esa fragancia suya —delicada, sabia, profundamente humana— comenzaba otra parte de su hechizo. Porque si respirar a Violeta era ya un acto de amor involuntario, su boca era la metáfora final que lo sostenía todo...

Su boca era un universo, una constelación íntima donde cada gesto tenía un eco que resonaba en el alma. No era perfecta, ni obedecía a ningún canon de belleza de revista. Por eso era tan inolvidable. Tenía la forma exacta de lo auténtico.

Era una boca viva, expresiva, hecha de gestos pequeños y honestos. A veces, cuando pensaba en algo profundo o se perdía en sus ideas, la entreabría como si el pensamiento necesitara salir primero por los labios antes que por las palabras. Y cuando algo le hacía gracia de verdad, sonreía con una de esas sonrisas que te desarman: amplias, libres, sin cálculo, con un brillo casi infantil que te hacía sentir que estabas a salvo.

Sus labios no eran finos ni excesivamente carnosos. Eran suaves a la vista, como si el tiempo los hubiera delineado con pincel. No llevaban brillo artificial casi nunca, y cuando lo llevaban, era solo un detalle, nunca una máscara. Tenían un tono entre el coral y el rosa antiguo, el tipo de color que parece haber nacido con la piel, como si siempre hubiera estado ahí, como si no necesitara ser retocado jamás.

Cuando reía, esos labios se curvaban de manera luminosa y franca, dejando entrever unos dientes que no buscaban impresionar, solo reír contigo. Pero también, cuando entristecía, se curvaban hacia abajo, revelando sin querer que no estaba bien, que algo dentro se quebraba.

Era una boca que hablaba incluso sin necesidad de pronunciar palabras. Con ella decía cosas hermosas, pero también hirientes, como todos. Una boca real, sensorial, profundamente humana. De esas que pueden detectar el sabor de la belleza y el del dolor, el sabor de la ternura y el del rechazo. Una boca capaz de percibir el dulzor del amor, la amargura del miedo, el ácido del abandono. Y aunque se equivocaba, había verdad en ella cuando se disculpaba.

Era una boca que podía llevarte al paraíso o al infierno, que podía llenarte de ilusión o decirte algo que te destrozara, incluso en silencio.

Cuando hablaba, su boca creaba pausas hermosas. No hablaba rápido ni por hablar. Elegía las palabras como quien selecciona cerezas maduras, una a una, con cuidado. Y cuando callaba, su boca también hablaba. A veces fruncía un poco los labios al pensar, como si cada idea pasara por un filtro de ternura y escepticismo. O los apretaba con una fuerza serena cuando algo le dolía, como si supiera que hay dolores que no deben ser explicados, solo habitados.

Esa boca decía verdades, pero también banalidades. No era predecible, ni fría, ni vacía. Era una boca que se defendía, que a veces decía cosas que ni siquiera sentía, solo para blindarse del temblor del alma.

Su voz… su voz era otra historia que nacía en esa boca. Una melodía con cuerpo. Un poco ronca a veces, pero dulce, tibia, envolvente. Bella incluso cuando se enojaba y gritaba con rabia. Era un tono familiar, íntimo, caluroso. Capaz de calmar, de ponerte a pensar, de acertar en el centro de tus pensamientos. En algunas ocasiones se volvía jocosa, agradable, llena de ritmo, como si bailara con las palabras.

Sabía contar chistes con gracia, hablar de su día con emoción, leer un texto con cadencia perfecta. Podía narrarte un pódcast completo y atraparte, solo con la modulación, con ese mar de sensaciones que salía de su garganta. Y a veces, sin querer, se le escapaba una grosería —como algunas que me gané—, pero aun entonces su voz no perdía belleza. Porque más veces decía "te amo", más veces decía cosas que curaban.

Esa boca que guardaba secretos, que guardaba historias y que tantas veces pronunció palabras de aliento para sus seres amados.

Esa boca era bella, incluso cuando no decía nada. Era capaz de exigir respeto, de exigir amor. Capaz de besar, estoy seguro, como se besa cuando se ama de verdad: despacio, sin prisa, con la intensidad de quien no solo pone la boca, sino también los silencios, la historia, la herida y el consuelo.

Nunca le besé, y sin embargo hay una parte de mí que cree que sí. Porque su boca tenía esa cualidad: la de quedarse contigo incluso si solo la veías sonreír una tarde. Imaginaba que debía saber a la delicadeza de las cosas que se han amado sin tocarse, a té de jazmín en invierno y a la pulpa tibia de un melocotón al sol, a algo entre la ternura y la elegancia. Creía que debía tener ese sabor sereno de lo auténtico, ese regusto suave que dejan las palabras dichas con verdad.

No lo sé. Pero esa boca me hizo pensar que besarla habría sido como descubrir un sabor que uno siempre conoció, pero nunca supo nombrar.

Comía con gusto, con una especie de reverencia por el acto mismo de alimentarse. Sabía de buena comida, saboreaba con atención, como quien agradece estar viva. Se mordía el labio cuando algo la fascinaba, como si sus labios también quisieran quedarse con una parte del asombro. Y cuando reía de verdad, con la boca abierta, sin contenerse, era imposible no reír con ella.

Era contagiosa. Era profundamente viva.

A veces la pintaba de rojo tenue, o de naranja, o simplemente dejaba que esos labios naturales y frescos hablaran por sí solos. Combinaban con cualquier *outfit*, incluso si el pintalabios no estaba. Porque no era el color, era ella. Su voz, su boca, sus gestos. Su forma de nombrarte, de guardar tus secretos, de corregirte sin humillarte. Esa boca no se parecía a ninguna otra. Y si algo me desarma aún, es imaginar cómo sería que volviera a decir mi nombre con ella.

Porque hay nombres que solo cobran sentido cuando los pronuncia una voz como la suya, que te hacía reír, que te seducía, que te abrazaba.

Una boca, una voz, unos labios... una presencia.

Y justo ahí, entre una palabra y un silencio, entre una sonrisa y una verdad inesperada, comenzaban sus oídos. Sí, sus oídos... sus labios hablaban, pero sus oídos sabían escuchar.

Eran pequeños altares de confianza, escondidos casi siempre tras la danza suave de su cabello, como si el mundo no mereciera ver tan fácilmente aquello que más valor tenía: su capacidad de escuchar. No escuchaba como quien espera su turno para hablar. Escuchaba como quien sostiene con las manos el alma del otro, con una delicadeza sagrada, como si supiera —y quizá lo sabía— que cada palabra compartida era un pedazo de verdad expuesta, una herida abierta, un deseo confesado.

Había algo en su silencio atento que hacía que uno se sintiera comprendido incluso antes de haber terminado de hablar. Ella escuchó mis miedos con ternura, mis secretos con cuidado, mis ambiciones con respeto, mis pasiones con curiosidad genuina y mis momentos de felicidad con esa alegría que solo puede nacer en quien no envidia, sino que celebra. No juzgaba. Y si alguna vez lo hizo, jamás lo supe.

Tenía el raro don de convertir cada historia ajena en un pequeño universo que habitaba en su pecho sin hacer ruido. Algunas le quitaban la paz —lo notaba en el brillo nostálgico de sus ojos al final de ciertas conversaciones—, pero nunca lo reprochaba. Lo asumía con la nobleza de quien cree que escuchar también es una forma de amar.

No daba consejos a la ligera. No los repartía como frases hechas ni como recetas de autoayuda. Los ofrecía solo cuando sentía que alguien los merecía, y cuando lo hacía, eran verdades suaves, profundas, útiles. Los suyos no eran consejos, eran llaves: abrían puertas internas, iluminaban rincones oscuros. Gracias a uno de ellos —a su forma de decir sin imponer, de sugerir sin empujar— tomé la decisión más valiente de mi vida: volver a la fábrica, al origen, a trabajar hombro a hombro con mi padre y con Álex. A dejar el orgullo y abrazar lo que aún podía sanar.

Fue ella también quien, sin saberlo, me sostuvo en muchas tristezas. A veces, solo con escuchar. A veces, solo con quedarse ahí. Y yo me desahogaba, me vaciaba, me rompía delante de sus oídos que parecían no tener fondo ni juicio. Oídos que escuchaban no solo lo que decía, sino lo que callaba. A través de su atención, me tocaba. No con las manos, sino con algo más íntimo: con su escucha limpia, con su mirada que no se iba mientras hablaba, con su presencia entera puesta en mí como si en ese momento nada más existiera. Había una forma en que me acariciaba sin tocarme, una especie de roce invisible que recorría el pecho, que desarmaba defensas, que me hacía sentir visto y, por tanto, real.

Y en ese gesto tan suyo, tan callado, nacía el deseo. No solo de besarla, ni de tenerla cerca, sino de tocarla en el sentido más profundo del verbo: de entender su textura emocional, de sentir su piel no como superficie, sino como lenguaje. Porque su piel no era perfecta —tenía lunares, pequeñas marcas, rastros del sol o del tiempo—, pero era el templo donde todo parecía encontrar sentido.

Era el mapa donde uno quería perderse sin miedo. Un cuerpo que no invitaba al deseo por cliché, sino por verdad: por lo que provocaba cuando uno lo imaginaba entre la ternura y la desesperación.

Sentirla era algo que parecía inevitable. Como si su sola cercanía te hablara en otro idioma, uno que no se pronunciaba, pero que el cuerpo entendía. Había algo en ella —en su forma de estar, de oír, de mirar, de huir— que volvía el anhelo algo inevitable. Y, sin embargo, no era ideal. Era humana, tan humana, que por eso mismo era irresistiblemente seductora.

Su piel era un mapa secreto de belleza y memoria. Blanca, pero no ese blanco distante de una vitrina, sino uno vivo, tibio, acogedor, el tipo de blancura que parecía guardar en sus poros los reflejos de la luna y la ternura del pan recién hecho. Un blanco que no era común en la zona donde vivía, donde los soles eran más insistentes y las pieles más tostadas, pero ella parecía esculpida por una luz distinta.

Ese tono suyo combinaba con sus labios, con su rostro limpio, con sus ojos que parecían hechos para ese lienzo suave y armonioso.

No era una piel perfecta —ninguna real lo es—, pero sí profundamente bella. Las líneas de expresión apenas se insinuaban, como si el tiempo hubiera decidido tocarla con guantes de seda, y las pequeñas manchitas en los brazos, seguramente herencia de familia, eran como lunares que se confundían con la luz.

Había zonas de su cuerpo que hablaban en voz baja del paso del tiempo, de la valentía de haber traído vida al mundo, de lo vivido. Pero incluso esas marcas parecían parte de un poema que uno quisiera leer con los dedos. No restaban belleza; la aumentaban, como las grietas de una vasija que ha contenido el agua más pura.

Era un cuerpo sin excesos, sin artificios, como una canción que no necesita coro para emocionar. Aparentaba menos edad de la que tenía, pero eso no era lo más admirable. Lo era la vitalidad que irradiaba: ese brillo de quien ha vivido sin rendirse, con la frente en alto, con dignidad.

De estatura media —ni alta ni baja, el tamaño exacto para ser abrazada sin pensar—, era ese tipo de persona que siempre parecía encajar en cualquier lugar, sin forzarse. Una estatura perfecta para apoyarse en su hombro o mirarla a los ojos sin agacharse ni estirarse demasiado. Y sí, muchas veces quise tocar esa piel. No por deseo carnal, o no solo por eso, sino porque su cercanía prometía calor, calma, el tipo de tacto que cura sin hablar. Estoy seguro de que su piel era suave como un secreto bien guardado, y que sus abrazos tenían esa tibieza que solo los seres con alma grande pueden ofrecer. Esa tibieza que te cubre y te desarma, que te hace pensar que tal vez el mundo no está tan mal si puedes tocar algo así.

Era una piel que olía a confianza, a café de media tarde, a sábanas limpias y a días sin prisa. En ella todo parecía estar en su lugar: las cicatrices, las curvas, las señales del tiempo. Todo armonizaba, todo contaba algo. Y si todo eso ya era un canto sensorial, lo que venía a coronarlo, a completarlo con esa gracia imposible de fingir, era su cabello…

No sé por qué, pero su cabello era una de las cosas que más me fascinaban en este mundo.

Violeta.

Ah, Violeta… sus rizos eran como pequeñas espirales de historia, como si cada uno guardara secretos, recuerdos de un sur lejano, quizás de cuando nos cruzamos sin saberlo en otra vida en alguna ciudad del Mediterráneo. Algo de Italia, algo de Andalucía, algo de Grecia… No sabría decirlo con precisión, pero su cabello tenía acento, un idioma propio que hablaba de fuego, de viento, de libertad.

Ese cabello suyo, que tantas veces me atrapó la mirada, era hermoso. Pero no siempre se dejó ver en su forma natural. Hubo un tiempo de su vida —lo sé bien— en que, por una rebeldía disfrazada de vanidad, se lo alisó. Lo llevó liso, obediente, como si quisiera encajar en alguna forma que no era la suya. Y aunque seguía siendo preciosa, algo en ella se adormecía. Porque su verdadera naturaleza era otra: era salvaje, indómita, auténtica… era rizada. Y cuando volvió a abrazar esa verdad, cuando dejó que su cabello creciera libre, volvió también esa parte suya que parecía perdida. Volvió el fuego. Volvió ella.

Yo moría por tocarlo. No solo por acariciarlo, sino por verlo estirarse y contraerse como un resorte juguetón, vivo, perfecto. Muchas veces se lo dije: "Tienes el cabello más fascinante del mundo." Y lo decía en serio. Al despertar, seguramente parecía una diosa recién caída del Olimpo con la melena revuelta. Me la imaginaba abriendo los ojos, y esos rizos apuntando a todas partes como si fueran brújulas sin norte, y aun así, todo en ella tenía sentido.

Me encantaba. Me emocionaba. Me derretía.

Ese cabello, a veces más castaño, otras con reflejos rojizos, era un paisaje cambiante, como una tarde de otoño jugando a ser verano. Un color que siempre combinaba con ella, con su risa, con su forma de ver el mundo, con esa personalidad a medio camino entre lo tierno y lo imponente.

No era el típico cabello de revista. Era mucho más. Era elegante pero también irreverente. Era una corona. Un sello de distinción. Un grito suave de belleza no domesticada.

Había algo profundamente sensual en su cabello.

Dicen que en las raíces del cabello habitan los suspiros de las diosas antiguas. Que ahí comienza la danza de la seducción. En ella, lo creo. Porque ese cabello hablaba antes que sus labios. Era un anuncio de deseo, de temple, de carácter. Y sí, a veces, por sentirse distinta, se lo alisaba. Y se convertía, como jugábamos a decir, en "su hermana gemela". Una mujer igual de hermosa, igual de poderosa, pero que no era exactamente la misma. Yo adoraba a ambas, pero siempre preferí a la rizada. Porque en esos rizos estaba su alma, su historia, su coraje. Era solo suyo. Inconfundible. Inimitable.

Una extensión preciosa de ella misma. Una especie de firma natural que decía: "Esta soy yo, con todas mis curvas, mis raíces y mis espirales de vida."

Sus rizos eran sensoriales en todos los planos: podías verlos, tocarlos, olerlos, oírlos moverse en el viento, incluso saborearlos en un beso largo. Y más allá de lo físico, esos rizos envolvían su cabeza como una corona viva. Y dentro de esa cabeza —ah, dentro de esa cabeza— habitaba un universo igual de fascinante. Porque si alguna vez conocí a alguien realmente inteligente, fue a Violeta.

No, no esa inteligencia de cálculo o de cifras. No era solo académica, aunque podía serlo. Era otra cosa. Una inteligencia que sabía cuándo hablar y cuándo callar. Cuándo preguntar y cuándo abrazar. Sabía leer entre líneas, entre gestos, entre los silencios que otros dejaban escapar.

Era aguda sin ser hiriente, irónica sin ser cruel, culta sin alardes, curiosa sin descanso. Tenía la capacidad rara de pensar en espiral, como sus rizos. De volver a los temas desde ángulos nuevos, de conectar ideas como si fueran hilos sueltos en un telar mayor que aún no estaba tejido. Y no necesitaba demostrar nada para saberlo todo. Violeta leía el mundo como quien lee poesía: con pausa, con entrega, con respiración. Observaba el cielo, los rostros, los gestos, los libros, las contradicciones. Y con todo eso, tejía pensamientos. Pensamientos hermosos. A veces complejos, a veces duros, pero siempre suyos.

Tenía algo de filósofa, algo de artista, algo de científica emocional. Y por eso, amarla era también un reto mental, un duelo de ideas, un festín de conversaciones que se quedaban en el aire flotando como sus rizos al sol.

Su cerebro era un jardín suspendido en el tiempo, era fascinante. Violeta no era simplemente culta: era una erudita de la vida, de lo cotidiano, del arte y del pensamiento. No solo leía por placer, sino que era una arquitecta secreta de intuiciones, lecturas y conexiones que parecían provenir de otras vidas. Pensaba con una naturalidad pasmosa, como si en su mente flotaran ideas que se posaban suavemente unas sobre otras, y todas —o casi todas— eran buenas. Amaba el cine con la misma pasión con la que algunos aman el mar o las montañas: lo recorría con sus ojos abiertos y su alma dispuesta a ser tocada. Curiosa como un gato, en su mente caminaban ideas —algunas suaves, otras revolucionarias—, pero todas, o casi todas, brillando con luz propia. Pero más aún, amaba el arte de pensar.

Tenía la humildad de los verdaderamente sabios, esa modestia que no busca ser vista, pero que se impone por la calidad de su presencia. Y aunque su apariencia era serena, hasta inadvertida para los ojos apresurados, bastaba escucharla unos minutos para comprender que se estaba frente a una mujer brillante. Se dedicaba a una de las tareas más nobles y a la vez más invisibilizadas: enseñar a pensar. No daba clases, no impartía contenidos... provocaba ideas.

Su labor comenzaba allí donde los seres humanos comienzan a preguntarse por qué son, por qué sienten, por qué sueñan. Y eso, en su esencia más profunda, tiene todo lo de la naturaleza humana: la piel, el dolor, el amor, la memoria y el pensamiento. Y allí comenzaba su vocación: en el despertar de la conciencia.

Como buena artesana del pensamiento, llevaba con orgullo el oficio más antiguo: el de quien guía, sin imponer; de quien siembra, sin esperar cosechas inmediatas. Lo suyo era entrega, amor, intensidad. Amaba lo que hacía, se notaba en sus ojos, en la forma en que se iluminaba al contarme sobre una buena discusión que había surgido en clase, en ese goce casi infantil que sentía cada vez que tenía un proyecto de aula.

Si existe alguien que haya nacido para enseñar, es Violeta. Pero su vocación era aún más poderosa porque persistía incluso en medio de una realidad que muchas veces no la merecía.

Y sin embargo, no era ajena a las dificultades. Trabajaba donde muchas veces el sistema parece celebrar lo superficial y premiar el mínimo esfuerzo. Los colegios —permítaseme esta crítica personal— hoy parecen diseñados para hacer de todo una fiesta, como si pensar doliera demasiado y hubiese que evitarlo. En parte, el sistema no funciona porque se ha convencido de que todo debe ser goce, y se ha olvidado que también hay belleza en el esfuerzo, en el rigor, en el silencio de una lectura bien hecha. Pero aun así, Violeta se adaptaba; no con resignación, sino con astucia. Sabía nadar contra la corriente sin dejar de ser dulce, crítica sin dejar de ser amorosa. Sabía hacer que se pensara incluso cuando todo conspiraba para evitarlo.

Su formación no se detenía en títulos. La maestría que cursó —esa donde seguramente brilló con sus ideales— no fue un punto de llegada, sino apenas una estación en el camino. Violeta quería seguir aprendiendo. Y no por ambición, sino por pasión.

Era filántropa de su propio saber. Una de sus grandes tesis era una joya subestimada en el campo pedagógico que incluso debería ser de lectura obligatoria para todos los que quieren enseñar de verdad; de manera lúcida y bella, proponía algo tan evidente como revolucionario: enseñar filosofía desde la infancia, cuando el pensamiento está más limpio, más inquieto, más dispuesto a ser libre. Porque ¿cuándo si no se debe aprender a pensar? ¿Después de que el sistema te haya formateado? ¿Después de que te hayan dicho qué creer y cómo vivir? No. Desde el principio. Esa tesis era ella misma: una mezcla de sensibilidad, rigor, amor por el saber y una voluntad filantrópica que no cabía en ninguna aula, un espacio en que el pensamiento crítico no debía llegar tarde, sino nacer con el juego, crecer con la imaginación y ser acompañado desde el primer porqué. En una época en la que se desprecia el saber por considerarlo poco rentable, ella defendía lo intangible: el arte de pensar.

No solo era una pensadora formidable. Era una mujer de múltiples pasiones. La música, por ejemplo, la atravesaba. En sus años de juventud —que a veces volvía a vivir conmigo en anécdotas, en bailes improvisados, en *playlists* eternas— se notaba que había bailado hasta la última nota de cualquier canción. Su cuerpo guardaba el ritmo, su piel tenía memoria melódica. Amaba la salsa, el folclor, el rock clásico, la música instrumental, la romántica, la de fiesta y hasta la clásica. En las fiestas —me la imagino— debía ser un espectáculo sutil, elegante, delicioso... una melodía encarnada en movimiento. Y aún hoy, con una canción que sonara al azar, su mirada se perdería un instante en un recuerdo y el cuerpo, aunque quieto, volvería a bailar.

Y el cine... ¡ay, el cine! Con ella aprendí lo que significaba realmente mirar una película. Le fascinaba el terror psicológico, ese que no te asusta con gritos sino que se te mete en el alma y se queda allí inquietando todo. Tenía una fascinación particular por obras maestras como *El resplandor*, donde Kubrick convirtió la locura en arquitectura cinematográfica; una puñalada lenta que te deja sin aire, una caída al abismo de las obsesiones humanas, un poema oscuro sobre la fragilidad. Pero también era una romántica. Lloraba con *La La Land*, se emocionaba con historias de amores que resistían el tiempo, la distancia, las heridas; no solo veía películas: las pensaba. Las diseccionaba como un cirujano del alma, me contaba los símbolos, los guiños, los silencios. Discutíamos cada escena como si estuviéramos en un festival de Cannes. Le fascinaban los directores que no subestimaban al espectador, que exigían atención, pensamiento y emoción.

Fue ella quien me convenció de ver una de las series más vistas en el mundo, incluso cuando yo creía que era puro *show* para gente aburrida. Gracias a Violeta encontré el sentido, el drama, la poesía del poder, de la traición, del destino. Me tragué todas las temporadas en quince días como un adicto feliz. Desde entonces, esa serie lleva su nombre. Porque me la enseñó. Porque me enseñó a mirar distinto. No fue la única serie, durante mucho tiempo compartimos decenas, tal vez cientos, como una forma de estar juntos, incluso cuando la distancia se interponía. Ver lo mismo, al mismo tiempo, comentarlo después, reírnos o indignarnos juntos... era un ritual íntimo. Una forma de amarnos sin tocarnos, de estar en la misma sala, aunque estuviéramos en continentes diferentes. Y eso lo amé con locura.

Violeta era un universo. Un universo exquisito de cultura, sensibilidad, crítica, ternura, amor y experiencias. Tenía ideas brillantes, como la de abrir un biblio-café, un espacio donde personas bohemias como ella pudieran tomarse un café, conversar, leer, debatir, reír, soñar.

Ese lugar donde el olor a libro viejo se mezclaría con el aroma del pan recién horneado, donde cada silla sería una invitación a quedarse, a encontrarse. Un lugar que parecía sacado de una novela de Cortázar o de una escena parisina en pleno corazón latinoamericano.

¡Qué idea más maravillosa!

Todavía la sueño como un proyecto posible, como un homenaje que algún día deberíamos construir.

Siempre imaginé ese café lleno de libros, de jazz suave, de conversaciones profundas y de gente rara y hermosa que quisiera pensar, bailar y discutir sobre Kant o sobre Cortázar entre sorbo y sorbo de vino.

Conocer a Violeta era encontrarse con una enciclopedia viva, pero una enciclopedia que sabía reír, abrazar y bailar. Era hermosa —sí, hermosa—, pero era su cerebro lo que me derretía. Esa forma de interpretar la vida, de traducir lo complejo, de hacer fácil lo abstracto.

Su inteligencia era sensual.

Su palabra, un conjuro.

Me enamoraba verla disfrutar lo que sabía, no con arrogancia, sino con ternura. La admiraba con una admiración que era deseo, asombro y agradecimiento. Y aún la admiro. Porque personas así no se olvidan: se quedan como una brújula secreta, como una voz que te pregunta cosas cuando menos lo esperas. A veces, todavía discuto con ella en mi cabeza. Y lo cierto es que muchas veces me gana.

Capítulo 23 -
Un amor escrito con caligrafía de dos tiempos

No enamorarse de Violeta era, sinceramente, casi un pecado. Un atentado contra la lógica, contra la poesía, contra el alma misma. ¿Y cómo no caer rendido? Si estaba hecha de esas sustancias invisibles que solo los dioses, los artistas y los locos reconocen.

Era guapa, pero su belleza no era un hecho físico, sino un acto de existencia. Era de esas personas que iluminan el lugar donde pisan, que modifican la temperatura emocional del ambiente con solo decir tu nombre.

Pasaron los días, los mensajes, las confidencias. Entre secretos y rutinas, entre el café de la mañana y el "ya duérmete" de la madrugada, lo inevitable sucedió: nos enamoramos. Y no fue cualquier amor. Fue de esos que, sin ofender a nadie, merecen un lugar en los libros de historia, en las novelas que sobreviven a los siglos. Como el de *Florentino Ariza* por *Fermina Daza*, que esperó medio siglo sin rendirse. Como el de *Heathcliff* y *Catherine*, que se amaron tanto que la muerte no les alcanzó. Como el de *Ana Karenina*, que lo dio todo, hasta la cordura, por sentir. El nuestro fue así: visceral, honesto, cruelmente real y gloriosamente imposible.

Era un amor con prejuicios... y también sin ellos. Un amor que rompía moldes y que al mismo tiempo los construía. Me hizo volver a sonreír con el corazón, como cuando uno es niño y cree que todo va a estar bien. Se convirtió en mi nueva droga, en mi adicción preferida, en ese "todo" que uno espera de la vida sin saber que lo estaba esperando. Era como volver a respirar después de años con el aire racionado. Me bastaba escuchar su voz para que todo se pusiera en orden.

Violeta me ofrecía un amor lleno de paciencia, pero sin tibiezas. Un amor que sabía esperar, pero que cuando llegaba, lo hacía con la fuerza de un tren. Y yo... yo le di un amor de cuidado. De esos que abrigan. Amaba todo lo suyo, hasta lo que no conocía aún. Joan y Dilan, sus hijos, se convirtieron —sin que me lo propusiera— en parte de mí. No porque me lo pidiera, sino porque me nacía. ¿Cómo no amar lo que es parte de ella? ¿Cómo no cuidar lo que también fue fruto de su ternura? Ellos no producían otra cosa que amor, respeto, admiración.

Violeta me mostraba un mundo posible. Un mundo donde el amor era prioridad, y el resto... bueno, el resto se resolvía. Yo, que no tenía nada que perder, me lancé de cabeza a ese mar de sensaciones. Y sí, lo pensé dos veces. Pero ambas veces la elegí a ella. Porque ella era el lugar. Era el hogar.

En ese tiempo, las medicinas del psiquiatra —que habían sido mi tabla de salvación— pasaron a segundo plano. Tomaba menos o a veces no tomaba. ¿Para qué? Si su sola presencia era suficiente para ponerme en paz. Con ella se me alineaban la mente, el cuerpo y el alma. Era como si su voz sintonizara una frecuencia en la que yo volvía a respirar sin miedo.

Caminaba por las calles como quien lleva un secreto hermoso en el pecho. No me importaba la lluvia, ni el ruido, ni el caos del mundo. Solo esperaba terminar mis rutinas para sumergirme en ese mundo paralelo que habíamos construido, donde el amor era el idioma oficial.

Era feliz.

Radicalmente feliz. La amé con una pasión tan intensa que me daba igual si el mundo se derrumbaba. Me bastaba con tenerla. Era de esos amores donde la piel no es suficiente y el alma se queda con hambre.

Hablábamos de todo: de política, de miedos, de películas, de Dios, de filosofía, de la infancia, de lo que nos dolía y de lo que nos hacía reír y lo que nos daba placer. Los días se esfumaban entre carcajadas, silencios cómodos y ese tipo de confesiones que solo se dan cuando hay confianza absoluta.

Y sí... hubo pasión. De esa que se cuece en la mirada, en la espera, en el deseo contenido. Imaginaba un beso... largo, sin tiempo. De esos que se dan una sola vez en la vida y que quedan tatuados en la piel como si fueran cicatriz de fuego. Cada día, mientras entre textos nos profesábamos amor, imaginaba estar frente a ella y, en medio de todo, nuestros labios por fin se encontraran como si ya se conocieran de otras vidas.

Algo lento.

Algo urgente.

Algo como cerrar los ojos y caer al abismo sabiendo que abajo está ella, esperándome con los brazos abiertos. Y besarnos como si la historia dependiera de ese instante. Como si el universo se reescribiera a partir de esa unión. Y quizá así hubiese sido.

Amar a Violeta fue, sin duda, lo mejor que me pasó. Los años más felices de mi vida. A través de ella descubrí lo que era el amor. No el de las canciones pop o las películas de domingo. No.

El amor real. El amor que se construye con palabras, con silencios, con cuidado. El amor verdadero.

Violeta, con su dulzura, con su risa, con su mente brillante, se convirtió poco a poco en el amor de mi vida. Me enseñó a vivir el amor con elegancia, con profundidad, con humor. Amarla fue como leer un libro que no quieres terminar. Un libro que no solo te gusta, sino que te cambia. Y al cerrarlo, uno no vuelve a ser el mismo.

Día tras día, mes a mes, año a año... la intensidad no hacía sino crecer como un fuego que, lejos de consumirse, aprendía a arder con nuevos colores. Nuestro amor se transformó en una necesidad vital, en una urgencia de presencia, en un grito ahogado por el deseo de compartir el mismo aire, el mismo lecho, el mismo silencio. Ya no bastaban las palabras, ni los mensajes, ni los atisbos de promesas colgadas de una pantalla fría. Nuestro amor pedía más. Pedía cuerpo. Pedía alma. Pedía piel.

Era un amor de esos que no se sacian con lo cotidiano, de los que exigen una escena entera para desplegarse. Una escena de dos amantes que se encuentran y se reconocen con una mirada que no es de esta vida. Un encuentro donde la ropa estorba tanto como el orgullo, y el pudor se rinde ante la urgencia de besarse hasta quedarse sin nombre, sin origen, sin destino.

Un amor que imagina: la habitación en penumbra, los cuerpos buscándose como si el universo fuera apenas ese instante. Y ella —Violeta— acercándose, con los ojos encendidos por la ternura y la fiebre. Y yo, que la esperaba como quien espera el fin del mundo y la salvación al mismo tiempo. Nos besábamos con la devoción de quienes entienden que el amor no se dice: se muerde, se sopla, se lame, se muerde otra vez. Su piel era un mapa donde yo me perdía gustoso, y su voz un susurro que guiaba mis manos con precisión de rito antiguo.

No hacíamos el amor: lo encarnábamos.

Nos volvíamos mitología.

Si hubiéramos vivido en otra época, nuestra historia habría sido de aquellas de cartas con tinta temblorosa, de visitas formales, de cafés servidos en el salón con la mirada discreta de los padres. Habría sido un amor escrito con caligrafía antigua, sellado con lacre y perfumado con jazmín. Un amor contenido, pero feroz. Uno de esos que se expresa en roces de manos y se insinúa en miradas cargadas de universos enteros.

Pero también pertenecíamos a este tiempo. A este siglo del deseo desenfrenado y la pasión sin censura. En nuestra historia cabía la lujuria con ternura, la caricia con hambre, el jadeo con poesía. Despertar junto a ella sería entonces un milagro diario. Sentir su respiración cerca sería la única oración que necesitaba. No haríamos el amor por rutina ni por deber: lo haríamos como quien necesita volver a casa. Como quien teme olvidarse de vivir si no lo vive con todo.

Nuestro amor era sensorial, pero también intelectual. Podríamos devorarnos en un beso y luego hablar de libros, de política, de nuestros traumas, de nuestros hijos, de Dios. Nos amábamos con el cuerpo y con la mente. Y cuando el cuerpo descansaba, la mente seguía amándola. Era un amor que trascendía. A veces, creíamos —o sabíamos— que ya nos habíamos amado antes, en otra vida. Quizás en Roma, en el París de los poetas, en Cartagena de Indias en algún siglo perdido. Quizás en un universo paralelo donde fuimos luz antes que carne.

Era un amor de multiverso, un amor con eco de otras existencias. Un amor que, incluso cuando dolía, era un privilegio. Que incluso en su ausencia, dejaba perfume. Era un amor completo, exquisito, que te deja sin aliento y sin defensas. Un amor que merecía vivirse con plenitud, sin medias tintas, sin excusas.

Y así comenzó la lucha: por estar juntos en el mismo espacio, en el mismo suspiro. Porque cuando un amor así se experimenta, todo lo demás se vuelve paisaje. Ya no importa el calendario ni la distancia ni la opinión de nadie. Importa solo ella. Importa solo ese instante donde la pasión y la ternura se hacen una, y el mundo desaparece para dar paso a lo eterno.

Inevitablemente, dentro de mí comenzó a germinar un viejo terror. Un miedo que no se anunciaba con gritos, sino con silencios. Un miedo ancestral, de esos que no nacen de lo que sucede afuera, sino de lo que aún duele dentro. Era el temor de no ser suficiente para ella. De no estar a la altura del amor que me ofrecía.

Violeta, con todo su esplendor, con todo su universo, iluminaba mis días como si el pasado nunca hubiera existido. Pero mi pasado sí existía… y dolía.

En medio de nuestras confidencias, de nuestras carcajadas, de nuestras pieles entrelazadas y de todas esas pequeñas ceremonias de intimidad que construimos sin darnos cuenta, había algo que callaba. Una verdad que me acompañaba como una sombra muda, una que no era especialmente oscura para el mundo, pero que para mí lo era todo. No era una verdad de escándalos ni tragedias, pero era la mía. Y era suficiente para hacerme temblar. Nunca le hablé con toda la verdad. Le conté… pero a medias. Narré lo necesario, lo permitido. Lo que no podía dañarme demasiado al decirlo. Pero me guardé lo que más dolía, lo que me avergonzaba: mi fragilidad. No le hablé con honestidad de mis quebrantos. No le conté —por lo menos no completamente— que hubo noches en las que sentí que el mundo se caía sin razón. Que los días pesaban como piedras. Que el simple hecho de respirar me exigía una fuerza descomunal.

Nunca le hablé con total claridad de las pastillas que dormían en mi mesa de noche. Ni del psiquiatra que me conocía más que muchos amigos. Ni de mis crisis de ansiedad que me dejaban tirado en el suelo como un niño asustado. Ni de los ataques de pánico que me robaban el aire en mitad de una conversación. Ni de los momentos en que la depresión se sentaba conmigo a desayunar, almorzar y cenar. No le conté que, a veces, me levantaba solo porque tenía que hacerlo, no porque quisiera.

No le conté que no siempre podía con todo.

Que muchas veces me odié. Que la culpa me perseguía como un eco incansable. Que el insomnio me hablaba más que cualquier ser humano. Que me refugié en terapias, en medicamentos, en intentos fallidos de redención. No porque no confiara en ella, sino porque me aterraba que me viera… realmente me viera. Que detrás de ese hombre que la hacía reír y la amaba con todo el cuerpo y el alma, descubriera al niño roto, al hombre herido. Me aterraba que, al saberlo, decidiera irse.

Violeta era la única razón por la que me sentía pleno. Con ella descubrí que era posible volver a sonreír sin motivo, simplemente por estar. Me bastaba su presencia para que los demonios se alejaran por un rato. Y precisamente por eso, se lo oculté. No por deshonestidad, sino por miedo. Por un miedo feroz de perder lo único luminoso que me quedaba.

Y así, inconscientemente, comencé a sabotearme. A ponerle trampas a mi propia felicidad. A encender fuegos en un campo que apenas comenzaba a florecer. Era como si no creyera que merecía lo que estaba viviendo. Como si esperara, con una mezcla de ansiedad y resignación, el momento en que todo se desmoronara. Y el destino, que nunca pierde una oportunidad para educarnos a golpe de realidad, tenía, por supuesto, otra lección preparada para mí. Porque siempre, justo después de tocar la cima de la plenitud, viene una sacudida.

Un recordatorio de que aún queda camino por recorrer. Y de que incluso el amor más intenso, el más real, no basta cuando uno no ha hecho las paces con su propia historia.

Como era de esperarse, los días de luz comenzaron a opacarse. El amor desenfrenado, ese que al principio nos sostenía incluso en la distancia, empezó a resquebrajarse en discusiones. La mayoría nacían por eso, precisamente por esa horrible distancia que se interponía entre nosotros como un muro invisible pero impenetrable.

Fue entonces cuando empecé a desdibujarme ante los ojos de Violeta, una mujer que estaba cansada de esperar, harta de los amores a medias, de las promesas postergadas y de los silencios que no abrazan.

Violeta merecía un amor completo, uno que incluyera no solo palabras y actos de ternura a la distancia, sino presencia, carne, aliento, abrazo. Y lo mínimo que podía ofrecerle, mi cuerpo junto al suyo, era precisamente lo que la vida no me dejaba entregarle. Yo lo sabía… sabía que empezaba a perderla. Y en lugar de enfrentar el miedo, de actuar con valentía, me fui escondiendo aún más. Me paralizó el terror de que al verme completo —roto, real— ya no quisiera quedarse. Me aterraba que huyera, que se alejara y que yo, una vez más, me quedara solo. Con nada.

No era suficiente ser protector, tener éxito, hacer sacrificios. Ella necesitaba algo simple pero vital: mi presencia. Y la entiendo. Claro que la entiendo. Intenté cruzar el Atlántico más de una vez, pero era como si el universo entero conspirara para impedirlo. Como si una fuerza invisible y cruel me cerrara el paso cada vez que intentaba alcanzarla.

Primero fue un accidente de coche, leve pero suficiente para mantenerme en reposo. Luego, cuando por fin reuní fuerzas y decisión para comprar los pasajes, el corazón me lo impidió. No se lo conté con claridad, pero era mi corazón, era mi cuerpo el que empezaba a gritar lo que mi mente no podía sostener. Ansiedad, insomnio, palpitaciones. Me saboteaba a mí mismo, aunque no conscientemente. Era como si mi organismo entero dijera que no.

Después llegó una pandemia en 2020, y con ella, un contagio que me dejó secuelas pulmonares. No solo fue la fiebre y el aislamiento, sino lo que vino después: un neumotórax que me despertó en plena madrugada sin poder respirar. Otra vez el hospital. Otra vez la espera. Otro año sin verla. Otro "algún día" que se desvanecía. El tiempo siguió corriendo. Cada año, un nuevo obstáculo. Y aunque el deseo seguía intacto, comencé a postergar. A temer. A resignarme. Hasta que un día, cuando finalmente creí tener el valor, fui al aeropuerto. Tenía el pasaje. Tenía las maletas. Tenía el corazón lleno. Y entonces, ocurrió.

Un ataque de pánico, justo antes de abordar. El más violento que haya vivido. El cuerpo entero me temblaba, me faltaba el aire, la visión se nublaba, el pecho me ardía. No podía respirar ni hablar con claridad. Me llevaron a una sala médica del aeropuerto. Evaluaron mi estado. Y por normas legales y sanitarias, no me permitieron abordar. Un pasajero en ese estado, en un vuelo trasatlántico, representa un riesgo. No porque fuera un loco, ni porque hubiera perdido el juicio. Jamás he escuchado voces. Nunca he hecho daño a nadie. Pero el control de salud mental exigía estabilización. Necesitaba estar bajo tratamiento y demostrar mejoría antes de poder volar. Y eso implicaba más tiempo. Otra espera. Otra derrota.

Ese fue el intento que más me costó. Porque luego de aquel día, mis dosis aumentaron. Más medicación. Más control sobre mi mente. Y con ello, también más silencio. Más soledad. Más tristeza. Ella decía, como yo, que tal vez no era el momento. Que ya llegaría. Pero en el fondo, lo sabíamos: ese momento se desdibujaba. Y así fue como, lentamente, el amor que un día nos salvó, empezó a naufragar en las aguas frías de la espera.

La espera trajo consigo muchas otras cosas. Discusiones sin sentido… y otras con demasiado sentido. A veces sentía que no me soportaba, que cualquier palabra mía era demasiado. A veces nuestras conversaciones se sentían vacías, forzadas, como si el amor se nos estuviera deshaciendo entre los dedos. Otras veces, simplemente disfrazaba su tristeza de ganas de ver una serie, una película, cualquier cosa que le permitiera escapar, aunque fuera un rato, del dolor de no tenerme cerca. Porque Violeta me amaba. Me amaba con cojones. Con la fuerza salvaje de quien espera, de quien aguanta, de quien tiene paciencia hasta cuando ya no le queda más. Incluso enfrentaba a quienes le preguntaban, con sorna o con genuina curiosidad, por esa pareja suya que nunca veían, ese amor que parecía un fantasma.

Para ella no fue fácil. Fue devastador.

Y en medio de todo eso vinieron las rupturas, las pequeñas muertes que no nos dejaban estar más de dos días enojados. Pero cada una abría una grieta. Una más. Un año especialmente, terminamos más veces de las que puedo contar. Y aun así volvíamos. Porque el amor siempre parecía suficiente. Porque, a pesar de todo, nos elegíamos.

Violeta vivió algunos episodios de depresión. Yo también. Pero ahí estábamos. Yo estaba. Aunque en parte pudiera ser el causante de ese dolor, nunca me fui. Si ella se caía, yo la levantaba. Y si era yo quien caía, era ella la que me sostenía. Y si alguna vez caíamos los dos, entonces caíamos juntos. Así, entre amor y dolor, aprendimos a coexistir. Intentamos sobrellevar el mundo, el destino, a Dios, a quien fuera que no quería vernos juntos.

No quería perderla, pero empecé a sentir que lo haría, y ese pensamiento me llenaba de un terror inmenso. El peor miedo que he sentido en mi vida. No quería perder ese pedazo de luz que era Violeta. No quería... y no lo iba a permitir. Por eso empecé a aprovechar cada instante, cada espacio, cada conversación. En medio de lo que la distancia implicaba, intenté acercarnos de otras formas. Con detalles que no eran solo físicos, sino profundamente emocionales. Trataba de mostrarle, sin pausa, cuánto la amaba, cuánto la cuidaba, cuánta ternura guardaba para ella.

No hubo nada más importante para mí en ese tiempo que Violeta. Mi Violeta. Mi chica hermosa. La pienso y no puedo sostener las lágrimas. No podía desaprovechar ni un solo instante con ella. Empecé a pasar más tiempo a su lado —aunque fuera a través de una pantalla—. Rechacé planes con mis amigos, salí menos, incluso trabajaba desde casa solo para poder hablar con ella más tiempo. Estaba disponible para ella las 24 horas del día, si era necesario. Porque sabía que, en cualquier momento, cualquier día, podía perderla. Y eso me partía en dos.

Violeta se convirtió en el centro de mi mundo, y eso no me molestaba. Al contrario, me apasionaba sentirme útil para ella, necesario, amado. Me gustaba salvarla tantas veces, incluso desde la distancia. Y sé que ella, en medio de todo, lo valoraba. Vivimos un amor incondicional. Un amor que, a pesar de las dificultades, siempre encontraba la manera de levantarse una vez más. Un amor que parecía imposible, pero que para nosotros era real. A pesar de los juicios, de las dudas ajenas, de las preguntas incómodas.

Era nuestro.

Era lo que teníamos.

Y lo vivimos desmedidamente, sin reservas, con lágrimas, sí, pero también con risas, con carcajadas, con ternura infinita. La cuidé. Y ella me cuidó. Con una devoción tan profunda que aún hoy me parece increíble que ese amor haya sobrevivido tanto como lo hizo.

También hubo instantes de ilusión, de amor, de alegría, de celebración. Y ella… ella siempre estaba ahí. Incondicional. Con una ternura silenciosa que me sostenía. Me enseñó que existen muchas formas del amor: no solo el de pareja, sino también el de los amigos, el de los padres, el de los hijos, el de los hermanos. Me mostró que el amor verdadero no siempre necesita etiquetas, ni promesas, ni presencia física constante. Solo necesita verdad.

Recuerdo un día en particular. Me compartió uno de sus fragmentos, uno de esos que leía con ese cuidado suyo, con esa profundidad casi intelectual que me conmovía. Hablaba del amor egoísta. De ese amor disfrazado de entrega, que en el fondo solo busca satisfacer el propio vacío. Ese que no ama al otro por lo que es, sino por lo que representa: una necesidad, un alivio, una respuesta a los propios miedos.

Aquellas palabras me golpearon. Me hicieron pensar. Reflexioné, por primera vez, con dolor y honestidad: ¿era eso lo que yo sentía por Violeta? ¿La estaba amando realmente… o estaba usándola como una muleta emocional, como una medicina más en mi colección de adicciones? ¿Había convertido su presencia en mi dosis diaria de felicidad, de calma, de sentido? ¿Era amor… o era dependencia?

Y lo cierto es que no lo sé. Hoy, todavía, no lo sé con certeza. Pero en aquel momento entendí algo: tal vez sí, tal vez mi amor por ella nació de un impulso egoísta. Tal vez, en mi desesperación por encontrar luz, la convertí a ella en mi sol, sin preguntarle si quería serlo. Y por eso no podía dejarla ir. Por eso me aferraba con esa intensidad casi enfermiza, dispuesto incluso a rogarle que no me dejara.

Sin embargo, de todo ese amor torcido, de esa consciencia repentina, nació una semilla nueva. Una comprensión distinta. Me di cuenta de que no podía —no debía— amarla así. Que el amor no puede tener el rostro del miedo ni el cuerpo del apego. Que amar no es aferrarse, sino acompañar. No es poseer, sino cuidar. No es consumir al otro, sino permitirle ser libre, incluso si eso implica su ausencia.

Y aunque ella nunca lo supiera, aunque fuese imperceptible para los demás, empecé a amarla de otra forma. Más serena. Más limpia. Más libre. Sí, claro que la necesitaba. Claro que me hacía bien. Se había convertido en mi vicio más dulce. Pero por primera vez supe que, si realmente quería amarla, debía empezar por dejar de necesitarla. Porque el amor egoísta no es amor, es hambre. Y el verdadero amor no devora… abraza.

El amor egoísta puede parecer amor en un principio. Tiene el lenguaje del deseo, la urgencia de la necesidad, la intensidad de lo irrenunciable. Pero no es amor: es miedo. Miedo a estar solo, a no tener un espejo donde reconocerse, a no encontrar sentido sin el otro. Solo cuando ese miedo se transforma en cuidado sincero, en libertad compartida, en ternura sin condiciones… entonces, y solo entonces, el amor se vuelve real. Verdadero. Sin cadenas.

Hay una frontera invisible entre el amar y el necesitar. Y cruzarla no siempre duele, a veces es como despertar. Porque uno se da cuenta de que ya no quiere al otro para sí, sino para que sea feliz, incluso si eso implica estar lejos. Incluso si implica ya no estar.

Pocas veces se alcanza ese nivel de amor. Pero hay ejemplos, hay historias que nos enseñan. El amor de Vincent van Gogh por su hermano Theo, por ejemplo, fue así. A pesar de su fragilidad emocional, Vincent no dejó nunca de escribirle con gratitud y cariño. No le pedía que lo salvara, lo amaba simplemente por ser quien era, porque lo escuchaba, porque lo comprendía. Ese amor epistolar, libre y luminoso, fue probablemente su mayor refugio. Un amor sin exigencias, solo entrega.

Y Violeta… Violeta amaba así. De forma silenciosa, generosa, profunda. Ella amaba a los suyos con un tipo de ternura que no buscaba aplausos. La he visto amar a sus amigos como una hermana, a sus padres como si fueran niños vulnerables, a desconocidos incluso, con una compasión difícil de encontrar.

Amaba como quien ha entendido el amor desde la raíz, desde el alma. Y eso… eso me cambió. Me hizo preguntarme si yo alguna vez había amado de esa manera. Me hizo querer aprender a hacerlo. Bastaba con observarla. Bastaba con mirar cómo se movía en el mundo, cómo cuidaba a los suyos, cómo amaba a quienes la rodeaban con una devoción serena pero poderosa.

No solo fue una compañera excepcional, fue una hija luminosa, profundamente comprometida con el amor hacia sus padres. No los juzgaba, los entendía. No los desatendía, los acompañaba. Ellos no eran una obligación, eran una elección diaria, una prioridad sagrada. Y sus hermanos… el vínculo era más que fraternal. Era un amor arraigado, sólido, sin fisuras. De esos que no necesitan explicaciones, solo presencia.

Y luego estaban Joan y Dilan, sus dos pequeños ratones, como solía llamarlos con una ternura que parecía envolverlos incluso cuando no estaban. Probablemente los seres que más amó en su vida. Amarlos a ellos era su manera más pura de existir. Joan, con ese reflejo de su alma, compartía con ella un vínculo casi intuitivo; Dilan, con su dulzura distinta, despertaba otra forma de amor, igual de intensa, igual de profunda. Jamás hubo competencia entre ellos, porque Violeta sabía amar con equilibrio, con inteligencia emocional, con esa generosidad que distingue a las madres que no solo cuidan, sino que también comprenden, que también se convierten en amigas, en guías, en abrigo.

Sacarlos adelante sola fue un acto de coraje. De dignidad. De entrega silenciosa. Aunque el abuelo cumplía su rol con nobleza y ternura, era Violeta quien sostenía los días con amor y valentía. Esos chicos, sin saberlo del todo aún, habían nacido con una fortuna que muchos envidiarían: tenerla a ella como madre, como mundo, como raíz.

Y no menos importantes eran sus amigas, esas mujeres que venían del pasado y que, aunque el tiempo y la distancia no les permitiera verse siempre, seguían siendo parte de su presente emocional.

Pero hubo dos en especial: Xiana y Dana. Dos presencias firmes, cercanas, constantes. Durante un tiempo sentí celos, lo admito. Porque ellas podían abrazarla, olerla, reír con ella, compartir un café, secarle una lágrima con la yema de los dedos mientras yo solo podía imaginarla. Sentí que la tenían como yo ya no la tenía. Y sin embargo, más allá de todo, aprendí a admirarlas. En silencio. Con el respeto que se le tiene a quienes cuidan lo que uno ama.

Quizás me juzgaron, quizás me quisieron o me despreciaron, no lo sé. Pero estoy seguro de algo: estuvieron allí para ella. La escucharon. Le sostuvieron el alma en noches tristes. Le celebraron los días felices. Tal vez les habló de mí con rabia, con nostalgia, con dulzura o con desilusión. Pero también, quizás, les confesó su amor, su fe en lo que fuimos. Y eso me basta. Porque el amor de la amistad verdadera es tan poderoso como cualquier otro amor. Y ellas, como Luighy cuando me levantó del abismo, como Gennadi cuando me cuidó en la enfermedad sin miedo al contagio, representan ese tipo de amor que no exige, no condiciona, no se desgasta. El amor que simplemente se da. Y dar con personas así no es casualidad: es una bendición. Es tener suerte. Mucha suerte.

Aprendí a amar a Violeta sin pretensiones ni exigencias. No le pedía que fuera otra, no quería cambiarla, ni arrancarle los fantasmas que a veces se posaban sobre su espalda. Los aceptaba como parte de ella, como parte del paisaje de su alma. Amaba incluso su oscuridad, porque en ella también habitaba su verdad. Amaba sus silencios, sus ausencias momentáneas, sus días nublados. Amaba a Violeta humana, pero también a Violeta diosa, esa mujer que parecía tener la capacidad de hacer florecer el mundo con solo mirarlo.

Capítulo 24 -
Tres promesas

Violeta se convirtió —sin pedirlo, sin planearlo— en el amor más grande de mi vida. En esa mujer que apareció en mi pantalla, que se coló en mis días por la vía impersonal de la tecnología, pero que pronto se volvió tan real como el aire que respiro.

Recuerdo aún aquel Renault 4 color Blanc Ivoire que tenía cuando la conocí, ese coche viejo de alma noble, de mecánica sencilla pero incansable, de esos que ya no hacen. Lo llamaba de una forma particular, como si en él viajara toda la carga trágica y romántica de una historia que había nacido para amar y doler; como si al subirse a él, se adentrara en Verona y supiera, en el fondo, que el amor verdadero a veces también conduce al abismo. Era una extensión de ella. Era un poema rodante.

Yo sabía que ella merecía un amor vasto, limpio, sereno. Un amor sin fisuras. Y sabía que me quedaba corto. Que mi ansiedad y mis sombras interiores no eran suficientes para sostenerla como merecía. Pero ahí estaba. Ahí estaba yo. Luchando por amarle con todo. Desde el centro de mi ser. Desde lo que soy y lo que jamás supe ser. Amándola sin medida. Sin condiciones. Con cada célula, cada átomo y cada miedo. Con cada pedazo de mi alma.

A Violeta le ofrecí tres anillos.

Uno, el primero, se perdió. Una noche cualquiera, mientras dormía, se esfumó sin dejar rastro. Nunca supo dónde lo había dejado. Y a veces me gusta pensar que una versión de ella —o mía— en otro universo, vino a buscarlo. Tal vez para reclamar lo que le correspondía. O tal vez para llevarlo de vuelta al tiempo exacto donde las cosas aún podían ser.

El segundo fue el que compré con manos temblorosas y guardé como quien resguarda un secreto sagrado. Era el anillo que le pondría en el dedo medio, de rodillas, mirándola a los ojos, rogando con ternura que fuera mi esposa. Nunca llegué a dárselo.

Pero lo conservo. Como se conserva un relicario. Como se guarda un sueño. Porque, aunque no lo haya llevado nunca, le pertenece. Le pertenece como le pertenece cada palabra de este texto.

Y el tercero… fue el que compré para reemplazar el perdido. El que alcanzó a usar por un tiempo breve. El mismo que se quitó el día en que decidió borrarme de su vida. Ese anillo que se volvió símbolo de ausencia, de ruptura, de despedida sin regreso. Ese anillo que ya no adornaba su dedo, sino mi memoria.

Tres anillos. Tres símbolos de un amor que fue tan real como el dolor que lo siguió. Tres testigos silenciosos de lo que soñamos ser y de lo que no fuimos. Tres formas distintas de decir "te amo" sin necesidad de palabras. Tres piezas de un rompecabezas que, aunque incompleto, sigue brillando en el fondo de mi alma.

El amor con Violeta no nació entre cuerpos, sino entre almas. Fue un amor que se sostuvo en lo invisible, que bebió del misterio y se alimentó de los silencios. Un amor tan puro que parecía haber sido tejido por los dedos de la eternidad.

Era una promesa callada que llevaba, como un pacto sagrado, en el anillo de su mano. Aquella inscripción que solo nosotros veíamos —*"Caminaré contigo"*— era más que un símbolo: era un voto sin altar, sin testigos, pero con la fuerza de una fe antigua. Y cada vez que cerrábamos los ojos, aparecía ese otro mundo. Nuestro mundo. Uno donde ella ya no sufría, donde mis inseguridades se deshacían como sal en el agua. Un mundo sin miedo.

Teníamos una casa en el campo, con ventanas abiertas a los cielos limpios, donde el olor de la madera nos abrazaba. Y una casa frente al mar, donde dormíamos con el vaivén de las olas como arrullo. En ese universo, nos besábamos sin premura bajo la sombra de los árboles, nos reíamos sin pensar en el tiempo, bailábamos al ritmo de antiguas baladas francesas, y nos comíamos la boca a besos como si el mundo pudiera acabarse en cualquier instante y no queríamos que nos encontrara sin habernos amado un poco más.

Soñábamos con una boda sencilla, pero inolvidable. Ella con esos rizos preciosos sueltos y yo con el alma hecha temblor. Rodeados de nuestros padres, de los amigos de toda la vida, del viento susurrando entre las ramas, y del amor latiendo como un tambor suave. Dar ese "sí" era sellar la certeza de que nada en esta vida —ni siquiera su fugacidad— podía arrebatar lo que habíamos encontrado.

Y luego, la luna de miel.

Ah, la luna de miel… sería un poema de viajes y ternura.

Volaríamos primero a París, donde compartiríamos un croissant tibio en un rincón escondido de Montmartre, mientras la Torre Eiffel se vestía de luces en la distancia. Caminaríamos por los jardines de Luxemburgo tomados de la mano, y en Notre-Dame, sin decir palabra, encenderíamos una vela. No por religión, sino por gratitud. Luego vendrían los lagos italianos, donde el agua tan serena nos reflejaría más jóvenes, más felices, más eternos. En Florencia, yo sabría que nunca nadie había sido más bella que ella, ni siquiera Botticelli la habría imaginado. En Praga, el frío nos obligaría a abrazarnos más. Haríamos el amor con la lentitud de quienes saben que no hay prisa, que el tiempo se detiene cuando los cuerpos se reconocen en la quietud de una habitación antigua.

Y en Noruega, finalmente, nos encontraríamos bajo el cielo más mágico. Viviríamos las auroras boreales danzando sobre nosotros, verdes, violetas, azules… como si el universo también celebrara nuestro amor. Ella me diría, entre lágrimas, que, si algún día moría, quería que su alma se quedara flotando en esa luz. Y yo no le respondería, solo la abrazaría más fuerte, como si pudiera retenerla para siempre en mi pecho.

Sería un viaje de amantes que no habían vivido juntos, pero que lo habían soñado todo. Cada ciudad sería un verso. Cada noche, un latido. Cada amanecer, una promesa sin fecha de vencimiento. Lloraríamos de amor, de ilusión, de saber que habíamos tocado algo inmenso, algo sagrado. Que no había otra historia como la nuestra. Que éramos el amor de la vida del otro. Queríamos vernos envejecer. Ver nacer nietos. Contarles, una tarde cualquiera, que una vez, sin haberse tocado, dos almas se amaron tanto que cambiaron el rumbo del mundo. Y, al final de todo, cuando la muerte llegara como llega la noche, queríamos cerrar los ojos sabiendo que la última imagen sería el rostro del otro. Y que, si hay algo más allá, si existe el paraíso, estaríamos allí, esperándonos, como siempre lo hicimos.

Porque hay amores que no se gastan, que no se rompen.

Hay amores que no necesitan carne ni presencia.

Hay amores que fueron escritos antes del tiempo.

Y el nuestro, el de Violeta y el mío, fue uno de esos.

Fueron esos sueños compartidos —soñar despiertos, dibujar vidas con las palabras— los que, a pesar de mi miedo, una vez más me impulsaban a luchar contra mí mismo y buscarla.

Soñaba con abrazarla al fin, con besarla sin horarios ni fronteras, con decirle, sin decirlo, que jamás volvería a soltar su mano. Porque sabía, con una certeza que dolía, que si no era ella, no era nadie.

Y entonces, tras años de idas y venidas, decidí cruzar el océano. Mi tía Katheryna había muerto hacía poco, y el duelo era una niebla densa sobre mi pecho. Pero creí que el dolor, vivido con el amor de tu vida, sabría distinto. Que tal vez, con ella, el luto tendría un color menos oscuro, una orilla de luz.

Tomé el vuelo sin una fecha especial. No era una celebración. Ni siquiera ella me esperaba en el aeropuerto. De hecho, habíamos discutido antes de mi partida. Una discusión absurda, como tantas, pero que arruinó la bienvenida soñada. Y, aun así, fui. Fui por amor. Fui porque aún creía que bastaba con llegar, con tocar su puerta y decir: "Estoy aquí, amor mío. Ya no más distancia".

Pero ella no estaba. Ni en el aeropuerto, ni en los mensajes. No preguntó si había llegado. No hubo sonrisa, ni abrazo, ni película romántica. Solo el frío de una tierra ajena y un silencio que dolía más que cualquier palabra. Finalmente, acordamos vernos. Por fin. Iba a ser el día. El día que habíamos imaginado durante años.

Y entonces, como en una maldición escrita por un Dios irónico, discutimos otra vez. Una nimiedad, un malentendido torpe, celos idiotas que se disfrazaron de amor, pero que eran puro miedo. Yo quería hablarle del viaje, compartir todo lo que sentía. Ella quería salir con sus amigas. Yo, en lugar de respetarla, la herí. La empujé con mis reclamos. Me convertí en todo lo que juré no ser.

Y ella, con razón, se hartó.

Dejó de contestar. Me dejó hablando solo. Me dejó en la angustia. Y yo, cobarde, decidí igualar la herida. Le dejé de escribir también. Un acto infantil. Estúpido. Pero, sobre todo, irreversible.

Lo que vino después fue la ruina.

Salí esa noche con Andrés, el primo que me había recibido, quien me mostraba con nostalgia los rincones de su infancia. Quise olvidarme. Apagar la ansiedad. Callar el ruido de mi cabeza. Pero mezclé licor con medicamentos; con ansiolíticos. Nadie lo sabía. Nadie tenía por qué saberlo. En las fiestas nadie pregunta. En los bares nadie escucha. Y yo, que ya venía herido, fui directo a estrellarme contra mí mismo.

Bebí lo que jamás había probado. Risas ajenas. Luces rojas. Música lejana. Vahos de sudor, de humo, de tiempo perdido. La conciencia se me fue por una rendija y no volvió. No sé cuánto pasó. No sé si alguien me llevó, si alguien me traicionó, si alguien me abandonó. Solo sé que abrí los ojos —tiempo después— tirado en una carretera de las afueras de la ciudad.

Era de madrugada.

El frío era inhumano. Estaba sucio, desorientado, sin teléfono, sin documentos, sin saber si lo que recordaba era un sueño o una alucinación. Me dolía la cabeza, el estómago, el alma. Las manos temblaban. El cuerpo olía a miedo, a derrota, a vergüenza. Tenía barro seco en los zapatos y una chaqueta que no era mía. A mi alrededor, un campo abierto, y al fondo, las luces lejanas de lo que parecía una gasolinera.

No sabía cómo había llegado allí. No conocía a nadie. Nadie me conocía. Intenté recordar, pero era como intentar ver el fondo de un pozo lleno de agua turbia. Cada intento era una punzada. Cada imagen, una herida más.

¿Me drogaron? ¿Me robaron? ¿Fui víctima de algo que no puedo nombrar? ¿O fui, simplemente, un idiota más que se destruyó a sí mismo por no saber manejar el amor?

Aquella noche no solo perdí la memoria. Perdí la dignidad. Perdí la posibilidad de recuperarla a ella. Perdí el norte. Perdí la fe. Y, aún hoy, cuando cierro los ojos, me despierto ahí: tirado en esa carretera ajena, con la voz de Violeta repitiéndose en mi mente como un eco cruel, diciendo:

"Te quería, pero tú no supiste llegar".

Lo que vino después fue una cadena de errores atados por el miedo, por esa ansiedad sorda que te corroe desde dentro, por la vergüenza de mostrarle a Violeta lo que había pasado. La idea de que supiera lo que había hecho me paralizaba. Era como si mi cuerpo todavía estuviera poseído por la droga, por la culpa, por la pesadilla.

Ese día, en esa carretera sin nombre, caminé. Mucho. No tenía rumbo, solo un instinto casi animal que me decía: sigue. El sol me quemaba la nuca y el polvo me secaba la garganta. La ropa me colgaba sucia, húmeda de sudor y algo más que no quería identificar. Olía a vómito, a miedo, a calle. Nadie se detuvo. No los culpo. ¿Tú te detendrías por un tipo desaliñado, con ojos perdidos, balbuceando en un idioma extranjero, arrastrando los pies como un zombi? No. Yo tampoco lo haría.

Intentaba hablar, pero mi lengua no respondía. Cada palabra salía rota, como si entre mi cerebro y mi boca hubiera un cortocircuito. Decía cosas sin sentido, y cuando alguien bajaba el vidrio de su coche para mirar con curiosidad, lo único que encontraba era un loco. Uno más.

Finalmente, un coche pequeño y sucio, con olor a cigarro y a humedad encerrada, se detuvo. Tres tipos. Ninguno dijo su nombre. Me subieron, como quien recoge algo de la calle, que no sabe si servirá o no. Me llevaron a un lugar peor que el sitio donde desperté. Mucho peor.

Era como caer por una escalera de pesadillas, cada peldaño más jodido que el anterior. Calles que olían a orina estancada, a basura hervida por el sol. Niños descalzos, con las bocas negras de mugre, jugaban con botellas rotas. Mujeres se reían desde esquinas oscuras; sus ojos eran espejos de dolor y resignación. Drogas. Gritos. Un idioma áspero, lanzado como cuchillos en el aire. Me llevaron a una casa... si es que se le puede llamar así. Un sitio húmedo, lleno de colchones viejos, paredes agrietadas y sombras que no sabías si eran personas o fantasmas.

Me dieron de comer. No supe qué era. Un plato de arroz amarillento con algo que parecía carne, pero que olía a cartón mojado. Lo comí. No por hambre, sino porque mi cuerpo ya ni pensaba. Solo obedecía. Los otros me miraban, se reían. Uno me dijo "mono" entre risas. Mono. Así les dicen en algunos lugares a los blancos, a los raros, a los que no encajan.

Quise irme. Me levanté. Un tipo me detuvo con una mano dura como un ladrillo.

—¿A dónde vas, mono? Allá afuera está peor. Te matan.

Y lo peor es que le creí.

No sé cuánto tiempo pasó. Días, tal vez. Dormía en el suelo, entre ratas. Me despertaban los gritos, el olor a mierda, el llanto de alguien. Me dolía todo. Pero, más que el cuerpo, dolía la mente. El alma. Era como estar enterrado vivo.

Y entonces, la luz.

Una mañana —¿Fue mañana? ¿Fue tarde? No lo sé— apareció un policía. De uniforme. Alguien había reportado a un extranjero perdido. Me llamaron por mi nombre. Supe entonces que seguía existiendo. Que no me había disuelto del todo. Me subieron a una patrulla. Me llevaron a la comisaría. Me dieron agua limpia. Agua. Me temblaban las manos al sostener el vaso. Regresé al mundo. Pero no era el mismo mundo.

Y en ese nuevo mundo que me recibió, el infierno no había terminado. Apenas comenzaba. Porque una cosa es estar atrapado allá, entre las sombras, y otra muy distinta es intentar explicárselo a alguien. A Violeta. A uno mismo. No sabes qué duele más: el abismo o tener que nombrarlo.

Inmediatamente me tomaron las huellas, el nombre, la declaración —que al principio fue un delirio inentendible—, me metieron en una sala blanca donde médicos y psiquiatras intentaban devolverme a una conciencia que yo no deseaba habitar. Porque, ¿para qué? ¿Para qué volver, si la realidad que me esperaba era más pavorosa que cualquier limbo, más abrasadora que cualquier infierno?

Fui devuelto a una clínica. Estaba "seguro", eso decían. Pero en mi cabeza, lo único que ardía con una fiebre imparable era el nombre de Violeta. Violeta como un mantra, como una plegaria, como una maldición. El cuerpo estaba mal, pero lo peor estaba dentro. Tenía el alma quebrada, hecha trizas.

Me evaluaron. Diagnóstico físico: golpes en los costados, un tobillo inflamado, un ojo amoratado, el cuello con una línea rojiza, marcada, como si una soga hubiera querido cerrarse para siempre. Labios partidos, secos como el desierto. Pero nada de eso dolía tanto como lo otro.

Lo peor era mirarme al espejo y no reconocerme. O, peor aún, reconocerme demasiado: ver ese yo al que siempre supe que podía llegar si no me cuidaba. Vi a un hombre destruido por sus propios miedos, por la cobardía de no hablar a tiempo, por la vergüenza de no mostrar sus heridas, por la arrogancia de creer que se podía esconder el dolor. La psicóloga me dijo que tenía estrés postraumático. Yo reí. Claro que sí. Pero esto era otra cosa. Era una condena más antigua. Era el mismo abismo que me había rozado años atrás con Nathaly, solo que ahora ya no era un borde: era una caída libre. Ya no estaba colgado del filo; me había lanzado.

Sabía que no me recuperaría rápido. Sabía que ningún medicamento podría devolverme lo que perdí. No se trataba de rehabilitación, ni de protocolos clínicos. Se trataba de Violeta. De la oportunidad que me había sido arrebatada —o que yo mismo destruí— de ser amado con todo y mis cicatrices, de mostrarle mi oscuridad y que ella aun así se quedara.

Pero ya no estaba. Y frente al espejo, supe con total certeza que esa posibilidad se había evaporado como el humo de un incienso en una iglesia en ruinas. Y el dolor… El dolor fue inmediato. Como si alguien me arrancara la piel con tenazas oxidadas, como si mi cuerpo estuviera siendo desollado vivo, lentamente, con saña. Como si me vaciaran el alma con cucharas al rojo vivo. Era el infierno. No el metafórico, no el simbólico. Era el noveno círculo del Infierno de Dante: la traición más íntima, la mía contra mí mismo.

Fue entonces, entre esa angustia espesa y ese terror animal, que llegaron las malas decisiones. Las que no se piensan. Las que no se evalúan. Las que uno toma porque el miedo es tan inmenso que ya no se distingue entre lo correcto y lo que simplemente alivia. Llamé a Andrés y a Álex. Les rogué. Con voz temblorosa, con palabras que apenas podían salir de mi garganta partida. Les pedí que me ayudaran. Que esta vez, solo esta vez, mintieran por mí. Que maquillaran la historia. Que la cubrieran con una manta piadosa.

Les conté todo. Todo lo que me avergonzaba, todo lo que me destruía, todo lo que nunca quise que Violeta supiera. Y aun así, me ayudaron. Porque su amor por mí era más grande que su juicio. Porque me amaban como se ama a alguien que uno ha visto florecer… y que ahora solo es un capullo podrido que supura dolor. Intentaron contactar con ella. Buscaron correos, redes, personas. Enviaron mails, mensajes. Hicieron lo posible. Pero Violeta se había esfumado. No quedaba rastro. Como si la tierra la hubiese tragado, como si mi pecado la hubiese borrado del mapa.

Cuando me lo dijeron… no pude hablar. Pero dentro de mí se abrió un abismo tan negro que sentí que me tragaba. El miedo que sentí no era humano. Era un miedo cósmico, ancestral, como si el universo entero me hubiera escupido fuera de su órbita. Fue un miedo que paraliza, que desarma, que te convierte en una cáscara vacía.

Ese miedo... es como despertar en una fosa común. Abrir los ojos y tener cadáveres alrededor, el olor de la muerte impregnado en tu piel. Es como gritar y que nadie escuche. Es como estar en medio de un campo de guerra, desarmado, mientras las bombas caen, y tú solo puedes rezar por una explosión certera que te borre sin dolor. Ese miedo es tener a tu niño interior encadenado en una celda oscura mientras el eco de su llanto se pierde entre pasillos infinitos. Es como si los demonios que uno tanto temió en la infancia finalmente salieran del armario, y no para asustarte: para quedarse.

Es el infierno, sí. Pero no el de Dante. Es un infierno peor: el de saber que lo arruinaste todo, y que no hay redención posible. Que lo perdiste todo, y que todo fue culpa tuya. El miedo de saber que Violeta jamás volvería. La única persona que podría haberme salvado de mí mismo.

Y yo la dejé ir. Yo la perdí.

Yo la maté con mi silencio.

Hay un momento exacto, una línea invisible, donde el dolor deja de arder por fuera y comienza a pudrirse por dentro. No lo notas de inmediato. Es como el frío que se instala en los huesos cuando llevas demasiado tiempo bajo la lluvia: primero tiembla el cuerpo, luego la conciencia. Salí del hospital como quien regresa del inframundo con la piel entera pero el alma hecha jirones. El mundo afuera parecía el mismo, pero yo ya no encajaba en él.

Creí que lo más difícil había pasado. Qué ingenuo fui. Lo verdaderamente insoportable vino después, cuando la vida se reinició sin ella. Cuando su ausencia no era solo un silencio, sino una condena. Violeta ya no estaba. Ni en los lugares donde solíamos encontrarnos, ni en las redes, ni en los recuerdos, porque hasta esos empezaron a oxidarse. Sentía que me arrancaban los ojos cada vez que intentaba recordarla y su rostro se me volvía difuso, como si el tiempo estuviera decidido a borrarla, incluso de mi memoria.

Me movía como un fantasma sin tumba, como un eco de mí mismo, como un sobreviviente que no quería haber sobrevivido. A veces pensaba que el hospital había sido una antesala del infierno, pero no… el verdadero infierno era este: el mundo sin Violeta. Nadie me preparó para la desaparición de una presencia tan profunda. Nadie te dice qué hacer cuando el amor se esfuma, cuando el futuro se te cae encima como una avalancha de días vacíos.

Aún me culpo por no haberle mostrado todo. Por haberle ocultado mis demonios, por haber creído que esconder el dolor lo haría desaparecer. Lo único que logré fue perderla… y condenarme. Y así empezó el descenso. No con un grito. No con una tragedia monumental. Sino con el goteo constante de la desesperanza. Día tras día. Un vacío que se abría más y más hasta tragarlo todo.

¿Cuánto puede resistir un ser humano antes de quebrarse? ¿Qué parte se rompe primero: el cuerpo, la mente o el alma?

A veces pienso que la verdadera tragedia no es perder a alguien, sino perder la posibilidad de ser vistos por esa persona tal como somos. El dolor más agudo no fue su ausencia, sino la certeza de que jamás sabrá quién fui realmente… ni cuánto la amaba desde mis escombros.

Cuando salí del hospital, no salí curado. Salí sin rumbo, con una calma impostada que solo encubre la tormenta. Me preguntaba por qué el mundo seguía girando. ¿Cómo pueden los demás ignorar que el amor se extinguió en mí?

Me di cuenta de que no había regresado a la vida. Había regresado al teatro de lo cotidiano, donde todo fingía estar bien. Pero yo ya no era actor en esa obra. Fui exiliado de la existencia común, condenado a observar desde fuera, como un extraño entre los vivos. Violeta se había ido, y con ella, mi versión más luminosa. No era solo el adiós de una mujer; era el adiós al futuro que ella traía consigo, a la esperanza, a la redención.

Me pregunto ahora, mirando en retrospectiva, si no era inevitable. Si todo esto no fue simplemente la consecuencia lógica de no saber amar desde la verdad. Siempre tuve miedo de mostrar mi oscuridad. Pensé que si ella veía mis ruinas, me dejaría. Pero al ocultarlo, fui yo quien rompió el lazo. No por maldad, sino por cobardía.

Hay un precio por el silencio. Por cada verdad no dicha, se pierde una posibilidad de conexión. Y cuando se pierden todas, uno se queda solo, incluso en medio de una multitud. Ahora entiendo que el infierno no está en lo que vivimos, sino en lo que dejamos de vivir por miedo. En lo que no dijimos. En lo que no fuimos capaces de ser frente al otro.

Y en ese espejo, donde me miré tras salir del hospital, no vi un monstruo ni un loco. Vi a un hombre que no supo amar a tiempo.

Y esa es la peor condena de todas.

Tan pronto me dieron de alta supe lo que tenía que hacer. No lo pensé demasiado, simplemente lo sentí, como si en lo más profundo de mí alguien gritara que ya era hora, que no podía seguir escondiéndome, que si alguna vez fui valiente debía demostrarlo ahora, ir hacia ella, mirarla a los ojos y decirle la verdad, toda la verdad, sin adornos, sin máscaras, sin ese disfraz que había aprendido a usar durante años para no parecer débil, para no parecer roto.

Pero yo estaba roto, muy roto, y era momento de confesarlo, de contarle que aquel hombre del que se había enamorado también era un ser lleno de oscuridades, de heridas antiguas, de dependencia a los fármacos, que no era capaz de estar bien sin ellos, que los necesitaba para dormir, para no entrar en crisis, que tenía ataques de ansiedad, que el pánico se me metía al cuerpo como una tormenta repentina y me dejaba temblando, con las manos heladas y los ojos vacíos, que no estaba estable la mayor parte del tiempo aunque lo aparentara, que la química de mi cuerpo me traicionaba y que mi mente era un laberinto donde a veces me perdía por días, incluso cuando sonreía, incluso cuando parecía feliz, y que no importaba cuánto deporte hiciera o qué tantos negocios cerrara o a cuántos países viajara, en el fondo yo me sentía un fraude, alguien que sobrevivía, no que vivía, alguien que había sufrido pérdidas tan grandes que aún me despertaban por la noche sin saber dónde estaba, con el corazón acelerado y el alma congelada.

Y aun así fui. Con todo ese peso en los hombros fui. Decidí jugar mi última carta. No tenía más que perder. Andrés aceptó acompañarme, y antes de partir le dejé un correo, uno que creo jamás llegó. Le pedía que nos viéramos, que habláramos, que le debía una explicación, que necesitaba decirle todo lo que había callado. Pero nunca obtuve respuesta. Y sin respuesta partí en ese viaje que duró días. Pero Violeta se había borrado: era como si cada paso que daba la alejara más, como si la ciudad misma la estuviera protegiendo de mí.

La ansiedad me subía por el pecho, me apretaba la garganta, el corazón iba a mil y yo no podía parar de mirar a todos lados esperando verla salir, aunque fuera de lejos. Andrés, que me vio en ese estado, me regresó a la realidad.

—Ya, déjalo. ¿No ves que no quiere saber nada de ti? —me soltó con esa mezcla de compasión y rabia que tienen los amigos cuando te quieren sacar del pozo.

Y yo no supe si me lo decía porque era cierto o porque ya no podía verme más así. Y añadió:

—Es suficiente. Te estás matando por alguien que no está, que no quiere estar. No puedes vivir así.

Y esas palabras me dolieron más que cualquier golpe, pero también me abrieron una rendija de conciencia.

Entendí que había cruzado un límite. Que me había quedado solo en la escena de una historia que ya había terminado.

Capítulo 25 -
El silencio no es ausencia

Y entonces me fui, como un cobarde, como me fui de Nathaly, como me fui de tantas cosas que no supe cómo enfrentar. Pero esta vez algo era distinto, porque no estaba dejando atrás una relación, estaba dejando atrás la única vez que sentí que amé de verdad. Y eso no se olvida, eso no se entierra ni se reemplaza.

Regresé con la mirada perdida y lo único que se me ocurrió fue preguntar por trabajo. Necesitaba salir, desaparecer, anestesiarme con otra cosa. Álex por ese tiempo estaba en cierre de negocio, querían expandir la empresa de autopartes en Latinoamérica. Le pedí que me llevara con él, que no me preguntara nada, que solo me sacara de allí. Y sin más tomamos el primer vuelo a México, como si en otra ciudad, en otro idioma, en otra cama, pudiera dejar de ser yo.

México era mi escape entonces, un paréntesis necesario, aunque no del todo sincero. Una tierra a la que llegué sin expectativas, como se llega a un aeropuerto después de haberlo perdido todo. Asistí a reuniones donde no entendía absolutamente nada de lo que hablaban: cifras, números, estrategias de expansión, logística comercial… todo me parecía un ruido distante, como una radio mal sintonizada. Álex intentaba convencer a empresarios locales mientras yo me limitaba a sonreír, a asentir con la cabeza como si no me pasara nada, como si no estuviera completamente roto por dentro.

Fuimos un par de días a lugares mágicos, sí, como Tulum, con sus playas turquesas y ruinas frente al mar, sublimes y silenciosas; a San Miguel de Allende, donde cada calle empedrada parecía sacada de una pintura nostálgica; y a Oaxaca, donde los colores, los mercados y la vida misma vibraban con una intensidad que contrastaba brutalmente con mi apatía interior. Pero ni con eso, ni con el mezcal ni con las puestas de sol, podía borrarla de mi memoria. Esta vez no estaba en el corazón: estaba en la cabeza. Y eso es mucho peor. Porque lo del corazón, al menos, se llora. Lo de la cabeza se repite, se analiza, se descompone, se sueña. Y duele más.

Ya había estado en México hacía muchos años y, para ser honesto, no me había gustado del todo. La comida picante no me iba nada bien, me revolvía el estómago y me recordaba cuán extranjero era, incluso en mis propios intentos por sanar. Sin embargo, esta vez intenté adaptarme, quedarme allí un tiempo más, aunque Álex tuvo que regresar al ritmo de vida que lo mantenía ocupado y ciego a cualquier emoción profunda. Me quedé con la excusa de revisar que el negocio que acabábamos de cerrar marchara en orden, pero la verdad es que no aguanté mucho más allí.

No quería regresar a Madrid, ni a Moscú, porque desgraciadamente todo me recordaba a Violeta. Todo. La forma en que caminaban las mujeres, los carteles en la calle, la manera en que una canción cualquiera sonaba en un bar, los mensajes antiguos guardados en mi móvil viejo, los atardeceres, el olor del café. Todo la traía de vuelta, como si el universo entero estuviera programado para torturarme con su ausencia. Y yo no quería hacerlo más. Porque hay recuerdos que no se alojan solo en la mente, sino que se incrustan en el corazón, como astillas invisibles que te van matando de a poco, así nadie lo vea, así tú mismo intentes negarlo.

Me obsesioné por buscar ayuda. Ayuda verdadera. No esa que se ofrece por protocolo o en frases de autoayuda, sino la que te obliga a romperte en mil pedazos para luego intentar reconstruirte. Pero no quería hacerlo en un lugar conocido. No en Madrid, no en Rusia, no en ningún sitio donde yo ya hubiera sido yo. Porque los humanos creemos, con una fe casi infantil, que si empiezas de nuevo en un lugar diferente, todo será mejor. Como si el cambio de coordenadas fuera suficiente para reconfigurar el alma. Como si el aire de otro país curara heridas invisibles.

Busqué en internet durante noches enteras, leí foros, comparé testimonios, hablé con terapeutas y expertos. Y al parecer, California era una buena opción. El clima, los paisajes, la mezcla de ciencia y espiritualidad. Allí encontré el Esalen Institute, en Big Sur, un centro de retiro que parecía más un santuario que una clínica, donde grandes pensadores, psicólogos, artistas y buscadores se reunían desde hace décadas para sanarse en cuerpo y alma. Era exclusivo. Pero algo en mí supo que tenía que ir, que tenía que probar, que, si todavía había algo en mí que quería seguir vivo, debía llevarlo allá.

Y sin pensarlo dos veces, tomé un avión hacia California con la esperanza de que, entre aquellas montañas, los baños termales, la meditación frente al Pacífico y la introspección guiada por gente que realmente entendía el dolor, pudiesen ayudarme. Porque ya no se trataba de olvidar a Violeta. Se trataba de recordar quién era yo antes de ella, y si todavía había alguien que pudiera salvarse.

Llegar al Esalen Institute fue como abrir una puerta en mitad de la niebla. No sabía muy bien qué esperaba, pero estaba seguro de que no podía seguir igual. El lugar era imponente: acantilados que caían directamente sobre el océano Pacífico, aguas termales que nacían de la roca como si la tierra misma quisiera curarte, y un silencio que no pesaba, sino que te sostenía. Allí nadie te preguntaba de dónde venías ni qué habías perdido. Bastaba con mirarte para saberlo. Bastaba con llegar.

La primera semana fue extraña. Venía con la idea de que me iban a hablar de mi mente, de la serotonina, de mis traumas. Pero no. Me pusieron a cocinar. A cortar cebolla con una señora hippie que me contaba cómo había sanado del abandono paterno gracias al yoga y a las lentejas germinadas. Me reí. No podía evitarlo. Pensaba que estaba en una secta de personas que creían que el tofu tenía propiedades místicas, pero luego —al tercer día— me vi llorando mientras lavaba platos, porque una mujer me cantaba una canción en hebreo y yo no sabía por qué me dolía tanto esa melodía que jamás había escuchado.

Aprendí que a veces el cuerpo llora antes de que el alma entienda por qué.

Las clases eran tan diversas como la gente. Hice biodanza sin saber cómo mover las caderas. Parecía un pato mareado, pero todos me aplaudieron igual. Medité en círculo con desconocidos que, al segundo día, ya me abrazaban como si fuésemos hermanos. Practiqué "respiración holotrópica" y terminé gritando el nombre de Violeta sin darme cuenta, mientras una terapeuta me sostenía las manos y me decía que lo dejara ir, que ya era tiempo. En ese momento no supe si quería dejarla ir o que alguien —de una vez por todas— me dijera que sí, que yo también merecía ser amado, aunque estuviera roto.

Hice ayuno de palabras un lunes completo y me descubrí hablando con una roca como si fuese una vieja amiga. Un hombre me enseñó que el silencio no es ausencia, sino otra forma de escucha. Y tuve conversaciones eternas con desconocidos que lloraban por sus madres, por sus hijas, por ellos mismos. Me di cuenta de que el dolor tiene acento, tiene edad, tiene pasaporte. Pero es el mismo en todos.

Una noche, durante una ceremonia de cacao, un argentino me confesó que llevaba diez años sin amar a nadie porque su ex le dijo que él no sabía querer. Le di un abrazo torpe y terminamos riéndonos porque el cacao estaba tan espeso que parecía barro.

—Esto sabe a infancia mal procesada —dijo él, y nos reímos como idiotas, como si el alma nos hubiera dado permiso de ser ligeros por cinco minutos.

Hice surf. O bueno, intenté. Tragué más agua que un pez con ansiedad. Una ola me dio una bofetada tan fuerte que sentí que me puso en mi lugar. Me revolcó, me lanzó contra la arena, me hizo perder un zapato. Cuando salí, una niña de diez años me dijo:

—¡Lo hiciste bien!

Quise abrazarla. Quise que fuera mi hija. Quise volver a empezar. Le escribí cartas a mi yo del pasado. A mi yo de ocho años. A mi yo enamorado de Violeta. A mi yo que pensó en rendirse. Las quemamos todos en una fogata frente al mar, y vi cómo las palabras se volvían ceniza mientras una mujer con voz ronca tocaba una canción en guitarra. Fue una especie de entierro sagrado y también un renacimiento silencioso.

Una mañana, me levanté antes del amanecer y caminé hasta el borde del acantilado. El cielo aún era violeta. Respiré hondo. El mar golpeaba con furia, pero ya no sentía miedo. Me pregunté si la tristeza alguna vez se va por completo, y supe que no. Pero también entendí que no está para destruirnos, sino para hacernos más humanos. Que la depresión no es falta de carácter, sino exceso de peso en el alma. Y que algunos simplemente nacimos más sensibles, más abiertos al dolor, pero también más dispuestos a ver la belleza en lugares donde nadie mira.

Me quedé en Esalen casi un mes. Me fui sin estar completamente curado, pero con una promesa hacia mí mismo: que no volvería a esconderme. Que, si tenía que llorar, lo haría. Que, si volvía a amar, lo haría completo, sin miedo. Y que, si volvía a caer, buscaría ayuda sin vergüenza. Porque el orgullo también mata. Y yo quería seguir viviendo, aunque a veces doliera.

Pensaba en Violeta cada maldito o bendito día. Creo —con absoluta certeza— que la he pensado todos los días desde que la conocí. Al principio, los primeros meses tras su partida, lo hice con tristeza, con esa clase de pena que se adhiere al cuerpo como una humedad que no se va. Lo hice con culpa, con amargura, con una nostalgia espesa, casi física. Me perseguía su voz en los pasillos del insomnio, su risa en el fondo de cada canción, su ausencia en todos los rincones donde alguna vez fue presente. Pero con el tiempo eso cambió. Se transformó. Se convirtió en algo más... en una necesidad aguda, casi patológica, de su perdón.

Me obsesioné con ello. No solo quería su perdón: lo necesitaba. Como si su voz diciéndome "te entiendo" fuera el único antídoto contra la podredumbre que crecía en mi pecho. Sufría, claro que sufría, pero no sabía cómo lo haría ella. No sabía si su dolor era silencioso o violento, si lloraba a escondidas en la ducha o si se le apagaba la mirada en las mañanas sin razón aparente. No sabía si también se preguntaba qué pasó con lo que fuimos.

A veces, el dolor en una mujer es tan profundo que no hay palabras que le sobrevivan. Se rompe de una forma que no hace ruido. No grita, no insulta, no golpea puertas. Simplemente calla. Se va. Deja la maleta hecha sin levantar sospechas y sale por la puerta como quien se ahoga sin que nadie lo note. A veces la decepción es tan grande, tan monstruosa, que las palabras no alcanzan a nombrarla.

Porque decir "me heriste" se queda corto cuando lo que duele es que alguien haya destruido el hogar que construyeron con las manos temblando de amor. A veces el silencio no es indiferencia: es supervivencia. Es la única manera de no hundirse más. Y ella se fue así. Sin dejar rastro. Sin nota, sin despedida, sin último café ni abrazo fallido. Cambió su número de móvil, desapareció, borró cada hilo que nos ataba. Huyó, o tal vez se protegió. Tomó decisiones que nunca entendí del todo: por miedo, por dignidad, por dolor, por rabia, quizás por venganza.

No lo sé.

No me corresponde saberlo. Solo espero que lo haya hecho por ella. Que cortar con todo haya sido su forma de respirar otra vez. Que el silencio la haya sanado. Que el exilio le haya devuelto algo de sí misma. Que con cada paso lejos de mí haya crecido, haya encontrado paz. Porque si alguien merece la paz, es ella.

Yo, mientras tanto, deseaba su perdón más que cualquier otra cosa en el mundo. No para que regresara. No para reescribir la historia. Sino para poder mirarme al espejo sin hundirme. Sentía que, si no tenía su perdón, jamás podría estar en paz. Que mi historia, esta que aún intento escribir con pulso tembloroso, se quedaría incompleta, como una frase interrumpida por un nudo en la garganta.

Porque una parte de mí no quiere seguir sin saber si, al menos, alguna vez ella me amó tanto como yo la destruí.

Caminar por el sendero de superar al amor de tu vida no es simplemente difícil… es, a veces, casi imposible. Hay millones de libros de autoayuda, de superación emocional, de amor propio, de rupturas, de crecimiento personal; textos escritos por personas que seguramente han perdido un amor, sí, pero no todos han perdido a ese amor, el amor, el verdadero.

Y perder al verdadero amor de tu vida no puede resumirse en palabras. No basta con frases hechas ni consejos prefabricados. Porque el dolor que produce es de otro mundo. Porque lo que viene después —lo que permanece— no es una tristeza cualquiera: es un desgarro multiplicado por mil, una herida que no cicatriza con el tiempo, sino que se hace parte del cuerpo.

Empiezas a extrañar de forma obsesiva, casi enferma. No es un "la echo de menos", es una respiración donde su nombre se mezcla con el aire. Duermes y sueñas con ella. Despiertas y ahí sigue. Es como tener un eco constante, una presencia fantasma que habita todo lo que haces.

Y cuando intentas escapar, la mente te juega malas pasadas: crea universos paralelos donde todo es distinto, donde sí le dices lo que debiste, donde todo lo que no pasó, pasa. Pero cuando regresas a la realidad —porque siempre se regresa— el golpe es brutal. Te destruyes solo. Y todo, absolutamente todo, te la recuerda. Es una canción, una estación del año, una voz, una palabra, un perfume. Y ahí está. Siempre ahí.

Perder al amor de tu vida te marca para siempre, no importa lo que digan.

Estás mal dormido. Estás mal despierto. Hay días en que respiras un poco más tranquilo, y otros en los que recaer es una obligación inevitable. Mi tiempo en California, lo admito, fue de aprendizaje. Aprendí cosas, aterricé otras, tomé distancia de lo inmediato... pero no me curé de su recuerdo.

Porque a veces el recuerdo no es dulce, es abrumador.

Porque hay días en que uno desearía que le hicieran una lobotomía como las que se practicaban en los años 40, o que le aplicaran tratamientos como las sangrías, los electrochoques sin anestesia, o incluso una trepanación medieval si eso sirviera para arrancarla de la mente. Cualquier cosa con tal de no recordarla más. Pero no hay procedimiento ni ciencia que arranque un alma de otra.

El psiquiatra me recetó más medicamentos. Esta vez fueron fuertes: quetiapina, duloxetina, lorazepam, lamotrigina... una colección de nombres largos y efectos colaterales silenciosos. Y entonces, empecé a dormir. Dormía con una intensidad que jamás había conocido. Dormía días enteros. Era como caer en coma voluntario. Y cuando salía, si es que lo hacía, mi mirada me delataba. Nadie sabía qué me pasaba exactamente, pero cualquiera que me mirara bien podía intuir que algo dentro de mí estaba roto sin remedio.

Después de California pasé otro mes en Nueva York. Mis paseos por Central Park se volvieron rutina. Corría a veces, como si el cuerpo pudiera ir más rápido que los pensamientos. Otras veces solo me sentaba en una banca, a ver a la gente pasar con sus vidas: unas buenas, otras malas, algunas felices, otras grises. Y yo era apenas un espectador invisible. Pero de pronto, sin darme cuenta, algo empezó a cambiar.

Nada monumental. Nada cinematográfico. Solo pequeños movimientos. Como cuando te das cuenta de que una planta ha crecido medio centímetro, pero no sabes cuándo lo hizo. Mis hábitos empezaron a cambiar. Y no por fuerza de voluntad, sino por agotamiento. Porque el dolor también cansa. Porque llega un punto en el que ni siquiera recordar duele como antes, porque el cuerpo se defiende, porque el alma necesita respirar. Y fue así como, sin querer, empecé a cambiar. Un poco.

Capítulo 26 -
Historias que te habitan para siempre la mirada

Es curioso cómo la mirada nos cambia con el tiempo. Uno no se da cuenta de inmediato, pero basta con volver a una vieja foto, una de esas en las que uno ni siquiera posaba, en la que simplemente estaba siendo, para notar la diferencia.

Comparamos esos ojos con los que ahora nos observan en el espejo —un espejo que ya no devuelve inocencia, sino conciencia—, y entonces entendemos que no solo envejecemos en la piel o en los huesos: envejecemos también en la mirada.

La mía cambió. No puedo negarlo.

Al principio pensé que era una cuestión física: que tal vez se trataba de la caída natural de los párpados, del cansancio acumulado en las bolsas, del color que se va opacando como el de una pintura expuesta demasiado tiempo al sol. Pero no era eso. Era algo más profundo, algo que ni los espejos ni las cámaras logran capturar del todo. Había en mi mirada un peso nuevo, como si dentro de los ojos habitara ahora un huésped más.

La tristeza, tal vez.

O la memoria.

O esa nostalgia seca que ya no duele como un grito, sino como un eco.

Después lo entendí; desde lo psicológico, cuando uno atraviesa ciertos dolores, la mente cambia sus mecanismos de defensa. Se cierra un poco más. Se pone en alerta. Mira distinto. Ya no con la ingenuidad del que cree que todo es eterno, sino con la lucidez del que sabe que incluso el amor más puro puede acabarse. Y que nadie, absolutamente nadie, está a salvo del abandono. Pero más allá de la psicología, había algo casi filosófico en ese cambio. Mi mirada había aprendido a hacer preguntas sin palabras. Se había vuelto más reflexiva, más honda, como si en vez de mirar simplemente hacia afuera, ahora lo hiciera también hacia adentro, buscando respuestas en el fondo de mí mismo, como quien busca monedas caídas en un pozo oscuro. Miraba el mundo, pero al mismo tiempo me miraba a mí. Y ese doble reflejo —el de los otros y el propio— deja marcas que no se borran con el sueño ni con el tiempo.

¿Y si era algo místico también? ¿Y si los ojos guardan la energía de las cosas vividas, como espejos donde el alma se asoma sin permiso? Hay culturas que dicen que los ojos son portales, que por ellos entran los dioses y los demonios. Que por ellos se filtra la verdad. Que por ellos sangra el espíritu. Y algo de eso creo, porque he visto miradas en las que habitaba el vacío, y otras en las que ardía un fuego callado que era imposible ignorar.

Y entonces, claro, me pregunté por la suya.

¿Cambió la mirada de Violeta?

¿La transformó también nuestra historia, nuestro amor, nuestro final?

No sabía nada de ella. Absolutamente nada. Se había ido con la precisión de quien no quiere dejar rastro. Pero en mis desvelos la imaginaba viva. Distinta, tal vez, pero viva. La imaginaba sonriendo más, saliendo más con sus amigas, encontrando en la risa diaria un alivio nuevo. Incluso la imaginaba escribiendo. Porque a ella le gustaba escribir. Le gustaba convertir el mundo en palabras. Y soñaba que, tal vez, en alguno de sus textos —sin que nadie más lo notara—, había una frase secreta para mí.

Pero lo que más pensaba era en su mirada.

¿Sería ahora más luminosa, más libre, más limpia sin mí?

¿O llevaría también esa sombra, esa bruma, ese velo de quien ha amado con tanta fuerza que luego no sabe cómo reconstruirse?

Porque en la mirada puede verse todo si uno sabe mirar.

Las palabras mienten. Las sonrisas se ensayan. Los gestos se editan. Pero los ojos... los ojos no. Los ojos lo dicen todo.

Incluso cuando están en silencio. He visto personas que hablan con una seguridad tremenda mientras sus ojos tiemblan. He visto otras que ríen con fuerza y en sus pupilas habita un invierno. He visto miradas que abrazan, que matan, que piden auxilio, que esconden poemas, que suplican redención.

Y me pregunté si alguien, alguna vez, al mirar a Violeta hoy, notaría ese cambio.

Si alguien más podría ver lo que yo vi tantas veces: esa especie de brillo triste que se da cuando uno ha sobrevivido al amor, pero no del todo.

Porque hay amores que dejan cicatrices invisibles en los ojos.

Y hay historias que te habitan para siempre la mirada.

Entre miles de reflexiones y un trabajo remoto que me inventé —más para tener algo que hacer que por necesidad— transcurrieron mis días en Nueva York, donde la luz entraba distinta por la ventana y el aire tenía otro acento. Hasta que un día decidí regresar.

Primero volví a Madrid.

Mi madre me esperaba.

Verla de nuevo, verla bien, me reconfortó, al igual que ver a mi padre, que con su silencio y sus cafés mal servidos seguía estando ahí, a su manera. Y aunque me invadía una nostalgia amarga por la ausencia de Mishu, lo recordaba con amor.

Aún podía verlo —sí, lo veía— tumbado con la barriga al aire, dejando que el sol se filtrara sobre su pelaje como un dios peludo recibiendo bendiciones. O con esa mirada soñolienta, a punto de caer dormido en el sofá, como si las preocupaciones del mundo no fueran con él.

Mamá lo recordaba igual. Con amor, con lágrimas contenidas y con mil anécdotas que repetía como quien quiere que el olvido no se atreva a acercarse.

Mishu había muerto días después de ese viaje que cambió mi vida. Quizás fue su manera de cerrar el ciclo, de darme el empujón final. O quizás, simplemente, sus días se habían terminado ya.

Se fue en silencio, sin dramas, sin avisos. Una noche se quedó dormido y no despertó más. "El corazón", dijo el veterinario. Pero mamá y yo creemos otra cosa. Creemos que él supo. Que él sintió. Que él decidió irse en paz, como esos seres sabios que no necesitan palabras para despedirse.

Mishu murió físicamente, pero su presencia seguía apareciendo a diario en nuestras vidas. En las costumbres, en los rincones, en las frases.

Volví a trabajar un par de semanas. La rutina, extrañamente, me calmaba. Y luego viajé a Barcelona.

Sí, Catalunya...

Allí donde tuve tantos sueños, tantas primeras veces, tantas decepciones con acento y otras sin nombre. Había un congreso que me interesaba —una excusa perfecta— y decidí quedarme una temporada más.

Fue allí donde lo encontré.

O, mejor dicho, donde él me encontró a mí.

Un gato gris, pequeño, callejero. Sin pedigrí, sin pasado claro. De esos que nadie nota, pero que cuando te miran, sientes que algo raro pasa.

Lo llamé Ruslan. Nombre de zar ruso, porte de bandido de barrio.

Era un descarado. Le encantaba la calle. No estaba castrado, lo cual en su caso significaba que se creía el dueño de la ciudad. Maullaba con personalidad, dormía como un rey y me miraba como si yo fuera su inquilino. Pero se quedó. O me quedé yo, no sé. El punto es que nos adoptamos.

Y entonces, empecé a hablarle. Le contaba todo. Como si fuera mi terapeuta. Como si contárselo a él fuera contárselo a Mishu reencarnado en una versión más callejera y necia. Hablarle a Ruslan me liberaba. Me sacaba peso. Me organizaba los pensamientos. Y él, con su maullido breve y su costumbre de sentarse en mi portátil justo cuando más lo necesitaba, parecía decirme:

—Ya, ya... no lo pienses tanto. Tráeme atún.

Porque a veces eso es lo que uno necesita: un ser que no juzgue, que no responda, que no interrumpa con frases vacías. Un ser que esté. Como Mishu. Como Ruslan. Como esos amores que, aunque se vayan, dejan herencias en forma de ronroneo.

Era inevitable.

Los gatos me la recordaban. Siempre. Era como si cada vez que Ruslan me miraba desde el borde de la ventana, con esa expresión de sabio perezoso, me hablara de ella sin decir una sola palabra. Y es que Violeta y yo compartíamos ese amor —más bien, esa devoción secreta y medio mística— por los gatos. No era un gusto cualquiera, era una forma de ver el mundo.

Los gatos nos unían. Nos tejían. Desde el primer momento en que surgió el tema, nuestras conversaciones se alargaron como las siestas de los felinos. Hablábamos de anécdotas, manías, nombres ridículos, posturas graciosas al dormir, de cómo parecían sabernos leer… Y cada historia era como una hebra más que nos enredaba.

Ella tenía cinco. O tal vez más, nunca estuve seguro.

Aparecían y desaparecían como si vivieran en otra dimensión donde el tiempo y el espacio eran opcionales.

Me los mostraba a veces:

—Mira, esta es Nina.

Y Nina pasaba caminando por encima de la cama con total desdén, como un artista que no necesita público. Se subían a su cama, a su cabeza, a su alma. Y yo sabía —aunque ella no lo dijera— que también la cuidaban. Así como Mishu me cuidó a mí.

Había algo... especial. Algo raro y hermoso en todo eso. Y lo más curioso, lo que siempre me sacaba una sonrisa de esas que se escapan, aunque uno esté roto, era que Violeta sabía imitar el ronroneo.

Sí, lo hacía.

Con una maestría absurda.

Cerraba los ojos, ladeaba un poco la cabeza y salía ese sonido suave y gutural que, juro por Dios, engañaría a cualquier gato del planeta. Era tan ridículo y tierno que a veces me entraba la risa, otras la ternura, y otras… las dos cosas a la vez. Creo que en esa tontería se escondía algo muy profundo: su manera de acercarse a la calma, de hablar sin palabras.

Tener a Ruslan conmigo, en ese momento de reconstrucción y de tanto silencio interior, era también tener un pedacito de ella. Él no sabía hacer el ronroneo falso —solo el de verdad—, pero cuando se acurrucaba en mi pecho y empezaba a vibrar como un motorcito viejo y sabio, yo sonreía.

Sonreía porque de alguna forma, sin querer, me sentía acompañado por los recuerdos de Violeta. Por sus gatos. Por su ronroneo humano. Por esa risa que se mezclaba con los maullidos. Ruslan era mi nuevo cómplice, pero también era mi excusa para seguir queriéndola un poco, sin que doliera tanto.

Me acompañó un tiempo. Un tramo silencioso del camino. Fue mi gatito de apoyo emocional —aunque nunca firmó contrato ni usó chaleco—, pero lo fue. Estaba ahí cuando nadie más lo estaba. Me escuchaba como solo un gato sabe hacerlo: sin interrumpir, sin juzgar, sin irse, a menos que tuviera hambre. Y aunque su presencia era simple, su efecto era inmenso. Era como tener un pedazo de calma caminando por la casa, un confidente de bigotes que entendía mi dolor con solo mirarme.

Pero como todo, no fue para siempre. Un día, simplemente no volvió. Quizá alguien lo atrapó y decidió adoptarlo. Quizá fue víctima de un accidente, de esos que ocurren en las esquinas del mundo y nadie ve. No lo sé. Y probablemente no lo sabré nunca. Pero Ruslan también se esfumó. Así, como llegan los gatos: sin anunciarse. Así, como se van los gatos: sin despedirse.

Y aunque sentí una tristeza tibia que se quedó varios días acostada en el sofá donde él solía dormir, también sentí algo distinto… algo parecido a la aceptación. Una sensación de que había cumplido su misión. De que fue enviado, quizás, para acompañarme justo en ese fragmento quebrado de mi vida.

Y luego, cuando ya era tiempo, partió.

¿A dónde? No tengo idea.

Quizá encontró otro humano roto al que ayudar. Quizá regresó a la calle con ese aire libre e impertinente que siempre lo caracterizó. O tal vez —si existe— fue directo al cielo de los gatos, donde el sol siempre calienta las ventanas y los cojines están hechos de sueños y donde seguramente está Mishu.

Ruslan fue ese amigo fugaz que, sin pedir nada, lo dio todo. Y aunque su estancia fue breve, su huella quedó. Lo recordaré. Porque lo merece. Porque sabía todos mis secretos. Mis confesiones. Mis delirios. Mi amor, mi rabia. Y todo lo que sentía por aquel instante tan frágil y tan humano en el que ambos coincidimos.

Capítulo 27 -
¿Puede el hombre cometer un crimen en nombre de una causa justa... y aun así merecer paz?

Volver a la rutina no fue una decisión racional ni un acto de voluntad clara, fue simplemente lo que quedaba cuando el amor se había ido y uno aún respiraba, como si el cuerpo siguiera su curso mientras el alma arrastraba los pies en silencio. Era un vaivén, un oleaje tibio que no termina de hundirte ni de empujarte a la orilla.

El camino de la resignación no es una línea recta, sino una espiral que a veces sube y a veces te devuelve al centro de todo, a ese centro donde duele, donde uno vuelve a preguntarse si realmente fue amado o si solo lo soñó. Y así, entre pasos torpes y días de apariencia normal, yo volvía a ella, a su voz que no estaba, a su nombre que no se decía pero se pensaba con el pecho apretado. Y había días en que la extrañaba tanto que el mundo parecía perder su textura, su sonido, su color.

Y entonces le escribía.

No cartas convencionales, sino cartas al vacío, al espacio donde alguna vez estuvo. Le grababa mi voz como si pudiera llegar a sus oídos. Hacía videos contándole lo que me pasaba, incluso si era un buen día, porque a veces hasta la alegría necesitaba ser compartida con quien fue refugio. Porque la felicidad sin ella se sentía rota, incompleta, hueca.

Era mi terapia secreta, mi forma torpe y desesperada de no romperme del todo. Y el tiempo, ese escultor ciego que lima los bordes de todo dolor, también hizo lo suyo. Porque aunque no la olvidé, terminé por aceptar que jamás volvería. Y esa aceptación no llegó como una revelación luminosa, sino como una piedra que se instala en el cuerpo y ya no se va. Seis meses pasaron como si fueran años. Y sí, lo confieso, muchas veces crucé el límite de lo sensato.

Desde México, desde Nueva York, desde Catalunya, le escribí al número que creía suyo. Le envié mensajes cargados de ternura o de nostalgia o de culpa o de todo eso junto. No por obsesión, sino por una necesidad profunda y humana de saber si estaba bien, si me había perdonado, si me recordaba, aunque fuera en una grieta del alma. Pero todo fue inútil. Jamás hubo respuesta.

Y esa ausencia me partía en dos, porque quizá nunca vio nada de lo que envié, o quizá sí lo vio y eligió el silencio. Y ambas posibilidades eran igual de desgarradoras, porque en una había olvido y en la otra rechazo. Y no sabía cuál dolía más.

No todo fue amor y cartas dulces. También rozaba la rabia. Pero no una rabia real, no una que libera o construye, sino esa rabia amarga y frustrada de quien no es correspondido, la que se mezcla con el orgullo herido y el deseo infantil de ser escuchado. Y sé que muchos dicen que del amor al odio hay solo un paso, pero eso es falso. Quienes hemos amado de verdad sabemos que el odio no tiene lugar donde ha vivido el amor con integridad.

Porque aunque tengamos en nuestras manos el poder de herir, aunque sepamos exactamente dónde y cómo golpear, no lo hacemos. No porque seamos santos, sino porque el amor verdadero lleva consigo una conciencia que pesa, que recuerda, que nos exige ser dignos incluso en la derrota. Porque uno no destruye a quien le confió su alma. Uno no usa los miedos, los secretos, las fragilidades del otro para vengarse.

Porque cuando alguien te desnuda el alma y te entrega sus grietas, eso se vuelve sagrado, intocable. Y romperlo es profanar el único templo que te fue abierto sin condiciones. Eso sería traicionarse a uno mismo. Confirmar al universo que nunca amaste. Y eso, para mí, sería el pecado más imperdonable.

Muchas veces imaginé cómo sería hacerle algo hiriente, decirle lo injusto que fue su silencio. Pero nunca lo hice. Porque sabía que ya la había herido suficiente con mi ausencia, con mis silencios, con mis quiebres. Y entendí que su silencio era su forma de protegerse, su modo de decir "basta" sin tener que gritarlo. Y eso debía respetarse, aunque me doliera, aunque me sangrara por dentro.

Porque el amor, cuando es auténtico, no se cobra, no se reclama, no se impone. Se ofrece. Y se suelta. Y así aprendí, lentamente, a dejarla ir sin rencor. A guardarla como lo que fue: la mujer que me amó con una ternura feroz y que me dejó con la misma valentía con que me cuidó. Porque ella lo hacía todo con una especie de perfección desordenada, intuitiva, esa que no necesita lógica porque nace de lo hondo. Y así, hasta el adiós, lo hizo perfecto.

Y sí, hoy aún la recuerdo. A veces vuelvo a escribirle en mi mente o le hablo en voz baja mientras camino. No es porque no haya superado su partida, es porque no quiero olvidarla. Porque hay ausencias que uno aprende a querer, presencias que no necesitan cuerpo para seguir habitándonos. Y aunque haya aprendido a vivir sin ella, aunque haya vuelto a la rutina, ya no soy el mismo.

Porque amar y perder con tanta intensidad me volvió más humano, más capaz de cuidar lo frágil, más consciente de lo sagrado que es confiar. Y por eso, aunque sufrí, hoy sé que fui afortunado. Porque no todos pueden decir que alguna vez fueron amados así, ni que alguna vez amaron con tanta locura y tanta alma.

De vuelta en Madrid, las obligaciones me aguardaban como viejas deudas que reclaman su cobro con ojos severos. Había pasado casi medio año sin trabajar de verdad, inventando excusas con la misma facilidad con la que se inventan sueños cuando uno no quiere despertar. Me escondía detrás de agendas falsas, compromisos rotos, silencios prolongados. Huir era más sencillo que enfrentar el espejo de la realidad: ese que me mostraba no solo lo que había perdido, sino también en lo que me había convertido. No era valiente, solo era un hombre roto, fatigado de sí mismo.

Pero la vida —esa vieja indiferente— no se detiene a esperar que uno se recomponga. La vida exige. Pide que trabajes, que cumplas, que te vistas y salgas al mundo con la frente alta, aunque por dentro todo esté en ruinas. Así fue como volví a la rutina, no como quien encuentra un camino, sino como quien se resguarda en una trinchera. Mi trabajo se convirtió en refugio. No por vocación, sino por supervivencia.

El duelo del amor —o quizás del desamor, que es su forma más cruel— lo viví en sobriedad. No fue por virtud, sino por miedo. Tuve que elegir entre las pastillas y el alcohol, y mis últimas heridas con el licor aún no habían cerrado. Elegí los ansiolíticos: píldoras diminutas que prometen paz a cambio de sentir menos. Me aferré a ellas como un náufrago. No voy a mentir: muchas veces quise hacer lo que tantos hacen. Quise dejarme caer en el abismo amable del alcohol, ahogar las penas en copas profundas como pozos. Como si el alma pudiera diluirse en vino, como si el olvido viviera en el fondo de una botella. Pero no lo hice. Y no hacerlo fue un acto de voluntad que aún hoy me asombra.

Porque hay que tener una fuerza que pocos ven para resistir lo que otros celebran. Lo fácil habría sido perderme, desaparecer por un tiempo, emborracharme hasta no recordarla. Pero lo mío fue más arduo. Elegí sentirlo todo. Elegí vivir cada punzada, cada vacío, cada madrugada insomne con el rostro hundido entre las manos.

Y sin darme cuenta había caído en el vicio más dulce, más perverso, más humano de todos: el amor.

Y de ese vicio nadie sale ileso.

Porque amar es entregarse sin garantía de retorno. Y cuando se pierde, no queda un hueco: queda un eco. Un eco que lo repite todo. Una voz que sigue hablando en tu cabeza, aunque ya no esté.

Salir de eso no depende de terapias ni de libros. Salir de eso requiere coraje. Y tiempo. Y más aún: aceptación. La aceptación brutal de que no todo es eterno. De que algunas cosas, por más intensas que sean, están condenadas a desaparecer.

Sí, a veces la mente se cansa. Se agota. Empieza a jugar con ideas sombrías. Te susurra que todo podría terminar. Que bastaría con un frasco, una curva cerrada, una cuerda, un disparo. Lo imaginas. Haces planos mentales. Ensayas despedidas que nunca escribirás. Y no es que quieras morir: es que no sabes cómo seguir viviendo.

Pero no lo haces. O, al menos, yo no lo hice.

Y no fue porque me faltaran noches oscuras, ni pensamientos torcidos, ni un dolor punzante. No lo hice porque aún amaba. Porque aún había cosas que me sostenían. Mi madre, con su voz que todo lo cura. Mi padre, con su mirada dura y tierna. Mis primos, mis tías, mis amigos. El mar. Los árboles temblando al viento. El sol que entraba por la ventana cada mañana como una promesa discreta. El mundo, con toda su belleza triste, aún tenía algo para mí. No lo hice por respeto. Por amor. Por dignidad. Y, quizás, porque me faltaron los cojones. Pero más que eso, porque me sobraban motivos.

Porque no hay tragedia más desgarradora que dejarle a una madre la herida de un hijo que eligió no estar. Ya había causado suficiente dolor.

Y entonces, en las noches de más silencio, surgía la gran pregunta que ha acompañado al hombre desde siempre: ¿por qué pensamos en la muerte… y aun así elegimos seguir?

Desde la filosofía existencial, como diría Camus, la única cuestión verdaderamente seria es si la vida merece ser vivida. El suicidio, en ese sentido, no es más que el reconocimiento final del absurdo. Y sin embargo, justo en esa confrontación con el sinsentido, nace una libertad brutal: la de crear sentido donde no lo hay.

La mayoría no lo hace, no porque no lo haya pensado, sino porque —en lo más hondo— algo dentro de nosotros aún se aferra. Una voz pequeña pero firme que dice: espera. Puede ser el amor. Puede ser el miedo. Puede ser la memoria. O simplemente, el instinto.

La vida, al fin y al cabo, es un pacto extraño entre el dolor y la belleza. Y a veces, basta con que una sola de esas cosas —una risa, una canción, una mano en el hombro— pese más que el abismo… para seguir.

Y yo seguí.

Me levantaba, me bañaba, salía, hablaba, respondía correos, hacía llamadas, me reía cuando tocaba y asentía cuando no quería. La vida, a veces, no se vive: se sobrevive. Y yo, aunque parecía entero, caminaba con un pedazo menos de corazón. Porque ese trozo, el más blando, el más sincero, se lo había entregado a Violeta. Por elección. Por locura. Por amor.

Hasta que esa mañana de mayo —una de esas en que uno no espera nada y tampoco quiere nada, cuando se camina sin afán ni dirección— todo cambió. Fue justo ahí, en ese instante anodino donde uno cree que ya lo ha sentido todo, que ya no hay más sorpresas, cuando el destino, con su ironía brutal, me lanzó contra el suelo con la fuerza de un ciclista distraído y un golpe seco en la cabeza.

La caída también fue espiritual. El dolor, la sangre, el aturdimiento… y luego, la soledad me devolvieron a mí. A ese yo olvidado, roto, confundido. Sentí miedo de que ese golpe me arrebatara los recuerdos que me sostenían. Violeta. Mi madre. El mar. Las tardes de infancia. Los libros. Las canciones que alguna vez me hicieron llorar. Fue entonces, cuando mi mente comenzó a repasar la vida como una película desordenada, que no supe si perdonarme… o condenarme.

Porque uno no siempre sabe qué hacer con sus errores.

Ahí, en mi apartamento solo y en la cama, recordé a Dostoyevski. A *Crimen y castigo*. A Raskólnikov, y esa lucha interna entre culpa, redención y locura. Esa pregunta esencial que atraviesa la novela: ¿puede el hombre cometer un crimen en nombre de una causa justa… y aun así merecer paz? El peso de la culpa no es racional. Es un animal salvaje que nos habita. Y a diferencia de los animales reales, nosotros —los humanos— tenemos la extraña capacidad de castigarnos mil veces por el mismo error.

Un perro no se culpa eternamente por haber mordido. Un pájaro no se cuestiona si fue justo abandonar el nido. Los animales no conocen la autopenitencia. Viven, fallan, aprenden… y siguen. Nosotros no. Nosotros construimos altares al remordimiento. Sacrificamos días, años, sueños, en nombre de errores que ya no podemos cambiar. Y lo más absurdo: creemos que ese castigo es justo. Necesario. Que sentir dolor por lo que hicimos es una forma de expiación. Como si la culpa, por sí sola, nos hiciera mejores personas.

¿Pero de qué sirve castigarse cuando ya todo está hecho?

¿Quién se beneficia del dolor silencioso de un hombre que se autoflagela cada noche con pensamientos?

¿Acaso Violeta volverá porque yo me castigue?

¿Acaso revivirán los momentos perdidos si me arranco la piel de la memoria con reproches?

Tal vez no se trata de olvidar. Ni de justificar. Tal vez se trata, como decía el propio Dostoyevski, de atravesar el sufrimiento para merecer la redención. Y eso no se hace encerrándose en la culpa, sino mirándola a los ojos y diciendo: "sí, lo hice. Pero también sigo aquí. Y sigo intentando."

Me pregunté entonces si era digno de perdón. Si había sido cruel. Si había destruido más de lo que amé. Y, sin embargo, también me pregunté: ¿no es eso lo humano?

¿No consiste la vida en intentar amar sin saber cómo, en tropezar con las mismas piedras con que tropiezan todos?

¿Quién puede decir que ha amado sin herir, que ha cuidado sin olvidar, que ha sido amado sin romperse?

Quizás lo importante no es evitar el error, sino aprender a vivir con él sin que nos devore. A comprender que fallar no nos hace monstruos. Nos hace humanos.

Y en ese momento, con la cabeza pulsando y el alma expuesta como una herida abierta, me prometí algo: que no me iba a seguir condenando por cada decisión que tomé con el corazón en la mano. Que iba a dejar de pedir perdón por haber amado como supe, como pude, como fui. Que no hay culpa más inútil que la que nos impide sanar. Y que a veces, para renacer, hace falta primero reconocerse en las cenizas.

No era el final. Era el comienzo.

Porque cuando uno cae —y se levanta— se da cuenta de que nunca fue el golpe lo que lo destruyó… sino el silencio posterior.

Y yo… ya no iba a callarme más.

Un amor como ese no se olvida, no se disuelve, no se esfuma. Permanece. Habita los rincones más insospechados del alma.

Violeta fue, y sigue siendo, mi historia más hermosa. Un amor comparable al de Elizabeth y Darcy en *Orgullo y prejuicio*, con todo su orgullo herido y su lenta redención. O como aquel amor de *El amor en los tiempos del cólera*, que atravesó décadas, guerras y enfermedades, tan solo para sostener un amor intacto al final de la vejez. Fuimos, tal vez, como Romeo y Julieta, aunque sin veneno ni dagas, pero sí con la tragedia suave del tiempo y los desencuentros. O como los amantes de Verona: aunque nosotros no muramos en carne, sí lo hicimos en alma. Amores así son eternos, aunque se apaguen en el calendario.

Dostoyevski escribió en *Los hermanos Karamázov* que "el misterio de la existencia no está en el vivir, sino en saber para qué se vive."

Yo viví para amar a Violeta, aunque fuese brevemente, aunque la realidad me recordara que el tiempo no se detiene por nadie.

Y también dijo que "la belleza salvará al mundo."

Yo fui salvado muchas veces por la belleza de su mirada, por la forma en que su voz se enredaba en mis pensamientos como una oración laica, por su manera de quedarse callada en los momentos justos. Dostoyevski entendía, como pocos, que errar no es el final, sino el comienzo de la redención. Que solo el que ha amado y perdido puede hablar con propiedad del alma humana.

Capítulo 28 -
"No hay nada más bello que lo que nunca he tenido, nada más amado que lo que perdí"

La frase de que el amor es corto y el olvido largo es cierta, pero incompleta. Porque cuando hubo amor —verdadero amor— el olvido no existe. Es un mito. Un cuento de autoayuda.

Lo que hubo entre Violeta y yo sigue latiendo en cada rincón de mi vida: cambió mis hábitos, mi forma de ver el mundo, mi manera de mirar a las personas. Y yo, aunque camine cada día como si no pasara nada, camino con el pecho abierto por dentro y la herida bien maquillada.

Porque lo nuestro no fue una anécdota, fue una sinfonía. Y aunque el concierto haya terminado, la melodía aún suena cuando menos lo espero.

En las canciones de Alejandro Sanz, cuando dice "no es lo mismo ser que estar", o cuando Pablo Alborán canta *El mismo aire*, y me descubro llorando como si me hablara a mí. Y luego está ese blues callejero de Sabina, claro, con su *19 días y 500 noches* como himno de todos los que hemos amado mal, pero con todo, que me sabe a tequila sin haberlo probado. O Serrat con su *Lucía*, que parece escrita para Violeta, con ese verso brutal que dice: "no hay nada más bello que lo que nunca he tenido, nada más amado que lo que perdí". Y entonces suena Víctor Manuelle, con esa verdad que golpea sin ruido: "Nuestro amor se ha vuelto ayer".

Y no puedo evitarlo: siento que alguien ha puesto música a mis ruinas, a ese amor que ya no vive, pero aún ocupa cada habitación de mi memoria. Porque no hay canción más profunda que aquella que uno siente escrita desde sus propias entrañas.

A veces camino por las calles con pena, es cierto. El corazón no olvida. Y los recuerdos, aunque dulces, arden como brasas. Pero sonrío. Sonrío cuando recuerdo un chiste entre nosotros, una escena íntima, una discusión tonta seguida de una reconciliación gloriosa.

Porque esto no fue un amor solitario.

No fui yo solo.

Fuimos los dos.

Violeta también debió haber cambiado. Quizás duerme menos, o se volvió más seria. Quizás ahora sí está haciendo ese doctorado del que hablaba entre sueños. Quizás va a fiestas, o también escribe un libro. Quizás también se pregunta a veces qué fue de mí, qué habría sido de nosotros si hubiésemos resistido un poco más. Quizá se ríe menos, o se ríe más fuerte. Quizá, tal vez, aunque nunca lo diga, también recuerda algo. Una frase, una canción, un gesto. Algo que nos perteneció.

Imaginábamos la vida sin el otro, creyendo que sería soportable, incluso ligera. Nos equivocamos. Mi vida sin Violeta fue más oscura de lo que nunca pude imaginar. Pero no me arrepiento de nada. Volvería a vivir nuestra historia un millar de veces, incluso con los mismos errores, porque cada instante con ella valió la pena.

No sé si me odia, si me desprecia, o si me teme. Pero sé que me amó. En el pasado, lo hizo. Y eso basta. Eso me hace sonreír, así como sonreía años atrás cuando tenía su amor. Porque vivimos más momentos de dicha que de dolor, y solo por eso… todo valió la pena.

Si existen otras vidas —y Dios, cómo deseo que existan— ojalá en alguna de ellas sí hayamos ido juntos a Venecia. Que hayamos caminado tomados de la mano por París y Roma. Que hayamos visto las auroras boreales abrazados, temblando por la belleza del cielo. Que hayamos comprado esa casa en la playa con una hamaca mirando al mar. Que hayamos ido a Londres a ver los estudios de *Harry Potter*. Que hayamos paseado por Kioto en primavera, por Estambul al anochecer, por Praga en invierno. Que hayamos comido en Lisboa y bailado en Buenos Aires. Que hayamos contado nuestras hazañas a unos nietos con los ojos encendidos de curiosidad, y que esos nietos se hayan reído de cómo sobrevivimos a la distancia, al tiempo, a la enfermedad, a las depresiones y a las pandemias.

Que hayamos vencido juntos lo invencible.

Que hayamos sido valientes.

Yo no lo fui. No del todo.

Hoy lo sé: *Violeta no va a volver.*

Esa es mi única certeza. Su corazón ya no me reconoce, y yo no tengo mapas para llegar al suyo. Ella sabe lo que siente, o quizás ha tenido la suerte —o la tragedia— de olvidarme. Pero eso no borra lo que fuimos. Yo fui el verdugo de mi propia suerte, y aceptar eso es también un acto de amor. A ella, a mí, a su memoria. Aceptarlo no es rendirse. Es respetarla. Respetarme. Respetar a los suyos, que alguna vez me amaron también por extensión cuando me amaba ella.

Espero —aunque no debería— haber dejado una huella en su vida. Ojalá buena. Ojalá mis gestos, mis cartas, mis silencios llenos de significado le hayan dado una vaga idea de lo profundo que fue mi amor. Porque, aunque ella lo dude algún día, en mi pecho no cabe la duda: la amé con todas mis entrañas. Hubiese muerto por ella, si me lo hubiese pedido.

Pero la realidad es la realidad. Ya lo entendí.

Y, aun así, con todo el peso de lo perdido, camino hacia adelante. Porque si el amor no me mató, entonces es porque me estaba enseñando a vivir. Y vivir, al final, también es una forma de honrar lo que fue. Y eso, por doloroso que haya sido, hay que asumirlo con dignidad. Y con la esperanza, tal vez ingenua pero no menos bella, de que si existen otras vidas… ojalá en alguna de ellas sí hayamos podido ser todo lo que no pudimos ser en esta.

A veces los golpes de realidad no son metáfora. A veces vienen envueltos en carne, en asfalto, en un estruendo seco que te arranca del cuerpo como si fueras un extraño ocupándolo. Y entonces lo comprendí. Como decía Facundo Cabral, "el cuerpo es una molestia… siempre pidiendo: tengo hambre, tengo frío, tengo sueño". Y cuando por un momento lo solté, cuando dejé de estar prisionero de sus necesidades, pude ver al verdadero Yeko.

No al que inventé para sobrevivir, sino al que estaba detrás de todo: lleno de contradicciones, de errores, de pasiones desbordadas, de culpas mal cerradas... pero también de actos buenos, de amor sincero, de una ternura que aún respiraba.

Y entonces ya no pude seguir condenándome.

Tal vez no era el perdón de Violeta lo que más necesitaba, sino el mío. El de mirarme sin odio. El de abrazarme después de haber sido mi propio carcelero durante tanto tiempo.

Sigo tropezando, claro. Pero ahora lo hago más ligero. Consciente. Ya no huyo de mí mismo. Y sí... aún la recuerdo.

A Violeta.

Como deben recordarse los grandes amores: con gratitud, con cierta melancolía hermosa, como quien guarda entre las manos una flor seca que aún conserva su perfume. Después de todo, esos amores casi nunca tienen un final del todo feliz, pero dejan marcas imposibles de borrar.

Ojalá ella tenga paz. Ojalá ame sin miedo. Ojalá la vida le devuelva con creces lo que alguna vez ofreció con el alma. Y ojalá alguien —alguien bueno— la ame como yo nunca supe, como yo nunca pude. No me miento: me gustaría verla. Sentirla con todos los sentidos para saborearla un instante más, con la devoción de quien mira un milagro que sabe irrepetible.

Y si el alma pudiera desatarse un momento del tiempo y del cuerpo... tal vez imaginaría al Yeko del futuro volando, cruzando el océano solo por eso.

No como antes.

Solo para verla florecer. Porque una mujer como ella no se marchita.

Solo cambia de estación.

Pero si esa historia existe —si en alguna esquina del tiempo se escribe ese encuentro— no me pertenece contarla. Solo puedo decir que una madrugada cualquiera… tal vez, sin que nadie lo supiera, alguien tomó un avión.

Porque si Platón tenía razón, y cada alma tiene una estrella a la que regresa tras vivir con verdad, entonces esa fue la mía.

Una estrella escondida entre la espuma del mar, que no deja de brillar, aunque no la veas.

Y si algún día el tiempo decide repetirse,

tal vez regrese

o quizá solo el recuerdo llegue antes que yo.

Pero bajo este cielo —y sobre todas las aguas—

aún hay una historia que no sabe olvidarse.

…Y si el silencio tuviera voz,

tal vez sonaría así:

"And I will always love you…"

—como susurra una canción desde algún rincón del alma—

"I hope life treats you kind… and I hope you have all you've dreamed of…"

Porque hay despedidas que no se dicen.

Solo se cantan desde dentro.

Y se quedan ahí.

Para siempre.